Helmut Schmidt

# Auf dem Fundament des Godesberger Programms

THEORIE UND PRAXIS
DER DEUTSCHEN SOZIALDEMOKRATIE

---

Helmut Schmidt

# Auf dem Fundament des Godesberger Programms

Verlag Neue Gesellschaft GmbH
Bonn-Bad Godesberg

2. erweiterte Auflage 1974

ISBN 3-87831-145-1


53 Bonn-Bad Godesberg, Kölner Straße 149
Herstellung: Vorwärts-Druck, Bonn-Bad Godesberg
Printed in Germany 1974

# Inhalt

# Talfahrt der SPD?*

*Merseburger:* Herr Schmidt, Frau Noelle-Neumann hat darauf hingewiesen, daß die Ostpolitik eine zentrale Rolle bei diesem ganzen Vertrauensschwund der Wähler spielt. Nun hat die Ostpolitik sicher einen großen Erwartungshorizont gehabt, und dies war vielleicht einer der Fehler der ganzen politischen Aussagen auch im letzten Wahlkampf. Und eines, was nun den Kanzler sicher demontiert hat, war Kritik an dieser Ostpolitik unter anderem durch den Fraktionsvorsitzenden der SPD. Die Kritik kam aus den eigenen Reihen, die Demontage des Kanzlerbildes begann durch Sozialdemokraten, die untereinander einen heillos zerstrittenen Eindruck machen.

*Schmidt:* Ich glaube, der allerletzte Satz, den Sie eben ausgesprochen haben, ist wohl der wichtigste: Der Eindruck, den viele Menschen bekommen, daß die Sozialdemokratische Partei als Ganzes keinen allzeit klaren eindeutig greifbaren Eindruck mache. Wenn ich noch einmal zurückgreifen darf auf alles das, was Frau Noelle-Neumann gesagt hat: Mir scheint das mit graduellen Abstufen mehr oder minder alles richtig, das eine mehr, das andere weniger richtig. Da war im Grunde nicht ganz Falsches dabei nach meinem Gefühl. Ich würde allerdings für noch wichtiger halten — und das kam in den Interviews, die Sie am Anfang dieser Sendung da eingespielt haben, nicht richtig zum Ausdruck; das sind ja natürlich auch immer Interviews, die ein bißchen ausgewählt werden nachher, damit sie in den Film hineinpassen —, mir scheint noch wichtiger als das, was wir bisher gehört haben, ist die Tatsache, daß die Sozialdemokratische Partei als Ganze und nicht etwa nur die Bundesregierung in Bonn und der Bundeskanzler, sondern daß die Partei als Ganzes in den letzten zwölf Monaten einen nicht ausreichend klaren, eindeutigen Eindruck gemacht hat. Das war allerdings schon vor der Bundestagswahl 1972 begonnen, diese Verunklarung des eigenen Bildes. Sie beginnt praktisch mit der Studentenrevolte 1968, zuerst in kleinen Schüben und dann in größeren, aber es war überdeckt, durch die von Frau Noelle-Neumann mit Recht genannte engagierte Begeisterung für die Ostpolitik, kulminierend im Jahre 1972. Heute spielt das eine große Rolle. Einer der Hamburger Wähler, die hier vorhin interviewt wurden, der hat das Stichwort Frankfurt fallen lassen. Völlig recht hat er, aber das ist nur ein kleiner Ausschnitt aus einem großen Mosaik von Unklarheiten. Sie haben Herbert

* *Antworten auf Fragen der Journalisten Peter Merseburger und Friedrich Nowottny in der Fernsehsendung im „Brennpunkt" am 6. März 1974. Vorher war Frau Professor Noelle-Neumann vom Demoskopischen Institut Allensbach gefragt worden.*

Wehners Äußerungen genannt, die sind auch nur ein kleiner Teil eines insgesamt sehr undeutlichen Bildes. Der Versuch, diese vielen hunderttausend neuen Mitglieder, die da in die SPD hereingeströmt sind, zu integrieren, ist sehr großzügig vorgenommen worden und hat vielen relativ neuen Mitgliedern der SPD erlaubt, Meinungen zu vertreten — öffentlich, die wurden dann auch dick gedruckt, als ob hier die SPD spräche; dabei waren es Leute, die sich gerade eben erst dahin entwickelt hatten. Und ich glaube, daß auf diesem Felde die Sozialdemokratische Partei bei weitem zu großzügig gewesen ist, Sie können auch sagen, sie war zu lax. Und das gilt nicht nur für Bonn, das gilt für die ganze Bundesrepublik.

*Nowottny:* Soll sie die, die hineingeströmt sind und die nicht in die Godesberger Richtung passen, einfach rausschmeißen?

*Schmidt:* Ich bin kein Anhänger von Rausschmißaktionen, ganz und gar nicht, und es ist ja auch nicht so, daß sie etwa die Politik des Kanzlers oder der Regierung oder der Bundestagsfraktion über Gebühr beeinflußten. Wohl aber meine ich, daß eine politische Partei, die weiß, daß sie abhängig ist von dem Urteil, das die Wählerschaft sich über sie bildet, dafür sorgen muß, daß die Wählerschaft von ihr einen klaren Eindruck hat und daß sie verhindern muß, daß Leute, die zu Recht oder zu Unrecht im Namen dieser Partei öffentlich auftreten und irgendwelche schönen Rezepte verkünden, daß sie verhindern muß, daß dieses für die Meinung der Führung genommen wird.

*Nowottny:* Macht es Sie nicht nachdenklich, daß der SPD-Parteitag in Hannover, der ja im Grunde genommen ein geschlossenes Bild dieser Partei brachte, der die Umschichtung der Mitgliedschaft auch in den Führungsgremien sichtbar gemacht hat, daß dieser Parteitag verpufft ist, ohne daß irgendwelche Wirkungen von ihm bis in die Tage dieses Jahres, dieser Wahlentscheidung hinein übrig geblieben wären. Ist das nicht trostlos für Sie, der Sie ja zu den Führungsspitzen der Partei gehören?

*Schmidt:* Ich beurteile den Hannoveraner Parteitag anders als Sie, Herr Nowottny, und anders als die meisten. Für mich war er kein Bild der Geschlossenheit, für mich sind dort auch ein paar Fehler passiert, die damals untergebügelt wurden, die man nicht recht zur Kenntnis genommen hat, die ich für ganz schwerwiegende, symptomatische Fehler halte.

*Nowottny:* Zum Beispiel?

*Schmidt:* Den Maklerbeschluß. Ganz unwichtig in der politischen Tagesauseinandersetzung, ging beinahe verloren. Aber ein Beschluß, der praktisch darauf hinauslief, daß mit dem sogenannten Maklerunwesen gleich auch alle Makler abzuschaffen seien, der dann später sich fortsetzt in einer Aktion „Gelber Punkt“, die den Eindruck macht, als ob alle Einzelhändler Schuld seien an den Preissteigerungen in der ganzen Welt: das sind Tendenzen, die auf dem Hannoveraner Parteitag ihren ersten deutlichen Ausdruck nach außen gefunden haben, und ich habe sie damals schon mißbilligt. Und insofern war für mich dieser Parteitag nicht einer der großen Geschlossenheit, sondern einer, an dem schon sehr deutlich Fehler in der Beschlußfassung in Kauf genommen worden sind.

*Nowottny:* Also die Quelle, die jetzt in der Partei weiter wirkt?

*Schmidt:* Ich würde nicht sagen die Quelle, sondern eine Station in der Entwicklung und nicht die erste Station, sondern schon eine fortgeschrittene.

*Merseburger:* Die SPD hat in Hannover den Eindruck einer Partei gemacht, die alle wichtigen — in dieser gesellschaftspolitischen Phase — Positionen in sich vereint und die gesellschaftspolitische Diskussion in sich führt. Es sah so aus, als ob diese nicht mehr zwischen Parteien geführt wird, sondern in einer Partei. Und manche haben dieses Bild für gut gehalten. Ist es nun heute so, daß diese gesellschaftspolitische Diskussion die SPD zu sprengen droht, daß in den Flügeln, die in Hannover noch miteinander diskutierten, daß da im Grunde die Kerne zweier verschiedener Parteien mit verschiedenen gesellschaftspolitischen Zielvorstellungen stecken?

*Schmidt:* Nein, das würde ich nicht sagen. Es wären dann mehr als nur zwei Gruppierungen, aber ich glaube, daß Sie in Ihrer Schilderung dieses Hannover Parteitags, wo Sie eine Partei zeichnen, die mit sich selber im Clinch liegt statt mit ihren Konkurrenten, daß Sie damit völlig Recht haben und damit auf andere Weise das bestätigen, was ich eben Herrn Nowottny versucht habe zu antworten. Dies war kein die Einheit der politischen Willensbildung demonstrierender Parteitag, sondern das war ein Parteitag, der zwar im Ergebnis auf vielen Gebieten Einheit hat herstellen können, wie das üblich ist durch Mehrheitsabstimmungen, aber doch letztlich mir jedenfalls schon sehr zu denken gegeben hat, hinsichtlich der Auswirkung einer solchen Zurschaustellung verschiedenartiger Meinungen auf die Wählerinnen und Wähler, die ja sich davon mit Recht beeinflussen lassen.

*Merseburger:* Aber wohin soll die Reise gehen? Zurück zur Mitte, wie Herbert Wehner gesagt hat? Prof. Weichmann, der frühere Bürgermeister von Hamburg, hat gesagt, die SPD habe das Profil der Volkspartei verloren, sei zu links.

*Schmidt:* Fast zu jedem Zeitpunkt werden in Demokratien Wahlen in der Mitte entschieden. Oder, anders ausgedrückt: diejenigen Menschen, die nicht so weit innerlich festgelegt sind, daß sie nur eine einzige Partei wählen können, die können mal die eine, mal die andere, vielleicht sogar die dritte Partei wählen. Diese Wähler, die wechseln können, die entscheiden letztlich eine Wahl. Und es sind zum Teil Wähler, die aus dem Gefühl heraus wechseln — wir haben eben so ein paar Äußerungen gehört —, aber das sind zum Teil welche, die aus einem begründeten Urteil heraus wechseln — da haben wir auch ein paar Beispiele eben in diesen Interviews gehört. Und eine Partei, die etwa darauf verzichten wollte, diese Mitte für sich offen zu halten, die spielt sich selber an den Rand. Deswegen ja auch der zu beobachtende Wettkampf, an dem viele sich beteiligt haben im Lauf der letzten zwölf oder fünfzehn Monate, wo sie diesen Begriff Mitte für sich in Anspruch nehmen wollen.

*Nowottny:* Großes Gedrängel war da in der Mitte. Frau Prof. Noelle-Neumann, hier, glaube ich, müßten wir an einen Punkt anschließen, den Minister Schmidt genannt hat. Er geht davon aus, daß Einzelvorgänge dazu beitragen, das negative Image, sagt man, das negative Bild, das sich der Wähler von der Partei macht, entscheidend mitprägen. Wir haben in den Interviews gehört, daß es die Fluglotsen-Ärgernisse waren, daß es das Öl war und die Verteuerung, die allgemeine Situation auf dem Energiemarkt, die mit dazu beigetragen hat, Lebensangst zu schüren. Teilen Sie die Meinung von Herrn Minister Schmidt, daß es so Einzelentscheidungen einer Partei sind, wie er sie charakterisiert hat, die die Wahlentscheidung ausmachen, oder würden Sie nicht auch meinen, daß es eine Grundstimmung ist, die der einzelne Wähler gar nicht artikulieren kann, die ihn in der Wahlurne zu seiner Entscheidung treibt?

*Noelle-Neumann:* Ja, also gottseidank nicht in der Wahlurne oder in der Wahlkabine, sondern gottseidank zu einem, glücklicherweise, zu einem großen Teil sehr viel früher. Heute kann man sagen, daß Wahlkämpfe eigentlich in zwei Teilen entschieden werden. Erster Teil: eine relativ lange Zeit von Monaten, wenn nicht sogar Jahren, in denen diejenigen, die über Politik nachdenken, ihre Meinung bilden anhand von solchen Ereignissen und sehr sorgfältig immer wieder abwägen und schließlich zu einem eventuellen Parteiwechsel kommen, denn sie gehören zu der von Minister Schmidt angesprochenen beweglichen Gruppe, die sich auch umorientieren kann. Und nun deswegen innerhalb dieser langen Periode, bevor der Wahlkampf anfängt, eine Entscheidung von politisch interessierten Personen meist schon Wochen vorher. Und die zweite Phase sind die unmittelbaren Wochen vor der Wahl, in denen die politisch weniger Interessierten mit einer außerordentlichen Emotionalität dann von einer Strömung mitgezogen werden. Man muß also zwei ganz verschiedene Phasen unterscheiden, auch bei den Hamburger Wahlen wahrscheinlich.

*Nowottny:* Herr Minister, da sind wir, glaube ich, an einem Punkt, der diese Regierung auch schon zum Nachdenken angeregt hat. Hat sie das erste Jahr im Amt, die Bundesregierung, nicht zu lässig verwaltet, hat sie sich nicht in der Öffentlichkeit zu sehr zurückgehalten mit dem, was sie produziert hat, was sie gemacht hat? Glaubte der Bundeskanzler nicht, das erste Jahr einmal dazu nutzen zu müssen, Luft zu holen, Atem zu holen, sich den Kopf freizumachen von all dem, was Alltagspolitik ausmacht? War das nicht letztlich ein Fehler? Ist es nicht einer, der nicht wieder gutzumachen ist?

*Schmidt:* Also dies überrascht mich nun, Herr Nowottny. Ich kann das nicht für einen zentralen Punkt halten und nicht für einen zentralen Faktor bei diesem eindeutigen Abwandern eines großen Teils bisheriger SPD-Wähler. Daß das mit hamburgischen Problemen nur zum geringsten zu tun hat, darüber sind wir uns offenbar stillschweigend hier schon einig gewesen. Ich glaube nicht, daß die Publizitätspolitik, die Public Ralations dabei eine überragende Rolle gespielt haben. Ich glaube eher, daß manche der Interviews, die wir vorhin gesehen haben, in den Kern der Problematik vorgestoßen sind. Einer hat z. B. gesagt, es hat ihm nicht gefallen, wie das mit den Fluglotsen hin- und hergegangen ist. Ich muß Ihnen offen bekennen: Mir weiß Gott auch nicht!

*Merseburger:* Und einer hat gesagt: „Die sitzen da drinnen und pennen und pennen."

*Schmidt:* Gut, das ist der Eindruck, den er hat. Aber die konkreten Beispiele, die man hier hörte, sind mir hier beinahe wichtiger. Der Eindruck, da pennen welche, der kommt dann erst zum Schluß als Summationsschlußfolgerung vielleicht bei dem einen oder anderen, nicht? Nein, ich bin der Meinung, daß z. B. der recht hatte, der gesagt hat: „Das, was man verspricht, muß man auch halten." Und deswegen habe ich in meinem ganzen politischen Leben immer versucht, nur soviel zu versprechen, wie ich weiß, daß man halten kann und möglichst nicht mehr. Das war nicht immer populär. Manche neigen dazu, weil sie alles für möglich halten, etwas mehr zu versprechen.

*Nowottny:* In ihrer eigenen Partei, oder?

*Schmidt:* Sicherlich, sicherlich!

*Nowottny:* Aber meinen Sie, daß Sie dann in der Regierungserklärung den Mund zu vollgenommen haben? Aber die Legislaturperiode dauert vier Jahre. Vielleicht haben Sie sich zuviel Zeit genommen im ersten Jahr oder Zeit gelassen?

*Schmidt:* Der Fehler, den Eindruck zu machen, daß man mehr verspricht als man tatsächlich halten kann, ist stärker in der ersten Legislaturperiode der sozial-liberalen Koalition gemacht worden von '69 bis '72 als in der zweiten. Er hat auch in der zweiten noch seine Auswirkungen gehabt.

*Merseburger:* Herr Schmidt, einer der Punkte, die meiner Ansicht nach für diese Regierung gefährlich zu werden drohen, ist die Tatsache, daß die Gewerkschaften ihr teilweise die Gefolgschaft versagen. Ich hebe jetzt ab auf die Mitbestimmung. Sie haben in der Regierungserklärung Mitbestimmung versprochen. Sie müssen in der Koalition einen Kompromiß eingehen, den die Gewerkschafter in der eigenen Partei nicht mehr bereit sind mitzutragen. Jedenfalls sieht es heute so aus. Und damit steht die SPD in einer schwierigen Situation. Sie droht, ihr Profil in der Koalition und gleichzeitig gegenüber den Arbeitnehmerwählern zu verlieren. Wie wollen Sie diesen Konflikt lösen?

*Schmidt:* Ich halte persönlich das Mitbestimmungsthema für ein für die längere Zukunft der Entwicklung der deutschen Gesellschaft ungeheuer wichtiges Thema.

*Nowottny:* Anders als die Wähler wahrscheinlich?

*Schmidt:* Ja, wollte ich gerade sagen. Ich glaube allerdings nicht — wollte ich gerade fortsetzen —, daß gegenwärtig die Wählerschaft dieses für ein zentrales Thema empfunden hat. Das ist nur ein kleiner Ausschnitt. Auch nicht etwa die Gesamtzahl der Mitglieder der Gewerkschaften des Deutschen Gewerkschaftsbundes, sondern auch dort nur ein relativ kleiner Ausschnitt. Der allerdings empfindet es als eine zentrale Frage. Und insofern als der Vertrauenskörper der Gewerkschaften, die Funktionäre, dies als eine zentrale Frage empfinden, geht von da aus natürlich auch eine gewisse Stimmung gegenüber der Parlamentsmehrheit hier in Bonn und gegenüber der Regierung aus. Wenn es in Sachen Ausweitung der paritätischen Mitbestimmung nicht zu einem klaren Erfolg käme — es sind ja noch drei Jahre beinahe hin bis zum Schluß dieser Legislatur, es ist also noch etwas Zeit —, wenn es aber nicht zu einem klaren Erfolg käme, würde ich das nicht nur für die Entwicklung unserer Gesellschaft, sondern insbesondere auch für die Entwicklung der regierenden Sozialdemokratischen Partei für ein schweres Debakel halten. Ich glaube nicht, daß Sie heute sagen können, die Gewerkschaften würden sich in ihrer Mitgliedschaft in eine andere Richtung entwickeln als die Sozialdemokratie. Daß bei einer sozialdemokratischen Regierung immer auch Lohnstreitigkeiten mit den Gewerkschaften eintreten müssen, das haben Sie in vielen Staaten der Welt gesehen, wo Sozialdemokraten regieren. Das ist etwas Normales. Das habe ich persönlich eigentlich früher erwartet. Wichtig ist, daß solche Konflikte möglichst so behandelt werden, daß keine allzu großen Wunden oder Narben nachbleiben.

*Merseburger:* Genau da ist doch diese ganze Auseinandersetzung geradezu ein Exempel. Denn einerseits gelingt es, mit der FDP einen Koalitionskompromiß zu schließen, aber es gelingt der SPD in der Regierung nicht, gegenüber den Wählern und gegenüber Leuten in der eigenen Fraktion, die Gewerkschafter sind, klarzumachen, daß dieser Kompromiß nötig ist, sondern die verlangen, daß das volle SPD-Programm, also volle paritätische Mitbestimmung, durchgesetzt wird. Ich finde, diese mangelnde Achse zwischen Regierung und Fraktion ist ja ein zentraler Punkt bei den Mißerfolgen der Bundesregierung.

*Schmidt:* Ich kann Ihnen in Ihren beiden Punkten nicht ganz folgen. Zunächst einmal muß natürlich die eigene Parlaments-Fraktion auch die eigene Regierung, wenn Sie so wollen, kontrollieren, und sie muß in vielen Fragen andere Akzente setzen. Das ist zwangsläufig so. Das war bei früheren Regierungen so, es muß auch bei dieser so sein. Und in den drei Jahren, wo ich also für die Fraktion verantwortlich war, war das auch nicht anders. Das ist auch ganz gut so; wenn da überhaupt kein Gegengewicht mehr wäre, wäre das manchmal vielleicht ganz gefährlich. Was nun die Opposition aus den Reihen des Deutschen Gewerkschaftsbundes gegenüber dem jetzigen Mitbestimmungskompromiß angeht, der ja noch nicht ganz am Ende angelangt ist, so glaube ich, daß man zweierlei sagen darf: Auf der einen Seite gibt es niemanden, der stärker aus seiner ganzen Lebenserfahrung weiß, als ein Gewerkschafter, der Tarifverträge aushandelt, daß man hart kämpfen muß, zum Schluß aber irgendwo ein Punkt kommt, wo man den Kompromiß schließt. Es gibt keinen Gewerkschafter, der vom Prinzip her einen Kompromiß ablehnt, im Gegenteil. Zweitens aber, da dieser ganze Kompromiß noch nicht bis zum letzten Stadium gedrungen ist und da offensichtlich ein großer Widerstand entfacht wird in der Industrie, in der FDP, in der CDU, in der CSU gegen den hier vorliegenden Entwurf, wird jeder Gewerkschafter sich instinktiv sagen, da muß ich nun mal Gegendruck machen. Und wenn dieser Entwurf in Gefahr ist, von rechts kaputtgemacht zu werden, dann muß ich eben von links entsprechend meinen Forderungen, ein Gegengewicht dagegen schaffen. Ich habe die Hoffnung — und ich glaube, die ist begründet —, daß wir auf diesem Felde im Laufe der nächsten Zeit wirklich zu einem Erfolg kommen. Der wird dann nach wie vor nicht alle befriedigen können, ganz gewiß nicht. Das gibt's nie, aber er wird uns noch einen gewaltigen Schritt voranbringen, wenn Sie bedenken, daß von 1952 bis heute, über 20 Jahre, auf dem Felde der Unternehmensmitbestimmung nichts geschehen ist in Deutschland.

*Nowottny:* Herr Minister, Sie haben die Hoffnung, das Präsidium Ihrer Partei hat den Rückschlag von Hamburg zur Kenntnis genommen und als, wie es wörtlich heißt „rechtzeitiges Signal empfunden", und man will nun, wie es in diesem Kommuniqué nach der Sitzung heißt, die sozialdemokratischen Leistungen wirksamer als bisher darstellen, die Reformpolitik verwirklichen, weiter verfolgen und sich auf die Auseinandersetzung mit dem politischen Gegner konzentrieren. Reicht das als Programm, um vor dem Wähler bestehen zu können oder ist jetzt nicht das fällig, was die Wähler eigentlich in ihrem Mißmut, in ihrer Stimmabgabe zum Ausdruck gebracht haben? Muß es nicht auch zu einer überzeugenden Regierungsumbildung kommen, etwa um nach außen hin das Signal, von dem in diesem Präsidiums-Kommuniqué die Rede ist, zu setzen?

*Schmidt:* Über eine Regierungsumbildung wird man sicherlich mit dem Bundeskanzler reden können. Aber das alleine würde mir nun dann auch nicht reichen, Herr Nowottny. Damit ist auch noch nicht viel gewonnen.

*Nowottny:* Schließen Sie die Fraktion mit ein, wenn Sie so wollen?

*Schmidt:* Nein, ich rede ja nicht nur von Umbildung der personellen Konstellationen, ob auf der einen oder der anderen Bank, sondern ich denke, daß dies, was Sie dort vorgelesen haben, als erste Meinungsäußerung aus dem Stegreif innerhalb von 48 Stunden ganz gut ist. Aber nun muß erstmal nachgedacht werden und überlegt werden: Woran lag das im einzelnen? Und welches waren die Fehler, die man gemacht hat? Und welche von diesen Fehlern sind vermeidbar für die Zukunft. Mit einem Patentrezept — drei Minister auswechseln —, das mag sehr gut sein und vielleicht auch nötig ...

*Nowottny:* Drei sind eine ...

*Schmidt:* Eine gegriffene Zahl. Wegen meiner fünf oder wegen meiner sieben oder zwei ...

*Nowottny:* Was wäre Ihnen am liebsten?

*Schmidt:* Am liebsten wäre mir — das habe ich nie verhohlen —, wenn Bundesregierungen in Deutschland es sich zur Regel machten, etwa in der Mitte der Legislaturperiode ihre Regierung umzubilden. Das hielte ich für eine vernünftige Lösung, die übrigens auch dem jeweiligen Bundeskanzler etwas mehr Gestaltungsfreiheit geben würde. Wir haben eine schlechte Tradition, die so aussieht, als ob eine Regierungsumbildung oder ein Ministerwechsel ein Zeichen von Schwäche wäre. In Wirklichkeit sollte es gesehen werden ...

*Nowottny:* Dies würde zu lange dauern, denn Sie haben ja noch Landtagswahlen in diesem Jahr.

*Schmidt:* Ja, ich bin für dieses Jahr. ... sollte gesehen werden als ein Zeichen der Stärke des Kanzlers, der sein Kabinett umbildet ...

*Nowottny:* Vor den Landtagswahlen?

*Schmidt:* Im Laufe dieses Jahres. Aber eine Regierungsumbildung allein könnte möglicherweise bloß ein Trick sein. Es muß schon ein bißchen tiefer gehen, als ein paar Personen auszuwechseln.

*Merseburger:* Was muß dann gemacht werden? Und, um bei dem letzten zu bleiben, meinen Sie, daß ein Wechsel Helmut Schmidts aus dem einen in ein anderes Ministerium dem Image und der Selbstdarstellung der SPD in der Koalition dienlicher wäre?

*Schmidt:* Also, ich habe beinahe befürchtet, daß Sie irgendwann mit solchen Fragen kommen würden, und ich kann darauf nur das antworten, was Herr Nowottny bei früherer Gelegenheit von mir auch schon gehört hat: Ich habe mich daran gewöhnt im Laufe meines politischen Lebens, die Richtlinien zu befolgen, die meine eigene Partei mir gibt. Das wird auch in Zukunft so sein. Ob es nun einem immer sehr viel Spaß macht oder weniger Spaß — es kommt ja auch nicht auf einzelne Personen an. Es kommt, wie mir scheint, wenn ich das nochmal sagen darf, ganz stark darauf an, daß nicht wegen meiner sehr gutwillige, intelligente junge Akademiker unter dem Rubrum Jungsozialisten in der SPD politische Programme verkünden können, die von manchen Leuten ernstgenommen werden als mögliche zukünftige Absicht der SPD, obwohl ich sie bestenfalls als einen interessanten Diskussionsbeitrag ernstnehmen kann.

*Merseburger:* Also das, was tiefer geht, muß in erster Linie eine schärfere Abgrenzung nach links bringen, ist gleichzusetzen mit dem?

*Schmidt:* Das Abgrenzen ist mir nicht das Wichtigste dabei. Das Wichtigste ist mir die Klarstellung der eigenen Meinung, des eigenen Standpunktes. Das Abgrenzen ergibt sich dann von selber. Abgrenzen ist nicht das Primäre.

*Nowottny:* Eine Klarstellung, Frau Noelle-Neumann, die den Sozialdemokraten eigentlich auch wieder den Arbeiter zurückbringen sollte, der ja in den Arbeiterbezirken von Hamburg entweder zu Haus geblieben ist oder andere gewählt hat als früher. Wie kann die Sozialdemokratische Partei die Arbeiter wieder zu dem Entscheidungskern für sich mobilisieren?

*Noelle-Neumann:* Eine überaus schwierige Frage, denn es zeigt sich gerade, daß Arbeiter unmittelbar von der SPD zur CDU gegangen sind. Und wenn Sie vorhin nach Strömungen gefragt haben: Wir erleben eben gerade eine. Wir erleben seit November eine ernstliche Strömung zugunsten der CDU: Sie ist moderner, sie ist aktiver nach der Ansicht der Leute, sie ist in der Umwelt mit einem Mal beliebter und das Führungsteam ist besser.

*Nowottny:* Was haben Sie dagegen zu setzen, für den Arbeiter?

*Schmidt:* Ich glaube nicht, in diesem Fall, daß Frau Noelle-Neumann recht hat. Ich glaube nicht, daß soweit Arbeiter abgewandert sind zur CDU, daß sie es getan haben, weil die andere Partei attraktiver ist, sondern ich glaube, daß sie es im wesentlichen getan haben, weil sie über die eigene, bisher gewählte Partei sich geärgert haben. Und weil sie zum Teil sich geärgert haben über den Eindruck, den sie gewinnen mußten, daß dieses eine Partei ist, die die Interessen junger Akademiker wichtiger nimmt als die Interessen ihrer Arbeitnehmer — dieser Eindruck ist hier und da entstanden ...

*Nowottny:* Bitter, nicht?

Publikum empfunden werden als neue zusätzliche, oben draufgesetzte Versprechen; die Menschen glauben uns zuviele Versprechungen nicht.
Hans Apel hat einen hochinteressanten Punkt erwischt in bezug auf den Hamburger Wahlkampf. Ich habe das auch sehr erstaunlich empfunden, daß meine Hamburger Genossen gemeint haben, sie können in einer solchen Zeit einen Landtagswahlkampf erfolgreich führen und die sogenannte Bundespolitik dabei ausklammern. Das war sicher ein Fehler! Noch interessanter ist die Frage, warum hat die Hamburger Führung einen solchen Beschluß gefaßt. Weil sie offenbar das Gefühl hatte, damit könnten sie sich bei ihren Wählern nicht so gut sehen lassen. Ich halte den Beschluß für falsch, aber man muß seinem Motiv nachgehen: Warum haben sie gemeint, sie sollten sich um die Bundesrepublik herummogeln? Weil sie sich so unsicher fühlten in Sachen Bundespolitik, daß sie meinten, besser kommen wir weg, wenn wir dem Publikum verheimlichen, daß es eine gibt. Und das war sicherlich falsch. Die Bundespolitik hätte man durchaus erfolgreich vertreten können, daß aber die Genossen dort, die ja doch nicht dumm sind, so eine Großstadt wie Hamburg ist ja auch nicht Hintertupfingen, daß die gemeint haben, laßt das lieber raus, weil wir uns nicht sicher genug sind, es erfolgreich zu vertreten, das ist doch ein Menetekel für den Zustand der Partei. Gewiß — das ist zum Teil Hamburger Tradition, das ist teils richtig.

*Zwischenbemerkung von Herbert Wehner:*

Wollen die sich nicht bemerkbar machen, gestandene, gewachsene, geborene Hamburger, die reden über eine Sache, an der vieles richtig ist. Nur Helmut, viele Jahre war das so — und zwar aus ganz anderen Gründen, nicht wahr —, die haben gesagt, die Bürgerschaftswahlen wenige Wochen nach der Bundestagswahl, da wollen wir jeder für sich ...

Da hat der Herbert recht. Es ist nämlich in den Hamburgern so etwas angelegt, aber der Hans Apel hat auch recht und ich auch, wenn ich sage, früher haben die uns nach Strich und Faden eingesetzt. Und diesmal war ich gerade gut genug, in der Abschlußkundgebung dafür zu sorgen, daß die Maoisten und Chaoten sich nicht mit ihrem Geschrei durchsetzen konnten gegenüber der Partei; dazu war ich dann zu gebrauchen. Ich beklage mich nicht darüber; ich sage nur, das ist ein Symptom für die Gesamthaltung einer solchen Großstadtpartei wie in Hamburg, die sagt, laßt uns lieber mit unserer Kommunalpolitik hier auftreten, das beherrschen wir genau so gut wie wir darin auch sicher sind, da haben wir was zu bieten.
Ich will mich aber an der aus dieser Haltung einer Reihe von Hamburger Genossen — die ich ernstnehmen muß — sich ergebenden Kritik gegenüber der Bundesregierung, gegenüber der Koalition in Bonn, gegenüber all dem, was wir hier machen, an dieser Kritik will ich mich nicht beteiligen; denn da bin ich ja einer derjenigen, die zu kritisieren sind. Ich will da also nicht so tun, als ob ich da nicht voll mitverantwortlich wäre.
Ich will aber aus den allerletzten Tagen — zwei Tage nach der Hamburger

Wahl — ein Erlebnis hier zum besten geben. Da ist in Schleswig-Holstein Kommunalwahlkampf und Klaus Matthiesen hatte mich dazu nach Flensburg geschleift, in seinen Heimatort. Da hatten die Genossen den größten Saal, den es dort gibt, es waren 1100 Menschen drin; und sie hatten plakatiert: Flensburger Bürger fragen — Helmut Schmidt antwortet. Und so ist es auch abgelaufen, eine ungewöhnlich disziplinierte Versammlung. 1100 Leute waren drin im Saal, 30 oder 40 Prozent waren Sozialdemokraten oder sozialdemokratische Wähler. Der Rest war aus politischem Interesse gekommen. Die Flensburger haben sich sehr gut benommen. Ab und zu wurde mal gebuht, es gab auch freundlichen Beifall. Auch die Fragesteller kriegten Beifall, der Antwortende kriegte Beifall. Eine gute ordentliche Versammlung mit hohem Informationswert war das sicher. Ich habe mich aber bei zwei Fragen schwer getan mit der Antwort. Die eine war diese: Wann endlich — nicht von einem Sozialdemokraten gestellt — schmeißt die Sozialdemokratische Partei die Radikalen raus, die offensichtlich in Ihre Partei, Herr Schmidt, nicht reingehören. Und daraufhin ist plötzlich dieses ganz kleinbürgerliche und gutbürgerliche Publikum von Flensburg in großen Beifall ausgebrochen, nur auf die Fragestellung hin. Da habe ich eine Antwort gegeben, die — muß ich zugeben — nicht übermäßig erfolgreich war. Ich bin nämlich auch nicht fürs Rausschmeißen, außerdem geht es auch gar nicht. Und danach hat der Fragesteller in einer Zusatzfrage gesagt: Wissen Sie, das ist alles ganz gut, was Sie gesagt haben, aber ich möchte nochmal auf den Kern meiner Frage zurückkommen, wann schmeißen Sie *endlich* die Radikalen raus? Nochmal ein Beifallsturm! Nun, im übrigen lief diese Versammlung ganz normal und bürgerlich und freundlich und anständig ab. Mir scheint, daß dies ein Erlebnis ist, das viele von Euch haben könnten, wenn Ihr es versuchen würdet. Nicht nur in Flensburg, sondern überall.

Und es gibt auch einen kleinen Beitrag zu dem Bild, das die Bürger und Bürgerinnen unseres Landes von uns als Partei gewonnen haben. Die anscheinende Rolle von Radikalen in der SPD ängstigt sie nämlich, selbst wenn sie CDU wählen wollen, so wollen sie doch, daß eine starke Sozialdemokratie da ist. Die wissen, daß das notwendig ist, daß die deutsche Demokratie das braucht. Das haben sie im Gefühl: Selbst wenn sie CDU wählen, wissen sie, daß die deutsche Sozialdemokratie notwendig ist, um die Demokratie und eine vernünftige sozialstaatliche Politik aufrechtzuerhalten.

Und nun will ich ein Wort sagen, wo ich mit Peter Schulz nicht einverstanden bin. Die immerwährenden Gefechte oder Schlachten um den Inhalt des Begriffs „Sozialismus“ oder den des „demokratischen Sozialismus“ sind sicherlich auf absehbare Zeit ein Kampf bergauf. Aber ich würde ihn deswegen nicht aufgeben wollen, davor hätte ich große Angst.

Zu der wirtschaftlichen Entwicklung, von der Du mit Recht sagst, sie bleibt die nächsten Jahre schwierig, möchte ich gern den übrigen Genossen eines sagen: Was auch immer jemand als Bürger von seiner politischen Grundüberzeugung her ist, links oder rechts oder Mitte oder schwarz oder blau oder rot — eines erwartet jeder Bürger von einer Regierung: daß sie die klassischen Grundfunktionen des Staats anständig aufrechterhält, zum Beispiel wirtschaftliche und soziale Sicherheit. Wenn wir den Eindruck machen sollten, daß wir selbst das nicht ganz hinkriegen, dann können wir an Programmatik und Reformversprechen oben draufsetzen was wir wollen. Wir

haben zunächst einmal wie jedwede Regierung in jedem Lande die klassischen Staatsfunktionen befriedigend für den Bürger zu erfüllen. Und das ist wirtschaftliche und soziale Sicherheit; die ist gar kein sozialdemokratisches Extra. Sondern das verlangen die Bürger, die die CDU wählen, von der CDU ganz genauso. Und dazu gehört dann als zweites auch: Innere Sicherheit, innere öffentliche Sicherheit und nicht die Beschimpfung der Polizisten, die für Sicherheit sorgen.
Dazu gehört als drittes: Äußere Sicherheit. Nun mag hier jemand der Meinung sein, das sei alles ganz falsch mit der NATO — es ist übrigens alles ziemlich richtig und die Bürger sehen das auch so, daß das ganz richtig ist. Aber in dem Maße, in dem man den Leuten erzählt, daß dies alles durch unsere Partei morgen anders würde, in dem Maße erfüllen wir für viele Bürger nicht die Grundfunktionen des Staates. Nur wenn sie das Gefühl haben, daß wir die klassischen Funktionen eines modernen Staates richtig erfüllen, nur dann können wir obendrauf unsere Reformen, unsere Programmatik mit deren Konsensus verwirklichen. Wenn wir aber in den klassischen Aufgaben versagen sollten, dann kriegen wir für das andere, das spezifisch Sozialdemokratische, keinen Konsensus, keine Zustimmung der Mitte.
Man kann auch vor der Mitte nie viel weiter vorhermarschieren als soweit, daß wir sie morgen überzeugen. Den Wählern in der Mitte das zu verkaufen, was erst 1990 geschieht, das muß man Robert Jungk überlassen und den Futurologen. Die Sozialdemokratische Partei ist keine futurologische Seminareinrichtung, sondern eine Partei, die alle vier Jahre und zwischendurch noch in Kommunal- und Landtagskämpfen wiederum das Vertrauen braucht, das Vertrauen ihrer eigenen Leute plus dem Vertrauen der Mitte, die auch anders könnte, falls wir sie verscheuchten. Man darf deswegen nicht allzuweit vorwegmarschieren. Man muß zwar immer vorwegmarschieren vor dem, was die Menschen in der Mitte heute denken; aber nur in dem Maße kann man den nächsten Schritt vor ihnen vorweggehen, wie man den vorigen zu ihrer Befriedigung verwirklicht hat.
Das ist mehr an die Adresse der großen Programmatiker gesagt, die hier auch im Saal sitzen. Es heißt nicht — und da wäre auch Peter Schulz falsch verstanden —, daß man seine eigene Programmatik opportunistisch an den Geschmack der Zeit „anpassen" muß. Das heißt nur, daß man sorgfältig unterscheiden muß zwischen dem, was man grundsätzlich und gesellschaftspolitisch will, und dem, was im Augenblick möglich ist. Und das, was im Augenblick möglich ist, muß dem Wähler angeboten werden; das muß ihm sehr einsehbar gemacht werden, es muß ihm als erfolgversprechend und plausibel erscheinen. Und dann darf man ihm außerdem noch ein bißchen berichten, wenn es viele auch nicht so sehr beeindruckt, über unsere Gesellschaftsphilosophie à la longue. Wir dürfen ihn allerdings damit nicht erschrecken; wenn wir ihm z. B. sagten, wir sozialisieren und verstaatlichen alles, dann würden wir damit unsere konkreten Erfolge in seinem Bewußtsein wieder entwerten.
Ich kann leider zur JUSO-Diskussion am Nachmittag nicht mehr dableiben, weil ich eine Rede halten muß heute abend in Hamburg. Ich würde trotzdem gerne eine Bemerkung machen wollen: Manches von dem, was da in München resolutioniert worden ist, sollte ohne übertriebenen Zeit- und Kraftaufwand durch den Parteivorstand öffentlich hörbar beiseitegescho-

ben werden. Aber dann sich nicht wieder wochenlang und monatelang auf Auseinandersetzungen und große Diskussionen einlassen und die ganze Kraft der SPD, jetzt nach dieser Hamburger Schlappe, wiederum verwenden auf innerparteiliche Begriffserklärungen und Erklärungen und all dergleichen! Sondern manches ist einfach, aber deutlich hörbar beiseitezuschieben.
Ich möchte ein Wort sagen zur FDP. Nach meiner Einschätzung haben wir Fehler gemacht in der Behandlung des FDP-Partners; ich will sie hier nicht debattieren. Ich würde aber davor warnen, als ob wir unseren eigenen Wählern gegenüber alles, was nicht funktioniert, auf die FDP schieben könnten; davor würde ich sehr warnen. Und das aus zwei Gründen: Auf der einen Seite kann es dazu führen, daß das Bündnis mit der FDP dann nun wirklich in die Brüche geht, das im Augenblick diesen Namen nicht ganz verdient. Zum anderen aber bestätigen wir doch damit in den Augen der zuschauenden Bürger nur die Selbstdarstellung der FDP, die von sich behauptet, daß sie diejenigen seien, die die angeblichen extremen Dummheiten verhindert, die die Sozialdemokraten angeblich sonst machen würden, wenn sie alleine wären. Ich würde sehr davor warnen, der FDP eine solche Rolle zuzuschreiben.
Die Hamburger Wahl war motiviert von dem Wunsch einer großen Zahl von Wählern, uns Sozialdemokraten einen Denkzettel zu verpassen. Manche der Wähler waren am Montag erschrocken darüber, wie groß der Denkzettel geworden ist. Insofern wird das Denkzettelmotiv schon bei der Niedersachsenwahl eine geringere Rolle spielen; denn auch in Niedersachsen ist sicherlich mancher erschrocken darüber, wie „dick" der Denkzettel in Hamburg geworden ist. Das muß sich so nicht wiederholen; diese Motivation — würde ich denken — kann abnehmen. Aber es kommt dann auch noch neues dazu. Hessen und Bayern kommen danach. Ich bin besonders gespannt auf die Wahlergebnisse der beiden Großstädte Frankfurt und München.
Es wäre sehr viel, wenn man in den Landtagswahlen zwischen den beiden Bundestagswahlen überall seine Stimmergebnisse im Durchschnitt halten könnte. Das hat die CDU nie gekonnt. Die hatte den Aufschwung immer erst wieder zur Bundestagswahl. Im Augenblick sieht es danach aber nicht aus; da sollte sich niemand täuschen. Und ohne daß ich Kassandra spielen will, es sieht auch für 1976 im Augenblick so rosig keineswegs aus. Und Schulz hat Recht: Es gibt Leute in unserer Partei, denen es egal ist, wie das 1976 aussieht. Die irren sich allerdings in den Konsequenzen, die danach für die Zukunft, für die Existenz der deutschen Sozialdemokratie eintreten könnten — je nach den Umständen, unter denen es 1976 möglicherweise schiefgeht; und die eintreten könnten für das gesellschaftliche und Staatsgefüge dieser Bundesrepublik insgesamt.
Ich halte es für ungeheuer wichtig, daß man weiß, daß die entscheidenden politischen Korrekturen für die 1976er Bundestagswahl spätestens Pfingsten 1975 stattgefunden haben müssen. Danach bewegen wir nicht mehr viel, Pfingsten 1975 ist aber — von heute aus gesehen — nur noch 15 Monate Zeit. Danach ist überhaupt nur wenig mehr zu bewegen. Und die Entschlüsse, die man jetzt vielleicht fassen müßte — dieses oder jenes zu unterlassen in Zukunft und anderes zu tun —, die können wir nicht noch bis zum Herbst 1974 vor uns herschieben, und sie dann vielleicht bis Pfingsten 1975 fassen. Dann wäre es schon zu spät.
Wir haben für 1976 gerade noch fünfzehn Monate Zeit, bis zum Sommer

1975, dann ist die 76er Sache gelaufen. Dazu kann natürlich einer sagen: Ihr überinterpretiert alles das, was da in Eurer Hansestadt geschehen ist, die Hamburger sind sowieso andere Menschen! Nur: Wenn wir noch die drei anderen Landtagswahlen alle abwarten, bis wir uns entschließen, dann haben wir zu lange gewartet.
Letztes Wort mit dem Blick auf das hier vorgelegte Papier. Ich schließe mich dem an, was einer schon gesagt hat, ich weiß nicht, ob's Herbert war oder Rudi Arndt: Ich warne davor, in einer Entschließung in diesem Augenblick so zu tun, als ob wir alles so weitermachen wollten wie bisher, als ob wir doch die Größten seien und bloß die Wähler hätten's nicht gemerkt; oder äußerstenfalls, wir hätten's ihnen gegenüber nicht richtig mitgeteilt —, sonst hätten sie es ja wohl merken müssen. Davor warne ich sehr. Dieses kann nur noch zusätzlich ein paar Leute bestärken darin, daß sie recht darin getan haben, diesmal die CDU zu wählen.

# „Wer die Mitte abschreckt, verliert" *

*Spiegel:* Herr Minister Schmidt, schlechte Zeiten für die SPD, woran liegt das, an den Zeiten oder an der SPD?

*Schmidt:* Es liegt ganz sicherlich zu einem erheblichen Teil an der Art, wie die deutsche Sozialdemokratie im Laufe der letzten Monate sich selbst den aufmerksamen Bürgern unseres Landes dargestellt hat. Zu den Zeiten: Wenn Sie damit einen allgemeinen Trend der europäischen Demokratien zu verminderter Funktionstüchtigkeit meinen, würde ich sagen, daß davon eigentlich kaum die Bundesrepublik Deutschland erfaßt worden ist.

*Spiegel:* Wir hatten mit dem Hinweis auf die Zeiten mehr die Stichworte Inflation, Arbeitsplatzangst und Radikalenfurcht gemeint. Wir wollten Sie fragen, ob diese Ängste gemutmaßte oder echte Reformbedürfnisse verdrängt haben.

*Schmidt:* Die Weltinflation, mit der wir es zu tun haben, die für alle Staaten der Welt bisher noch nicht ganz abgreifbare, wirtschaftliche Umwälzungen mit sich bringende Revolution der terms of trade, anders ausgedrückt, die Tatsache, daß überall auf der Welt die Rohstoffe teurer werden im Verhältnis zu industriellen Produkten, daß also das Ergebnis menschlicher Arbeit niedriger bewertet wird auf den Weltmärkten — die Weltinflation hat fast alle Industriestaaten der Welt bisher viel stärker getroffen als die Bundesrepublik Deutschland. Die Inflationsraten sind kraft einer sehr robusten Stabilisierungspolitik, die wir betrieben haben, insbesondere kraft einer sehr robusten Währungspolitik mit einem weitgehenden Dämpfungseffekt auf die Einfuhrpreise in Deutschland, kleiner als überall sonst.

*Spiegel:* Es sieht so aus, als wenn die Bürger davon nicht so sehr überzeugt sind, zumindest die relativ günstigere Position der Bundesrepublik nicht sehen.

*Schmidt:* Das ist einer der Punkte, wo bisher eine gewisse pessimistische Stimmung aus Kreisen der Wirtschaft und die starke Pessimismus-Propaganda der CDU/CSU-Opposition gemeinsam stärkere Effekte erzielt haben als die Aufklärung durch die Bundesregierung. Die Bundesregierung kann mit Genugtuung darauf hinweisen, daß außer dem Großherzogtum Luxemburg

* *Gespräch mit dem Hamburger Nachrichtenmagazin „Der Spiegel", veröffentlicht am 25. März 1974, Originalüberschrift.*

in der ganzen Welt kein Industriestaat vorhanden ist, dem die Preisdämpfung so weit gelungen ist.

*Spiegel:* Ist es nicht so, daß gerade die fehlende Aussicht auf Besserung die relativen Erfolge bei der Inflationsbekämpfung in der Bundesrepublik eben so gering erscheinen lassen?

*Schmidt:* Das mag so sein: Sicher ist, daß Regierungen in anderen Staaten unter diesen wirtschaftlichen Schwierigkieten von ihren eigenen Bürgern einen sehr viel größeren Vertrauensverlust hinnehmen mußten als wir. Insofern könnte man in Ihrem Sinne vielleicht doch von einem Zug der Zeit sprechen.

*Spiegel:* Fühlen Sie sich von den deutschen Wählern ungerechter behandelt als beispielsweise französische, englische und andere Regierungen von ihren Wählern?

*Schmidt:* Nein, wir können uns nicht über Ungerechtigkeiten durch die Bürger beklagen. Wir können höchstens Herrn Strauß und die anderen Wortführer bei der CDU und CSU fragen, ob sie wirklich meinen, sie seien besser als die bisherige konservative Regierung in London oder die christdemokratische Regierung in Rom, die ja offensichtlich mit ihren Inflationsproblemen viel weniger fertig geworden sind als die Bundesrepublik.

*Spiegel:* Solche Vergleiche ändern nichts daran, daß die Sozialdemokraten hier es mit einer breiten Stimmung des Mißtrauens und der Angst zu tun haben, wie die Bürgerschaftswahlen in Hamburg und die Kommunalwahlen in Rheinland-Pfalz zeigten.

*Schmidt:* Es ist auch eine Besorgnis eingetreten, ob die Expansion der industriellen Produktion so weitergehen kann wie bisher, ob sie weiter zu so großen Gewinn- und Einkommenssteigerungen führen kann. Ich muß hier wiederholen, daß eine Regierung, die nicht in der Lage wäre, ein befriedigendes hohes Maß an Beschäftigung aufrechtzuerhalten, daß eine solche Regierung nicht nur in den Augen der Bürger, sondern auch in meinen Augen eine inzwischen schon klassisch gewordene Funktion des Staates nicht erfüllen würde.

*Spiegel:* Ist das einheitliche Meinung dieser Koalitionsregierung?

*Schmidt:* Ja. Man kann natürlich immer verschiedener Meinung sein, wo der Grad erreicht ist, von dem ab die Aufrechterhaltung des Niveaus der Beschäftigung die allererste Priorität genießen muß. Ganz sicherlich aber ist 1974 für die Bundesrepublik keine tiefgreifende Besorgnis auf diesem Felde angezeigt. Nach wie vor aber ist eine große Aufmerksamkeit und Anstrengung hinsichtlich der Preisdämpfung angezeigt.

*Spiegel:* Mithin, wenn man es wahlpolitisch werten will, beides Entwicklungen, bei denen Sie sagen müssen: Pech, daß wir gerade dran sind.

*Schmidt:* Nein, das würde ich nicht sagen. Ich würde sagen: Glück, daß wir gerade dran sind. Wenn wir Konservative hätten wie die Regierungen, die in Rom und in London gerade gestürzt worden sind, dann wären wir sicherlich mit der deutschen Wirtschaft in einer schlimmeren Situation, als wir infolge der sozialliberalen Stabilisierungspolitik sind.

*Spiegel:* Wurde nicht in den Wahlergebnissen von Hamburg und Rheinland-Pfalz deutlich, daß die Wähler der Meinung sind, Konservative könnten eher mit wirtschaftlich schwierigen Situationen fertig werden?

*Schmidt:* Ich glaube nicht, daß diese Wahlergebnisse wesentlich mit den Preissteigerungsraten oder mit der Beschäftigungslage zusammenhingen. Ich glaube, daß schon eher Ihr drittes Stichwort Radikalenfurcht eine Rolle gespielt hat. Beide Wahlergebnisse drücken, wie mir scheint, nicht eine Hinwendung zu den konservativen politischen Führungskräften aus — die waren ja zum Beispiel in Hamburg auch gar nicht recht eindrucksvoll —, sondern sie drücken eher eine Denkzettel-Motivation gegenüber der regierenden Sozialdemokratie aus. Es war wohl nicht so, daß etwa Herr Carstens, Herr Kohl, Herr Stoltenberg oder Herr Strauß — man weiß ja nicht so recht, wer es sein würde — für die Wähler so anziehend waren, daß sie deshalb abgewandert sind.

*Spiegel:* Aber erinnern wir uns richtig, daß sowohl der Kanzler wie Sie in jüngster Zeit Befürchtungen geäußert haben wegen einer gewissen Renaissance des Konservativen schlechthin, nicht nur Orientierung zu konservativen Parteien, sondern zu einer konservativen Mentalität, und zwar nicht nur in Deutschland?

*Schmidt:* Ich habe dergleichen bisher nicht geäußert. Aber es ist etwas dran insofern, als auf die Dauer die mit dem Stimmzettel bewaffneten Bürger den Eindruck nicht hinnehmen werden, wenn sie ihn haben, daß diejenigen, die etwas verändern wollen, mehr verändern und weitergehend verändern, als es im Augenblick dem Bürger schon notwendig erscheint.

*Spiegel:* Das würde bedeuten, daß eine sehr breite Basis der Bundesbürger mit den bestehenden Verhältnissen im Konsensus ist und daß eine Partei, die wirklich oder auch nur scheinbar in eine Richtung marschiert, die diesen Konsensus irgendwo gefährdet, mit Vertrauensentzug rechnen muß.

*Schmidt:* Das ist nach meinem Eindruck halb richtig. Die richtige Hälfte ist, daß im Grunde ein erheblicher Konsensus in Deutschland darüber besteht, daß es uns gut geht. Was ich nicht richtig finde, ist die andere Hälfte Ihrer Formulierung, die impliziert, als ob die Sozialdemokratische Partei durch ihren Reformantrieb zu weit vorweggelaufen sei vor dem Reformbedarf der Masse der Bürger. Das glaube ich nicht.

*Spiegel:* Was glauben Sie denn?

*Schmidt:* Ich meine, Teile der Sozialdemokratischen Partei, einzelne Personen und Gruppierungen, die den Eindruck erweckt haben, als ob sie im Namen der Gesamtpartei sprächen, diese Gruppen laufen allerdings bisweilen so weit vor den Bürgern her — möglicherweise auch in ganz anderer Richtung als die Bürger es wollen —, daß diese Gruppen dazu beitragen, das Vertrauen eines Teiles der Bürger zu irritieren.

*Spiegel:* Sie wollen also sagen, für die SPD darf nicht in Frage kommen, was einige nach den jüngsten Wahlen fordern. Brutal ausgedrückt: Reformverzicht, CDU-Politik mit anderen Mitteln.

*Schmidt:* Das wäre grober Unfug. Aber ebensowenig darf die SPD zulassen, daß wilde Formulierungen aus dem Munde junger, wenn auch gutwilliger radikaler Akademiker dem Bürger hingestellt werden können als Zukunftsziele der Sozialdemokratischen Partei, das geht auch nicht.

*Spiegel:* Sie haben vorhin dargelegt, daß die ökonomischen Fakten für dieses Land eigentlich den Vertrauensentzug, den die SPD derzeit erlebt, objektiv nicht rechtfertigen. Wenn die ökonomischen Faktoren keinen so großen Stellenwert haben, spielt die Radikalenfurcht eine so große Rolle?

*Schmidt:* Einer der wichtigsten Faktoren scheint mir die Tatsache, daß viele Leute sich nicht mehr ganz im klaren darüber sind, was denn die mittel- und langfristigen Ziele der Sozialdemokratischen Partei insgesamt seien, nachdem sie in vielen Zeitungen Äußerungen des Parteivorsitzenden und Bundeskanzlers sehr viel kleiner gedruckt finden als Äußerungen zum Beispiel junger Parteimitglieder, die nun allerdings in keiner Weise mit dem übereinstimmen, was der Bundeskanzler und Parteivorsitzende an Politik betreibt und weiterhin betreiben will. Diese Verunklarung des Bildes der Gesamtpartei von Rosenheim bis Flensburg, nicht etwa nur in Bonn, darin sehe ich den Hauptfaktor für die gegenwärtige Verunsicherung mancher bisheriger SPD-Wähler.

*Spiegel:* Ist sich die SPD darüber nicht im klaren, ob sie ihr altes Konzept des Volkspartei-Gedankens fortsetzen soll, also auf dem geringsten gemeinsamen Nenner, auf dem noch Herr Schmitt-Vockenhausen und Frau Wieczorek stehen können, oder sich wieder stärker hin orientieren soll zur Arbeitnehmerpartei, auf die Gefahr hin, daß sie in den alten 35 Prozent-Turm zurückkriechen muß?

*Schmidt:* Ich hoffe, daß die Warnung, die wir durch die Wahlen erhalten haben, in der ganzen deutschen Sozialdemokratie Anlaß zum Nachdenken über die eigene Situation und über den eigenen weiteren Weg gibt. Bei diesem Nachdenken muß nach meiner Meinung herauskommen — und ich jedenfalls setze meine Überzeugungskraft dafür ein —, daß eine Partei, die freiwillig die Mitte räumt, in einer Stimmzettel-Demokratie, wie sie ist und sein soll, ihre Regierungschancen unnötigerweise einschränkt. Mit Mitte meine ich vor allen Dingen denjenigen Bereich von Wählerinnen und Wählern, die nicht so eisern auf ein und dieselbe Partei festgelegt sind, daß für sie im ganzen Leben nichts anderes in Frage kommt, sondern ich meine die relativ große Zahl von Wählern ...

*Spiegel:* ... die sich nach Gefühl mal so, mal so entscheiden ...

*Schmidt:* ... viele entscheiden sich nicht nach Gefühl, sondern nach eigenem Urteil. In Hamburg haben sich viele bewußt dazu entschieden, der SPD einen Denkzettel zu geben. Einige haben nachträglich einen Schrecken gekriegt, daß der Denkzettel so kräftig geworden ist. Er wird sich also in Niedersachsen keineswegs so wiederholen. Aber dies war eine bewußt getroffene Entscheidung, keine gefühlsmäßige Drift. Hier haben wir es mit

Wählern zu tun, die ich als die Mitte bezeichnen würde. Wenn man sie abschreckt, macht man sich selbst zur Minderheitspartei.

*Spiegel:* Das heißt, der Genosse Trend geht schweren Zeiten entgegen.

*Schmidt:* Der Genosse Trend ist mir nie sympathisch gewesen. Ich habe immer mehr an die verstandesmäßige Urteilskraft unserer Bürger appellieren wollen als an den Genossen Trend. Ich weiß auch nicht so genau, ob dieser Genosse nicht eher eine journalistische Erfindung war.

*Spiegel:* Wenn die SPD die Mitte nicht mehr räumen will, muß sie bereit sein, bei einem Wandern dieser Mitte hin nach rechts, das begründet sein kann in einem gesteigerten Sicherheitsbedürfnis, das mitzuvollziehen.

*Schmidt:* Demokratisch gewählte Regierungen in demokratisch verfaßten Staaten können nicht gegen die Meinung und Urteile ihrer Wähler anregieren. Dieses geht nur in faschistischen oder kommunistischen Diktaturen. Infolgedessen liegt nicht etwa ein Charakterfehler darin, dem Befehl der Bürger zu folgen, sondern dieses ist Ausdruck des Gehorsams gegenüber einer demokratischen Verfassung. Ich füge an, daß dies gleichwohl keineswegs dazu führen darf, daß etwa die politische Führung einer Partei sich dem Tagesopportunismus hingibt.

*Spiegel:* Bei sehr hoher Wählermobilität wird es immer schwieriger, die Partei im günstigen Wählerwind zu halten. Es hängt immer mehr von der Glaubhaftmachung der Führungsqualität einer Partei ab, ob sie im Auf- oder Abwind ist. Wird in Ihrer Partei zu wenig geführt?

*Schmidt:* Man muß unterscheiden a) zwischen dem Eindruck, den die Bürger haben von den Führungsqualitäten einer Partei, und b) den Tatsachen der Regierungs- und Gesetzgebungsleistung, das heißt den tatsächlich bewirkten Verbesserungen. Im Augenblick besteht der Eindruck, als ob die Sozialdemokratische Partei sich zu stark, zum Beispiel durch eine große Fülle von Bezirksparteitagen, die über alle möglichen Details beschließen, einem für Demokratie gehaltenen Diskutierklub nähere.

*Spiegel:* Sie sagen, es ist nur der äußere Eindruck?

*Schmidt:* Tatsächlich glaube ich, daß der äußere Eindruck erheblich übertreibt — dazu tragen auch solche Organe wie der SPIEGEL und „Die Welt" gleichermaßen bei.

*Spiegel:* Scheißblätter?

*Schmidt:* Nein, nur Blätter. Von einem großen Teil der Organe der öffentlichen Meinungsbildung, die der Regierung nicht freundlich oder auch oppositionell gegenüberstehen, wird dieser Eindruck verstärkt und vergrößert.

*Spiegel:* Gibt Ihnen nicht der Wandel der gedruckten und gesprochenen öffentlichen Meinung zu denken? Das war wohl doch bei Beginn der Koalition keinesfalls so, vielmehr hatten Sie einen ungeheuren Vertrauensvorschuß, mit dem Sie arbeiten konnten.

*Schmidt:* Das hatte vielerlei Gründe. 1972 hatten wir ein Hoch für den Bundeskanzler, wobei damals zwei bestimmte, nicht wiederkehrende, einmalige

Zusammenhänge eine große Rolle gespielt haben für dieses Stimmungshoch. Das eine war, daß im Grunde viele, viele Bürger weit über die Anhänger der Sozialdemokratischen Partei und der FDP hinaus der Meinung waren (und übrigens auch heute noch sind): Jawohl es ist richtig, daß der Versuch der Normalisierung auch gegenüber den östlichen Nachbarn gemacht werde, und man darf der CDU nicht erlauben, ihn zu torpedieren ...

*Spiegel:* ... und zweitens?

*Schmidt:* Das zweite hängt mit dem ersten zusammen: Die Wähler hielten es für zutiefst unfair in dieser Situation, mit Hilfe eines Tricks — so erschien nämlich das konstruktive Mißtrauensvotum — den Bundeskanzler zu torpedieren.

*Spiegel:* Da hat das falsche Bewußtsein geholfen.

*Schmidt:* Diese beiden miteinander zusammenhängenden Ereignisse spielten eine große Rolle für das Hoch 1972. Beide sind nicht mehr akut. Insofern würde schon bei normalem Verlauf es sehr schwierig gewesen sein, die Hochwetterlage von Sommer und Herbst 1972 aufrechtzuerhalten.

*Spiegel:* Als wesentlich auslösendes Moment des Bürger-Mißtrauens sehen Sie jene Zirkel auf Bezirksparteitagen, die die Partei als einen Debattierklub mit der falschen Richtung erscheinen lassen. Wo ist für Sie die Grenze dessen, was sich noch mit dem Standort sozialdemokratisch deckt? Wir wollen gar nicht mal über Rausschmiß von Radikalen reden. Aber wo sehen Sie die äußerste Grenze?

*Schmidt:* Eine Grenze, die gibt es in jeder praktischen Situation, und wer sie nicht spürt, der wird sie nie erjagen. Hier handelt es sich um das, was Max Weber Augenmaß genannt hat als eine der wesentlichen Fähigkeiten, die ein Politiker haben muß. Das gilt auch für eine politische Partei; wenn sie ihr Augenmaß verliert, kann man ihr nicht helfen.

*Spiegel:* Ist dann nicht die Führung gefordert?

*Schmidt:* Sicherlich ist die Führung der Partei gefordert am Ort, im Land, im Bund, auf allen Ebenen.

*Spiegel:* Es ist doch wohl so, daß nicht nur der Eindruck besteht, daß möglicherweise Fehler gemacht worden sind oder gemacht werden in puncto Führungsqualität, sondern es ist ein Stück Wahrheit dran.

*Schmidt:* Der Eindruck ist größer als die Wirklichkeit, aber die Wirklichkeit ist auch durchaus kritikwürdig und an Stellen sogar beklagenswert.

*Spiegel:* Es ist im Augenblick sehr modern, den Parteivorsitzenden zu kritisieren. Müssen sich diese Kritik nicht genausogut Herbert Wehner, Helmut Schmidt, Heinz Kühn gefallen lassen?

*Schmidt:* Ich will hier weder die Epitheta, die man Herbert Wehner, noch die, die man mir angehängt hat, unter die Lupe nehmen. Das ist nicht meine Sache. Sicherlich wäre es unsinnig, von sich selbst zu meinen, man habe keinen Fehler gemacht. Ich könnte mir eine ganze Menge Fehler vorstellen, die ich mir selbst vorzuhalten hätte.

*Spiegel:* Haben Sie als stellvertretender Parteivorsitzender Fehler gemacht in dem Sinne, daß Sie selbst nicht genug Führungsstil mit eingebracht haben? Und würden Sie es für möglich halten, daß der Eindruck von Führungsschwäche des Parteivorsitzenden auch mitbestimmt wurde durch die Kritik seiner Freunde?

*Schmidt:* Ich würde die erste Hälfte Ihrer Fragestellung bejahen. Die zweite Hälfte hat keinen Bezug zur Wirklichkeit.

*Spiegel:* Was halten Sie von Minister Dohnanyis Vorschlägen, den Bundeskanzler innenpolitisch zu entlasten, ihm einen „Nebenkanzler" zur Seite zu stellen?

*Schmidt:* Ich kenne sie nur indirekt aus der Presseberichterstattung; die ihm zugeschriebene Idee eines sogenannten „Nebenkanzlers" geht gewiß nicht auf sein Konto. Denn nach dem Grundgesetz gibt es nur einen zu Richtlinien an die Bundesminister befugten Kanzler — unter ihm haben die Bundesminister prinzipiell die gleichen Rechte. Das muß auch so bleiben.

*Spiegel:* Haben Sie in den vergangenen Monaten, als die Führungskraft Willy Brandts innerhalb und außerhalb der SPD mehr und mehr in Zweifel gezogen wurde, sich Hoffnungen gemacht, der Kanzler könnte vielleicht doch noch das Präsidentenamt übernehmen — und Platz machen für den Kanzler Helmut Schmidt?

*Schmidt:* Nein. Ich habe eine derartige Hoffnung oder Erwartung niemals gehegt. Ich bin vielmehr der Meinung — und habe daraus seit langer Zeit auch keinerlei Hehl gemacht —, daß, wenn in späterer Zukunft einmal ein Nachfolger für Willy Brandt gefunden werden muß, dieser sodann erheblich jünger sein sollte, als ich zu jenem Zeitpunkt sein werde.

*Spiegel:* Sie haben ein tiefgreifendes Kabinetts-Revirement empfohlen. Ist es angesichts der Schwierigkeiten, die objektiven Probleme zu lösen, nicht so etwas wie nur eine kosmetische Operation, wenn man Personen austauscht?

*Schmidt:* Ich habe keine tiefgreifende Kabinettsumbildung empfohlen. Der Bundeskanzler hatte vor Jahr und Tag, als er das gegenwärtige Kabinett bildete, angekündigt, er behalte sich vor, im Laufe der Legislaturperiode das Kabinett umzubilden. Ich hielt das damals und halte es heute für eine zweckmäßige Absicht. Ich halte die Frage einer Kabinettsumbildung für keine unwichtige Frage, aber keineswegs für eine zentrale Frage, deren Beantwortung alle Probleme aus der Welt schafft, die durch die jüngsten Wahlen sichtbar geworden sind.

*Spiegel:* Es zeigt sich, Herr Schmidt, daß eine ganze Reihe von westlichen Staaten nicht mehr in der Lage ist, regierungsfähige Mehrheiten zu bilden, die Bestand über einen längeren Zeitraum haben. Teilen Sie den verbreiteten Pessimismus, daß die klassischen parlamentarischen Systeme immer weniger befähigt sind, die immer stärker wachsenden Probleme zu lösen? Wir nennen hier als Stichworte multinationale Konzerne, Abhängigkeit von lebenswichtigen Rohstoffen, Energie und dergleichen?

*Schmidt:* Ich teile diesen Pessimismus nicht, wohl aber sind die Stichworte, die Sie genannt haben, Hinweise auf neue Problemstellungen, die miteinander gemeinsam haben, daß sie außerhalb derjenigen Bereiche liegen, die eine nationale Regierung oder ein nationales Parlament allein regeln kann. Die Europäische Wirtschaftsgemeinschaft mit all ihren vielfältigen Wachstumsschmerzen ist ein solches Feld, die Wirren der Weltwährung und des Welthandels gehören dazu und manches andere. Gleichwohl sehe ich mit Vertrauen in die Zukunft: denn insgesamt haben sich die westlichen Demokratien immer wieder als flexibel genug erwiesen, ihre Aufgaben zu lösen.

*Spiegel:* Die vernünftige Reaktion auf diese Problemstellung wäre, daß die Integrationsfähigkeit unter den Staaten zunehmen müßte. Tatsächlich aber zeigt sich gerade jetzt überall Rückschritt.

*Schmidt:* Die Erfahrungen die wir mit unseren Partnern gemacht haben, war das ständige Im-Widerstreit-miteinander-Liegen, die Einsicht in die Notwendigkeit zur Integration einerseits und der nationalstaatliche Egoismus andererseits. Wir haben in der EG schon Phasen hinter uns mit sehr viel schärferen Kontroversen als jetzt. Ich erinnere Sie daran, daß es Zeiten gegeben hat, in denen Frankreichs Minister an den Ministerratssitzungen überhaupt nicht mehr teilnahmen.

*Spiegel:* Man nimmt heute teil, integriert sich aber nicht.

*Schmidt:* Wir sollten das nicht übertreiben. Wir werden einen ständigen Prozeß à la Echternacher Springprozession haben in der Integration Europas. In langen Zeiträumen gesehen haben wir große Fortschritte gemacht, wenn wir zurückdenken an die Situation des Jahres 1956. Die Integration wird sich durchsetzen, weil dies im eigenen Interesse der betroffenen Gesellschaften und Staaten liegt.

*Spiegel:* US-Präsident Nixon hat dieser Tage gedroht, in Amerika könnte die Neigung zum Truppenabzug wachsen, falls die europäischen NATO-Partner in der EG eine mit den USA nicht koordinierte eigene Nahostpolitik betrieben. Besteht die von Nixon skizzierte Gefahr in der Realität?

*Schmidt:* Man darf eine spontane, aus Unmut entsprungene Überreaktion nicht durch eigene Überbewertung noch ein zweites Mal im Gewicht verstärken. Tatsächlich gibt es gegenwärtig keine Entwicklung im Bündnis, die ernsthaft das Wort von der „atlantischen Krise“ rechtfertigen könnte. Schon gar nicht im Verhältnis Bonn—Washington. Im Gegenteil: Unsere Kooperation ist eng und gut; das zeigt sich zum Beispiel an dem neuen Offset-Agreement, das wir soeben für weitere zwei Jahre auf der Basis des bisherigen Truppenstationierungs-Umfanges verabredet haben.

*Spiegel:* Ist die deutsche Wirtschaft in der Lage, mit ständig sich verschärfenden Inflationsraten, daraus resultierenden verschärften Verteilungskämpfen, Problemen der Industrie- und Umweltstruktur in angemessener Weise fertig zu werden?

*Schmidt:* Ich sehe nicht nur eine Chance, sondern ich bin ganz sicher, daß die deutsche Gesellschaft und ihre Volkswirtschaft mit diesen Problemen fertig werden kann, ohne daß deswegen alles verstaatlicht werden muß.

Was für ein Mangel an Selbstbewußtsein spricht aus solchen Fragestellungen! Was für ein Minderwertigkeitskomplex!

*Spiegel:* Sind das denn keine politischen Potenzen, mit denen Sie zu rechnen haben?

*Schmidt:* Doch. Aber die gegenwärtige deutsche Wirtschaftswirklichkeit unterscheidet sich tiefgreifend von derjenigen vor 20 Jahren. Damals hat man auch schon gesagt, das sei Marktwirtschaft und jenes nicht. Trotzdem ist es eine riesenhafte Entwicklung von der Wirklichkeit der deutschen Wirtschaft damals bis heute. Und in wiederum 20 Jahren werden wir vieles andere verändert haben. Dann wird paritätische Mitbestimmung an allen größeren Unternehmen etwas Selbstverständliches geworden sein und wird dazu beigetragen haben, daß die innere Stabilität dieser Wirtschaft noch gewachsen sein wird. In manchen Feldern wird sicherlich der Staat eine größere Rolle spielen als heute, genauso wie er heute eine größere Rolle spielt als 1954 oder gar 1924.

*Spiegel:* Es gibt in Ihrer Partei nicht wenige Theoretiker, die überzeugt sind, der Widerspruch zwischen der Qualität der Probleme und der ihrer Lösungsmöglichkeiten werde immer größer.

*Schmidt:* Das sind Unterscheidungen, die die Wirklichkeit nicht abstrakt einfangen können, sondern sie grob verzerren und falsch darstellen. Es gibt ja auch in Wirklichkeit keine reine Marktwirtschaft. Einige Märkte sind funktionstüchtig. Andere sind es nicht. Viele Märkte sind längst vom Staat beherrscht und reglementiert. Die ganze staatliche Sozialpolitik seit Bismarck ist doch keine Marktwirtschaft, sondern eine notwendige Korrektur der Marktresultate ebenso wie Kartellgesetz oder Konjunkturzuschlag oder öffentliche Investitionsprogramme. Und mit all solchen Instrumenten und neuen dazu werden wir auch die zukünftigen Probleme lösen.

*Spiegel:* Bewältigen Sie das Problem, daß wir in diesem Jahr keine zweistellige Zahl der Preissteigerung kriegen?

*Schmidt:* Wir haben gute Aussicht, das einzige Land in Europa zu sein, das im Durchschnitt des Jahres 1974 dies schafft.

*Spiegel:* Können Sie mit den vorhandenen Regelmechanismen, etwa in der Tarifpolitik, bei acht- bis zehnprozentigen jährlichen Preisraten noch den Anspruch sozialer Gerechtigkeit bewältigen, oder müssen sie zu anderen Möglichkeiten der Lohnfindung kommen?

*Schmidt:* Dazu kann ich Ihnen nur meine persönliche Antwort geben: Ich bin ein Gegner staatlicher Zwangsschlichtung. Wir haben es mit der freien Lohnfindung durch die Tarifpartner mit einem wesentlichen Element einer freiheitlich geordneten demokratischen Gesellschaftsordnung zu tun. Die enthält Risiken. Wer diese Risiken nicht tragen will, der muß dann zu Staatsgewerkschaften oder zu staatlichen Lohnvorschriften übergehen. Ich halte auch nichts von staatlichem Lohnstopp, genausowenig wie ich etwas von staatlichem Preisstopp halte. So was explodiert nach einer gewissen Zeit. Wer sich einbildet, er könnte von allem auf der Welt immer nur die Butterseite zu fassen kriegen, der irrt sich über die Welt.

*Spiegel:* Würden Sie an den bestehenden Tarifmechanismen auch beim öffentlichen Dienst festhalten?

*Schmidt:* Der öffentliche Dienst ist ein Sonderproblem, der ja bisher nicht einmal eine freiwillige Schlichtung kennt, wie sie die Industriegewerkschaft Metall mit den entsprechenden Arbeitgeberverbänden verabredet hat. Im öffentlichen Dienst ist das Lohnfindungsverfahren sicherlich verbesserungsbedürftig, auch verbesserungsfähig, ohne daß deswegen demokratische Grundprinzipien in Frage gestellt werden müssen.

*Spiegel:* In Schweden besteht eine gewisse Einschränkung der Tarifautonomie im öffentlichen Dienst. Gibt es schon Vorstellungen in der Bundesregierung, nach den Erfahrungen dieser Runde im öffentlichen Dienst, wie man möglicherweise ähnliche Mechanismen zwischenschalten kann, zwischen Abbruch der Verhandlungen und Streik?

*Schmidt:* Zunächst einmal möchte ich darauf hinweisen, daß in Schweden die Inflationsraten höher sind als bei uns. Zweitens würde ich allerdings meinen, daß das, was die Schweden tun, in keiner Weise eine Gefährdung demokratischer Grundprinzipien darstellt. Man kann das Beispiel studieren. Nur, was alles Sie studieren über die auf verschiedene Weise staatlich reglementierte Lohnfindung, in Holland, England, Schweden, das sind ja alles Demokratien, es führt nicht dazu — wenn wir die Preisentwicklung dieser Länder mit der unserigen vergleichen — zu sagen, die seien besser dran. Es bleibt festzustellen, wir sind ohne staatliche Zugriffe am besten gefahren.

*Spiegel:* Heißt das, Besorgnisse hier und heute seien weniger gegenständlich und berechtigt?

*Schmidt:* Keineswegs! Aber deswegen sollten wir uns nicht in eine selbstfabrizierte Sucht hineinsteigern, alles mögliche von Staats wegen anders zu machen, möglichst so wie andere, die doch weniger gute Ergebnisse hatten als wir. Ich muß hier sagen, ich habe ein ganz großes Vertrauen in die kontinuierliche Fähigkeit der Gewerkschaften in unserem Lande, dem gerecht zu werden, was ihre Verantwortung für das Gesamtwohl ihnen auferlegt. Da gibt es sicherlich von Zeit zu Zeit immer mal Ausnahmen. Aber vergleichen Sie doch mal die Gesamtleistung der deutschen Gewerkschaften mit Ländern in unserer unmittelbaren Nachbarschaft! Vergleichen Sie die Zahl der Streiktage! Der Vergleich gibt nicht den mindesten Grund, an den Grundprinzipien der Demokratie in Deutschland zu zweifeln.

*Spiegel:* In dieser Krisensucht, von der Sie vorhin sprachen, sehen Sie ein Element des deutschen Nationalcharakters.

*Schmidt:* Friedrich Sieburg, den ich sonst nicht sonderlich politisch geschätzt habe, hat einmal ein Essay überschrieben mit den Worten „Die Lust am Untergang". Es gibt in Deutschland immer wieder Leute, die eine Lust an der Verbreitung von Untergangsstimmung haben. Ein hervorragender erster Vertreter dieses Typus war Oswald Spengler. Der stand auf der rechten Seite, aber es gibt sie auch auf der Linken.

*Spiegel:* Sie drücken Ihre Mißachtung gegenüber dieser Haltung aus, Sie wollen sie aber nicht abschaffen?

*Schmidt:* Man kann sie nicht abschaffen. Sie hat auch ein Recht auf Meinungsfreiheit.

*Spiegel:* Gibt es nach Ihrer Meinung ein geheimes Einverständnis zwischen links und rechts?

*Schmidt:* Wohl kaum. Aber die Weltuntergangstheorien stammen aus einem gemeinsamen psychischen Defekt.

*Spiegel:* Herr Minister, wir danken Ihnen für dieses Gespräch.

# Die Arbeitnehmer stehen im Zentrum*

Die Geschichte dieser Partei ist zugleich die Geschichte des Kampfes um die Demokratie. Ohne unsere Partei ist es kaum vorstellbar, wie sich das demokratische Prinzip in Deutschland einen endgültigen Platz hätte verschaffen können. Wir sind und wir waren von Anfang an eine Partei im großen historischen Sinne. An ihrem historischen Erfolg gemessen, bedeutet die SPD die Befreiung der Arbeiterklasse zum einen, zum anderen die Demokratisierung des Staats und zum dritten die Handhabung dieses Staates als Mittel zur Reform der Gesellschaft in Richtung auf Gleichheit und Solidarität, das heißt auf Teilhabe, auf Mitbestimmung und auf soziale Gerechtigkeit.

Es hat während des langen bisherigen Weges auch Strecken gegeben, in denen innerhalb unserer Partei auch Strömungen in Richtung auf die Revolution vorhanden waren. Der tatsächliche Weg zur Verwirklichung ist weitgehend ein Weg in dem Zeichen gewesen, das Ferdinand Lassalle am Anfang gesetzt hatte; ein Weg im Zeichen des freien Wahlrechts, ein Weg der Überzeugung gleichberechtigter Wähler, seit über 50 Jahren eindeutig der Weg der parlamentarischen Demokratie, in der das Mandat zur Umgestaltung allein aus dem Vertrauen der Stimmbürger fließt.

Man kann auch sagen: Der Weg der Sozialdemokratie war und ist zu einem wichtigen Teil ein Weg des Ringens um politisches Vertrauen der Menschen in unserer Gesellschaft. Auf diesem Wege des Ringens um Vertrauen war die Wahl am 19. November 1972 ein weit herausragender Erfolg.

Vor einigen Wochen hat der Parteivorsitzende im Parteirat mit etwas bitterem Tonfall gesagt, der Sieg habe wohl viele Väter, und dabei schwang im Unterton hörbar die Feststellung mit, wenn es statt eines Sieges eine Niederlage geworden wäre, so hätte es vielleicht sein können, daß sich viel weniger danach als Väter eines solchen Ergebnisses aufgespielt hätten. Ich habe jene Bemerkung nachempfinden können. Gewiß ist der Bundeskanzler nicht allein der Sieger, und er will es auch gar nicht sein. Ebenso gewiß ist aber, daß keiner auch nur einen halbwegs so großen Anteil am Wahlsieg hat wie Willy Brandt.

(Beifall)

Mit dem Wahlsieg allein ist freilich noch nicht allzuviel in Staat und Gesellschaft geändert. Die Wahl hat uns einen moralisch-politischen Auftrag zum

* *Eröffnungsrede auf dem Parteitag in Hannover am 10. April 1973 (aus dem unkorrigierten Protokoll).*

Handeln und zugleich die institutionellen Mittel dafür gegeben. Wenn diese Mittel nur unzureichend, wenn sie zu falschen Zwecken benutzt würden, so können wir unseren Weg verfehlen und uns gegebenes Vertrauen aufs Spiel setzen. Daß dies ganz und gar eine bloße hypothetische Gefahr sei, wird niemand behaupten können, der das spürt, was in unserer Partei vorgeht und was man in unserem Lande darüber denkt.

Dieser Parteitag wird sich bei mehreren Verhandlungsgegenständen über genau diese Gefährdung im klaren sein müssen. Wer in Hannover etwas von dem leugnen oder zurücknehmen oder verkleinern wollte, was er vor einem halben Jahr in Dortmund beschlossen hat, der mindert unsere Glaubwürdigkeit und unsere Vertrauenswürdigkeit, ob mit Willen oder ohne Willen.

(Beifall)

Karl Hauenschild hat soeben mit Recht in der Zeitung seiner Gewerkschaft geschrieben — ich zitiere —:

> Die Gewerkschaften können sich im Interesse ihrer Mitglieder keinen Parteitag wünschen, der Zweifel aufkommen läßt, ob die SPD noch zu dem Programm steht, zu dem sie die Zustimmung der Mehrheit der Wähler erhielt und mit dem sie alle Anfeindungen und alle Verteufelungen des Wahlkampfs erfolgreich überstanden hat.

Und er fährt fort:

> Vor allem den Delegierten, die als Vertreter von Arbeitnehmern zum Parteitag entstandt werden, ist sicherlich die Verwirklichung der gewerkschaftlichen Forderungen aus den „Prüfsteinen" des DGB wichtiger als fruchtlose Diskussionen um ideologische Leerformeln.

(Beifall)

Wir haben dem Wähler keine bestimmte Theorie von der Gesellschaft angekündigt, keine Religion verkündigt, auch keine seligmachende Weltanschauung, obschon viele von uns religiös gebunden sind und obschon wir alle je einzeln von einem sehr bewußten sittlichen Fundament aus handeln. Wir sind bei dem Wort geblieben, das Kurt Schumacher 1946 für den Neuaufbau unserer Partei geprägt hatte: dem Wort: „Es ist gleichgültig, ob jemand durch die Methoden marxistischer Wirtschaftsanalyse, ob er aus philosophischen oder ethischen Gründen oder ob er aus dem Geist der Bergpredigt Sozialdemokrat geworden ist. Jeder hat für die Behauptung seiner geistigen Persönlichkeit und für die Begründung seiner Motive das gleiche Recht in der Partei."

Schon im Oktober 1945, auf der Konferenz in Wennigsen, hatte Schumacher den gleichen Gedanken ausgesprochen und damals auch die Erkenntnisse rationalistischer Philosophie als eines der Motive ausdrücklich genannt.

Wir Sozialdemokraten haben seither keinerlei Erfahrung gewonnen, die uns Anlaß gäbe, heute etwas anderes zu sagen als Kurt Schumacher 1946. Im Anschluß an sein Wort hat das Godesberger Grundsatzprogramm drei Motive, Sozialdemokrat zu sein, ausdrücklich genannt. Ich könnte mir den Bogen sogar noch etwas weiter gespannt denken. Denn für die allermeisten Wähler und Mitglieder der Partei reichte schon das tatsächliche Erlebnis der politischen, der sozialen und der wirtschaftlichen Wirklichkeit aus. Es wird hier vielen im Saale ähnlich gehen wie mir: daß die von Schumacher genannten Motivationen alle mit je verschiedenem Gewicht zugleich in uns eine Rolle spielen. Welche Grundkräfte aber für den einzelnen gelten, in welcher

Stärke, das muß der einzelne für sich selbst entscheiden, nicht die Partei, kein Parteitag, kein Vorstand, sondern jeder für sich mit seinem persönlichen Charakter, nach seinem persönlichen Gewissen. Alles andere würde führen zur Diktatur über die Partei.

Der Außerordentliche Parteitag vor zwei Jahren in Bonn hat Waldemar von Knoeringens und Willi Eichlers gedacht, die in jenem Jahr 1971 gestorben waren. Ich möchte an sie beide erinnern, weil sie in ihrer Person die Vielfalt verkörpert haben, die unsere Partei auszeichnet. Ohne Willi Eichlers Lebensarbeit wäre 1950 das Godesberger Programm so nicht zustande gebracht worden. Es war geprägt von der Philosophie, von einer ganz spezifischen, philosophisch begründeten Ethik. Vom ISK herkommend hat er zugleich mit gedanklicher Strenge und mit einer aus tiefer Einsicht kommenden Toleranz uns bei der geistigen Durchdringung und Erhellung unserer eigenen Grundmotivationen geholfen.

Waldemar von Knoeringen dagegen war im besten Sinne ein Idealist mit großem Vertrauen in den Menschen, ein Mann, der sich als sozialdemokratischer Politiker aus Passion der Bildung und der Bildungsarbeit zugewandt hatte, die er in der Epoche der zweiten industriellen Revolution als die drängendste Aufgabe empfand.

Ich bitte den Parteitag heute, Leo Bauers zu gedenken und Otto Brenners und Max Brauers.

(Die Anwesenden erheben sich)

In ihnen haben wir die ganze Fülle sozialdemokratischen Denkens und Handelns vor Augen.

Leo Bauer hat lange in den Gefängnissen und Lagern der Diktatur gelitten, seine Gesundheit ruiniert. Er kam vom kommunistischen Marxismus her. Er war aus Überzeugung Sozialdemokrat geworden. Dabei hat das Erlebnis der Notwendigkeit von Humanität und Demokratie eine große Rolle gespielt. Leo hat fast fünf Jahre lang unsere theoretische Zeitschrift „Die neue Gesellschaft" geleitet und nicht nur damit vielen von uns unschätzbaren Rat und weitreichende Hilfe gegeben.

Otto Brenner hat weit über Deutschlands Grenzen hinaus die größte freie Gewerkschaft der Welt verkörpert ebenso wie die in seiner Person gelungene Verbindung grundsätzlicher Einsicht in die Zusammenhänge unserer Gesellschaft mit dem zähen täglichen Kampf um Lohnfortschritt, sozialpolitischen Fortschritt und um Mitbestimmung, einem lebenslangen Kampf um Reform.

Max Brauer war ein Führender von unglaublicher Fähigkeit, seinen Genossen Vertrauen in ihre eigene zukünftige Leistung zu geben. Obwohl er viel gelesen hatte, war Brauer das Gegenteil eines Theoretikers; er war ein Mann der Tat.

Die Vielfalt der Sozialdemokratie lebt in vielen Toten, derer wir heute gedenken. Ich darf weiterhin nennen Valentin Baur, Albert Bayerle, Karlheinz Böhm, Leo Brandt, Julius Braunthal, Georg Dewald, Friedhelm Dohmann, Heinrich Drake, Karl Drott, Willi Eichler, Hermann Engels, Fritz Gräßler, Otto Graf, Werner Hansen, Wilhelm von der Heyde, Werner Jacobi, Otto Joschko, Nikolaus Jürgensen, August Kerger, Heinrich Kositzki, Willi Lausen, Karl Meitmann, Rudolf Metter, Frieda Nadig, Franz op den Orth, Helmut Otzik, Olaf Radke, Willi Richter, Josef Scheuren, Otto Striebeck, Herbert Theis, Peter Warnecke, am Schluß Hermann Veit, der

vor wenigen Tagen von uns gegangen ist. Hermann Veit war einer jener, denen das Godesberger Grundsatzdokument zu verdanken ist, viele Jahre lang an der Vorarbeit, vor allem für den die Wirtschaft betreffenden Teil, führend beteiligt gewesen. Er war bis zuletzt ein Vorbild in der Erfüllung seiner Partei- und seiner Parlamentspflichten.
Einen Mann, der uns in seiner langjährigen Arbeit als Vorsitzender der Gewerkschaft Kunst eng verbunden war, möchte ich auch nennen dürfen, den stets hilfsbereiten Victor de Kowa.
Wir denken an alle unsere verstorbenen Freunde und wissen, daß wir ihnen Dank schulden. — Ich danke ihnen.
Liebe Freunde! Es sind viele Delegierten hier im Saal, die weder Schumacher noch Max Brauer, weder Ollenhauer noch Erler, weder Leo Bauer noch Knoeringen, weder Eichler noch Hermann Veit im persönlichen Umfang erlebt haben. Manche hatten vielleicht keine Gelegenheit, andere mögen so jung sein, daß die Namen dieser großen Toten für sie zur Geschichte gehören und nicht zur persönlichen Erfahrung. Trotzdem hat jedermann hier im Saal mittelbar einen Teil seiner politischen Gedanken von jenen tradiert erhalten, die vor uns waren. Das führt mich dazu, dem Parteitag eine Bemerkung zur Geschichte der Programmatik unserer Partei anzubieten.
Unser Programm, wie es etwa einmal in jeder politischen Generation neu bestimmt worden ist, hat sich von Marx und Lassalle bis zu Schumacher, bis zu Godesberg im Grundsätzlichen mehrfach erheblich gewandelt. Es hat stets neue Erkenntnisse einbezogen. In ihrem politischen Tun war die Partei in all dieser Zeit reformerisch. Das heißt, sie hat nicht daran gezweifelt, daß Wirtschaft, Gesellschaft und Staat der Umgestaltung und der Entfaltung bedürfen und dazu allerdings auf demokratischem Wege auch fähig sind. Die Sozialdemokratie hat danach gehandelt. Sie mußte danach handeln. Die sogenannte Einheit von Theorie und Praxis kann nur dies meinen, nämlich die gegenseitige Interdependenz von Programm und Handeln, von Idee und Wirklichkeit, die Interdependenz der Welt von morgen und der Welt von heute.
In den fünfziger Jahren vom Erfurter Programm bis in das „Dritte Reich", in denen die in der SPD gepflegte politische Theorie weitgehend vom Marxismus bestimmt war — was bekanntlich nicht immer heißt: vom Denken des Karl Marx —, in diesen 50 Jahren waren doch zugleich die politische Tagesordnung und die politische Praxis der SPD pragmatisch und — wenn Sie so wollen — reformistisch. Man kann auch sagen: In jenen 50 Jahren hat die Partei zwar überwiegend nach Kautsky theoretisiert, aber überwiegend nach Bernstein gehandelt.

(Beifall)

Das Wort „pragmatisch" verleitet mich zu einer kurzen Fußnote, zumal sich in den allerletzten Jahren etwas unüberlegte Vorwürfe gegen jene häufen, die man mit dem Etikett „Pragmatiker" versehen hat. Einige gebrauchen dieses Wort mit einem herabsetzenden Unterton. Ich will deswegen nur auf Immanuel Kant hinweisen, der „pragmatisch" jenes Handeln nennt, das sittlichen Zwecken dient. Im Handeln zu sittlichen Zwecken das Wesen des Menschen zu erblicken, das erinnert mich jedenfalls daran, daß wir gerade darin auch das Wesen des politischen Menschen zu erkennen haben: im Handeln zu sittlichen Zwecken.

(Beifall)

Die Grundannahme, daß das Gefüge von Gesellschaft und Wirtschaft, wie gesagt, stets verbesserungsbedürftig und stets auch verbesserungsfähig sei, diese Grundannahme ist ihrem Inhalt nach nicht utopisch, sie schließt aber Wissenschaft und Theorie keineswegs aus. Sie schließt die Notwendigkeit zur Anpassung der Programmatik an sich ändernde Situationen und Erfahrungen ein.

Von unserer Geschichte und von unserem Selbstverständnis her sind wir Sozialdemokraten Volkspartei, indem wir die Arbeitnehmerschaft politisch vertreten. Zum Ausweis dessen brauchen wir keine Schlagwörter, alte oder neue, sondern dazu haben wir im ganzen Verlauf der Geschichte der Arbeiterbewegung und der Sozialdemokratie Leistungen vorzuweisen. Die Ansicht einiger, die bisherigen Leistungen der Gewerkschaften und der Sozialdemokratie oder insbesondere die Reformleistungen der sozial-liberalen Koalition gering zu schätzen, weil sie angeblich das sogenannte System nicht ändern, halte ich für kurzsichtig und für schädlich.

(Beifall)

Die tatsächliche Wirkung unserer Partei auf die Arbeitnehmer ging in den letzten 25 Jahren viel weniger von der Theorie aus als vielmehr von unseren aktuellen Wahl-, Regierungs- und Einzelprogrammen, mehr aber — zweitens — von unseren tatsächlichen Erfolgen in der Arbeit in den Betriebsräten und Gewerkschaften, im Gemeinderat, Landtag und Bundestag, in der Regierung. Und sie ging drittens aus von der sittlich-politischen Grundhaltung der SPD, die überall spürbar war. Wer die Interessen der Arbeitnehmerschaft politisch verwirklichen will, braucht auch künftig die Stimmen der großen Mehrheit der Arbeitnehmer, wenn auch keineswegs nur deren Stimmen.

Volkspartei, das schließt eine ganze Reihe von Berufen, eine Vielfalt von Lebenssituationen ein. Man wird dieser Vielfalt nicht gerecht mit dem die heutige Wirklichkeit nicht mehr voll treffenden Wort Proletariat noch mit dem ebenso wenig differenzierenden Wort von den Lohnabhängigen. Der Angestellte einer Lebensversicherung oder einer allgemeinen Ortskrankenkasse zum Beispiel fühlt sich in aller Regel nicht als Proletarier, und der Handwerker, der uns in Hamburg oder der Landwirt, der uns in Rheinland-Pfalz zugehört, die sind keine Lohnabhängigen. In Wirklichkeit ist das Mosaik vielfältiger, als daß es in manches theoretische Schema passen könnte. Die Arbeitnehmer aber stehen im Zentrum. Das kann uns nützen, wenn unsere Politik dazu geführt hat, daß Arbeitnehmerkinder jetzt auf die Hochschulen gehen, daß sie von dort wieder zu uns kommen ebenso wie viele andere gut ausgebildete junge Leute. Wir wollen deren spezifische Fragen und Sorgen ernst nehmen, sie beantworten und bedenken, soweit wir dies können und soweit dies mit dem allgemeinen Wohl vereinbar ist. Aber die intellektuellen Interessen dürfen sich nicht Vorrang verschaffen vor den Interessen der breiten Mehrheit der Arbeitnehmer.

(Beifall)

Die Zielgruppen der Arbeiter und der Angestellten müssen ihre Priorität behalten. Gewiß werden wir in zehn Jahren noch mehr Lehrer, Ärzte, Ingenieure, Anwälte, Geistliche, Intellektuelle aus allen freien Berufen bei uns als Bundesgenossen, als Genossen haben. Wenn wir aber bei all dieser von uns bewußt angestrebten Entwicklung aufhörten, der große Arbeitnehmerflügel der deutschen Gesellschaft zu sein, dann könnten wir von der Volkspartei zur politischen Sekte absinken.

(Beifall)

Es wird den Arbeitnehmern nicht in erster Linie mit Modellen der Soziologie oder der Futurologie geholfen, sondern mit konkreten Reallohnfortschritten, mit konkreten Fortschritten in der Bildung eines eigenen Vermögens, mit steigendem Standard ihrer Wohnung, mit dem Schutz ihrer Umwelt, mit konkreten Fortschritten in der Bildung und Ausbildung ihrer Kinder, mit konkreten Fortschritten in der Gesundheitsvorsorge und in der Familienpolitik.

(Beifall)

All dies erfordert eine partielle Umlenkung von Arbeit, Umlenkung von Geld und von Gütern. All dies geht schrittweise vor sich — genauso, wie die Gewerkschaften Schritt für Schritt die Lebens- und Arbeitsbedingungen ihrer Mitglieder verbessern. All dies verlangt nach Augenmaß und Entschlußkraft und Verwirklichungswillen in der jeweils gegebenen Lage. Und damit dies nicht einer Abfolge von Zufallsentscheidungen überlassen werde, braucht man dazu ein erhebliches Minimum von Planung, und zwar schon allein, aber nicht nur allein zur Selbststeuerung im Vorwege und zur eigenen Erfolgskontrolle im Nachhinein. Ökonomische Planung kann auf Quantifizierung und auf zeitliche Ordnung nicht verzichten, ob in Deutschland, ob in der Sowjetunion oder in den Vereinigten Staaten von Amerika, das heißt ohne Rücksicht auf die jeweilige Gesellschafts- und Wirtschaftsordnung.

Wenn dagegen zum Beispiel der Vorsitzende einer Langzeit-Kommission auf dem Godesberger Kongreß vor ein paar Wochen gewarnt hat vor einem „voreiligen Eingehen auf Details“ und statt dessen eine bloße Grundsatzdiskussion allein für wichtig hält, wenn er im gleichen Atemzug in der gleichen Rede vom Irrweg des Sozialstaates redet, von der Illusion des Sozialstaates redet, dann können die heute und hier lebenden Arbeitnehmer, die unserer Partei ihre Stimme gegeben haben, nur darauf vertrauen, daß noch ein sehr durchgreifender Reifeprozeß erfolgen möge, bis die Urheber solch liebloser Besserwisserei Bundesminister für Arbeit oder für Wirtschaft oder für Entwicklungshilfe geworden sein werden.

(Beifall)

Wir haben den arbeitenden Menschen jetzt und hier zu mehr Recht, zu mehr Freiheit, zu mehr Mitbestimmung und zu größerem Anteil am Sozialprodukt zu verhelfen — nicht aber all dies aufzuschieben, bis endlich eine ganz neue Gesellschaftsanalyse und — darauf aufgebaut — eine ganz neue Utopie zur Verfügung steht. Wer das ökonomische Rechnen für ein profanes Abgleiten aus den sublimen Höhen einer reinen Grundsatzdiskussion hält, der braucht nach meiner Ansicht zunächst einmal dringend ein wenig Haushaltspraxis in einem Kommunalparlament.

(Beifall)

Wer ausdrücklich seine Beteiligung an der innerparteilichen Debatte so führen möchte, daß er sich nicht in Details „verschleißen“ läßt und daß er nicht — ich zitiere wieder — „später auf irgendwelche Kompromisse festgelegt“ werden könne, der mag vielleicht auf dem Wege zur Philosophie sein, aber nicht auf dem Wege der tätigen Politik für die Arbeitnehmer in unserem Lande.

Wer sich geringschätzig über angeblichen Wachstumsfetischismus von Sozialdemokraten ausläßt, sollte dann wenigstens auch erkennen, daß er damit nicht nur zugleich die Zielprojektionen des Deutschen Gewerkschaftsbundes verurteilt, sondern im Kern sogar das Wesen gewerkschaftlicher Tarifpolitik für abwegig erklärt. Daß er im Grunde seines Herzens die Interessen des Arbeitnehmers höher empfindet, bewahrt ihn offensichtlich nicht davor, die Arbeitnehmer und ihre Organisationen zu bevormunden. Offensichtlich ist er zur Reformpolitik, die schrittweise erfolgt, nicht oder noch nicht geeignet. Reallohnsteigerungen oder höhere Lebensqualität insgesamt erfordern den immer wiederholten Konflikt. Arbeitskämpfe, Arbeitskonflikte müssen immer wieder ausgetragen werden. Wir haben in diesen Tagen dafür ein Beispiel vor Augen. Aber irgendwann kommt dann in dem Prozeß eines jeden Arbeitskonflikts der Augenblick, in dem für eine gewisse Zeit ein tragfähiger Kompromiß möglich oder sogar notwendig ist. Wer diesen Augenblick prinzipiell nicht nutzen will, wer prinzipiell jeden Kompromiß ablehnt, mag ein herrlicher Prinzipienreiter sein, aber zur Tarifpolitik ist er nicht zu gebrauchen. Er wäre übrigens auch zur friedlichen Außenpolitik nicht zu gebrauchen.

Der Wille zum fairen Kompromiß ist auch zwischen den Gewerkschaften und der sozialliberalen Koalition immer aufs neue notwendig. Gewerkschaften und Sozialdemokratie stammen aus der gleichen gesellschaftlichen und geschichtlichen Wurzel der Arbeiterbewegung. Es ist weitgehende Identität der Personen gegeben. Beide stützen sich weit über ihre Mitgliedschaft hinaus auf die gleichen Millionen von Menschen: von Arbeitern und Angestellten, von Rentnern und Hausfrauen, auf Hunderttausende von Beamten. Es kann nicht bezweifelt werden, daß beide in ihren Grundtendenzen übereinstimmen.

Enge Tuchfühlung zwischen den Gewerkschaften und einer regierenden Sozialdemokratischen Partei ist notwendig, vom Ortsverein bis zum Bundesvorstand. Gewiß werden dadurch die Interessenkonflikte — zum Beispiel wegen der Preise und Löhne, wegen der Konjunkturpolitik insgesamt — nicht grundsätzlich vermieden, wohl aber bleiben sie in eine Atmosphäre eingebettet, in der grundsätzlich Einvernehmen von beiden Seiten gewollt und angestrebt wird. Keine Seite wird dabei ihre Mitglieder und Anhänger in Loyalitätskonflikte stürzen wollen.

Das grundsätzliche Einvernehmen der sozial-liberalen Koalition mit den Gewerkschaften — unbeschadet der vielen offenen Forderungen — ist einer der Aktivposten unserer Lage und schlägt deutlich für unsere Partei zu Buche. Daß diese Verbindung auch in Zukunft besonders gepflegt werden muß, versteht sich im Interesse beider Seiten. Anders wären auch die Aufgaben der Bundesregierung kaum zu lösen.

Der Weg unserer Partei hat die Partei geöffnet. Wir können nicht zulassen, daß einige gewollt oder ungewollt unsere Partei wieder ein- oder verengen. Das würde dem geschichtlichen Auftrag widersprechen. Es würde uns schwächen und mit uns die Menschen schwächen, die doch von uns abhängen, die Arbeitnehmer, unsere Wähler insgesamt. Zu diesem Weg gehören Zähigkeit, Augenmaß, aber auch genügend Respekt und Disziplin, damit alle Organe ihre Beschlüsse wägen, ehe sie sie treffen. Es kann nicht immer gut gehen, wenn im Handumdrehen Details beschlossen werden, die normalerweise monatelanger Ausschußarbeit in einem Parlament bedürfen. Detaillierte Feststellungen, in großer Eile auf sozialdemokratischen Delegiertentagen

zurechtgezimmert, hatten in jüngster Vergangenheit bisweilen die Tendenz, manchmal nicht ausreichend durchdacht gewesen zu sein, bis sich später herausstellte: Es ist nicht gut, höhere Erwartungen hervorzurufen, als realistischerweise gerechtfertigt ist.
„In der Demokratie lernen die Parteien und die hinter ihnen stehenden Klassen bald die Grenzen ihrer Macht kennen und sich jedesmal nur so viel vorzunehmen, als sie nach Lage der Umstände vernünftigerweise hoffen können durchzusetzen. Selbst wenn sie ihre Forderungen etwas höher spannen, als im Ernst gemeint, um beim unvermeidlichen Kompromiß — und die Demokratie ist die Hochschule des Kompromisses — ablassen zu können, geschieht es mit Maß." Diese beiden zitierten Sätze aus dem zur Zeit der Jahrhundertwende viel diskutierten Buch „Die Voraussetzungen des Sozialismus und die Aufgaben der Sozialdemokratie" von Bernstein könnten, wenn sie nicht fast 80 Jahre alt wären, gemünzt sein — vor allem die Worte von der „Hochschule des Kompromisses" — auf jene Komponente von geschichtlicher Bedeutung, mit der wir es in unserem Lande jetzt seit gut drei Jahren zu tun haben, und zwar durch unsere eigenen Erfolge. Ich meine die Koalition zwischen Sozialdemokraten und Liberalen. Dieses Bündnis war überfällig. Es hätte eigentlich schon vor 100 Jahren auf der deutschen Tagesordnung stehen sollen. Es hat beiden Kräften zum Nachteil gereicht, daß sie in der deutschen Geschichte nicht früher zueinander gefunden haben.
Die sozial-liberale Koalition soll aber auch morgen und übermorgen funktionieren. Das heißt u. a., daß wir gegenüber unseren Koalitionspartnern beim Grundsatz des fairen Kompromisses bleiben müssen. Die faire Partnerschaft ist ein Teil unserer Bewährung vor unseren Wählern. Ebenso haben wir Anlaß, dafür zu sorgen, daß beim Koalitionspartner nicht die Besorgnis ausgelöst werden kann, wir wollten in Wahrheit etwas ganz anderes, als wir mit ihm vereinbart haben, oder wir wollten inzwischen etwas ganz anderes, als wir damals gesagt haben.
Das alles heißt nicht, daß wir uns eine theoretische Durchdringung unserer Probleme zu versagen hätten. Anders hätten zum Beispiel die mit Tagesarbeit voll ausgelasteten Genossen und Genossinnen nicht so viel Arbeit in drei Kommissionsergebnisse hineingesteckt, die auf diesem Parteitag eine besondere Rolle spielen werden. Theoretische Arbeit entspringt auf der ganzen Welt einem elementaren Erkenntnisdrang des Menschen. Soweit sie innerhalb unserer Partei geleistet wird, dient sie dem Ziel der Orientierung des politisch handelnden Menschen.
Offensichtlich ist der Bedarf nach theoretischer und analytischer Orientierung in den verschiedenen Altersgruppen nicht ganz gleichmäßig vorhanden. Es gibt einen ausgesprochenen Drang nach theoretischer Analyse, der vor allem unsere jungen, wissenschaftlich ausgebildeten Mitglieder erfüllt, die als Delegierte auf den Parteitagen mit ernstgemeinten Vorstellungen nach vorn drängen. Ich denke, es ist ohne weiteres verständlich, daß sich viele der Älteren mehr auf ihre politische Erfahrung verlassen und daß viele der Jüngeren mangels weitreichender politischer Lebenserfahrung die Theorie sehr viel stärker brauchen. Es handelt sich um ein vitales Bedürfnis, dem sich auch jene stellen müssen, die nach den theoretischen Diskussionen in den fünfziger Jahren die Godesberger Grundsatz-Plattform für unsere Politik geschaffen haben und die jetzt seit über sechs Jahren die Aufgabe hatten, diese Prinzipien nach und nach zu verwirklichen, und zwar nicht allein,

sondern jeweils mit einem Partner. Der Erfolg dieser Verwirklichung hat uns weit nach vorn gebracht. Aber die Arbeit daran hat uns wenig Zeit zur theoretischen Besinnung gelassen. Insofern ist heute etwas unterentwickelt, was zu Zeiten unserer Oppositionsstellung eine größere Rolle gehabt hat.

Wir begrüßen deshalb eine solide theoretische Diskussion. Ich will aber auch einschränken: Theorie an sich wäre wenig hilfreich. Manche Diskussion unter theoretisch versierten Sozialdemokraten in den letzten Jahren hat nicht nach vorn geführt, sondern zurück in überwunden geglaubte, weil geschichtliche Positionen und Kontroversen. Bisweilen haben wir es auch zu tun gehabt mit einem manchmal etwas leichtfertigen, manchmal etwas oberflächlichen Umgang mit Begriffen. Zum Beispiel den herabsetzend gemeinten Gebrauch des Begriffes „System“ hatten wir vordem bis zum Erbrechen von Hitler gehört.

(Beifall)

Und was den Begriff der „Strategie“ angeht, der ja vielfältig und inflatorisch gebraucht wird: Nehmt Euch ein Beispiel an Herbert Wehner — der redet zwar nicht von Strategie, aber er hat eine!

(Lebhafter Beifall)

Wir sollten uns trotz des wachsenden politischen Bewußtseins in unserem Lande nicht täuschen. Wenn wir Politik machen würden mit Begriffen und Inhalten, die im öffentlichen Bewußtsein nicht oder noch nicht aufgenommen werden können, die ihm allzu weit voraus wären, so liefen wir Gefahr, nicht verstanden zu werden. Wie ja überhaupt einige Wahlergebnisse an solchen Stellen, an denen eklatant mit Studierstuben-Schlagwörtern und mit Schein-Radikalismus hantiert worden war, uns deutlich signalisieren, was manche Wähler davon halten.

(Beifall)

Es gehört zu den heute üblichen Schlagwörtern, unsere Gesellschaft das „spätkapitalistische System“ zu nennen. Soweit damit unterstellt wird, eine handvoll egoistischer Unternehmer beherrsche den volkswirtschaftlichen Güter- und Geldkreislauf und steuere die Gesellschaft nach Gewinnmaximierungsinteressen in der Allgemeinheit abträglicher Weise, ist das eine Vorstellung, die einer quantitativen, aber auch einer qualitativen Untersuchung nicht standhält. Wer nicht so weit gehen will, einfach zu glauben, der Staat in seinen vielfältigen Handlungsformen sei nur ein willfähriges Werkzeug dieser Mächte, der muß zugestehen, daß der Anteil des Staates, so unterschiedlich er in den einzelnen volkswirtschaftlichen Bereichen ist, heute eine große, eine neue Bedeutung für wirtschaftliche Entscheidungen und Handlungen, für den Prozeß der Gesamtgesellschaft hat, und daß Unternehmer leichter von den persönlichen Entscheidungen des Staates her zu steuern sind als etwa der Staat von Unternehmern — jedenfalls dann, wenn der Staat aus bewußter Politik besteht und nicht nur aus Administration oder Nachtwächterei.

In der Abgrenzung der volkswirtschaftlichen Gesamtrechnung zum Beispiel hat der Anteil der Ausgaben des gesamten öffentlichen Sektors, also der Gebietskörperschaften — Länder, Gemeinden und Bund — und der Sozialversicherung, am Bruttosozialprodukt zu Anfang der sechziger Jahre 34 Prozent betragen. Er ist jetzt auf 40 Prozent gestiegen.

Und auch die restlichen 60 Prozent werden doch nur in modernen Märchen zur Gänze nach dem Prinzip der Ertragsmaximierung gesteuert. Hier fehlen im Bilde Bahn und Post, die Elektrizitäts- und Wasserversorgung, die gemeinwirtschaftlichen Unternehmen, die vom Staat beeinflußten Unternehmen von VW bis Salzgitter.

Der Staat beeinflußt den Prozeß auch durch seine Gesetzgebung, durch seine Verwaltungseingriffe; er setzt Rahmenbedingungen, an denen kein Unternehmen vorbeigehen kann. Der Staat ist doch schon längst mehr als der alte Dampfkesselüberwachungsverein, der in seinen modernen Nachfolgeformen dafür sorgen muß, daß die Unternehmen die Umweltschutzbedingungen einhalten.

Aber nicht nur die Rolle des Staates und der politischen Entscheidung widerspricht der unzulässigen, wie ich denke, Simplifikation vom sogenannten spätkapitalistischen System. Die Errungenschaften und die Funktion der Gewerkschaften zum Beispiel als Verhandlungspartner für die Interessen von 25 Millionen Arbeitnehmern sind auch ein prägendes Merkmal unserer heutigen Gesellschaft, das doch nicht einfach unter „Spätkapitalismus" subsumiert werden kann. Zum Beispiel bestimmen die Gewerkschaften die Höhe der Lohnquote, die im letzten Jahr mit fast 70 Prozent auf einen bisher nicht erreichten Stand kam. Und wenn gleich Heinz-Oskar Vetter zum Parteitag sprechen wird, so tut er das doch weiß Gott nicht als Gefangener des Spätkapitalismus.

(Beifall)

Er tut das als jemand, der bisher, in der Gegenwart und auch in der Zukunft, unsere Gesellschaft verändert und sie voranbringt.

Dabei ist die weitere Ausfüllung der wirtschaftlichen Grundsätze von Godesberg dringend nötig. Da ist manches noch nicht ausgeschöpft, manches auch auf seinen praktischen Wert hin zu prüfen. Aber dies ist nur ein Beispiel für notwendige wissenschaftliche Arbeit, und es genügt nicht, sich etwa auf die wissenschaftliche Begründung dafür zu beschränken, warum ein bestimmter Wirtschaftszweig sozialisiert oder verstaatlicht werden soll. Die Tatsache einer verstaatlichten Eisenbahn ist noch lange keine Verkehrspolitik. Ebensowenig wäre eine Verstaatlichung von Banken, die einige gefordert haben, schon eine Kreditlenkung oder eine Investitionslenkung.

Diese Anregungen, so hoffe ich, reizen zum Widerspruch. Vielmehr aber werden Vermögenspolitik, Bodenspekulation und Orientierungsrahmen auf diesem Parteitag eine Fülle von Herausforderungen an diejenigen ergeben, die theoretisch arbeiten wollen und können. Mögen sie diese Herausforderung ernst genug nehmen, um sie nicht nur mit vorfabrizierter Ideologie zu beantworten. Freie Konsum- und Arbeitsplatzwahl, freie Unternehmerinitiative, Wettbewerb, wo immer möglich, können dabei keine Lippenbekenntnisse sein; sie sind meiner Meinung nach im Einklang mit dem Grundgesetz Stützpfeiler des Godesberger Programms. Auch sie sind bzw. sollten sein ein zentrales Thema einer Theorie des freiheitlichen Sozialismus in unserer Zeit.

Liebe Genossinnen und Genossen! Das Plenum und die Arbeitsgemeinschaften stehen ab morgen vor umfangreichen Aufgaben. Möge der Ordentliche Parteitag der Sozialdemokratischen Partei Deutschlands 1973 in Hannover Zeichen setzen für die vorwärtsdrängende Kraft des demokratischen Sozialismus.

Dieser Parteitag ist eröffnet.

(Lebhafter Beifall)

# Energieversorgung — Herausforderung zur Zusammenarbeit*

Herr Vorsitzender!

Ich möchte zu einigen der bisher vorgetragenen Punkte Stellung nehmen. Zunächst aber möchte ich ganz besonders den Gedanken hervorheben, der bereits von der amerikanischen Delegation geäußert worden ist: Die gegenwärtige Situation ist ernst, aber wir können sie noch in den Griff bekommen, wenn wir eine gemeinsame Antwort finden. In diesem Zusammenhang begrüße ich das Angebot Dr. Kissingers zum Energieverbund in Notzeiten und zur gemeinsamen Forschung und Entwicklung; ich werde hierauf gleich zurückkommen.

Einige meiner Kollegen haben betont, daß diese Konferenz nicht als Zeichen der Konfrontation mit den Ölerzeugungsländern angesehen werden sollte. Wir teilen diese Auffassung. Andererseits können wir nicht übersehen, daß es zu einer gewissen Konfrontation gekommen ist, insofern als alle hier vertretenen Länder sowie die weniger entwickelten Verbraucherländer konfrontiert sind mit

— der konzertierten Aktion des Kartells der Ölerzeugungsländer (dem — zumindest bis jetzt — weder Kanada noch die Nordseeländer Großbritannien und Norwegen angehören);
— einer drohenden Ölverknappung;
— einer dramatischen Erhöhung der Ölpreise;
— einer dramatischen Auswirkung auf die Lebenshaltungskosten (3 Prozent) und
— einer dramatischen Beeinträchtigung des Beschäftigungsstands und der Realeinkommen in unseren Volkswirtschaften.

Zwei Wege stehen uns offen: Der eine besteht darin, daß jeder versucht, die eigene Haut zu retten, und es sieht so aus, als ob einige Regierungen versucht sind zu glauben, dies sei der einzige realistische Weg, um mit dem Ölproblem und seinen wirtschaftlichen und politischen Folgen fertig zu werden. Auf die Dauer gesehen müssen sie sich dann aber unter Umständen mit unerträglich hohen Preisen und Zahlungsbilanzdefiziten und einem ebensolchen Abfluß realer Ressourcen abfinden.

Der andere Weg besteht darin, daß man sich gemeinsam bemüht, eine gemeinsame Antwort auf ein gemeinsames Problem zu finden. Ich begrüße es

* *Rede auf der Energiekonferenz in Washington am 11. Februar 1974 (Übersetzung aus dem englischen Original).*

deshalb, daß die Vereinigten Staaten zu dieser Konferenz eingeladen haben. Wenn wir für eine Zusammenarbeit eintreten, so bedeutet das nicht, daß unser Land es nicht auch im Alleingang versuchen könnte. Unsere eigenen Öl- und Gasvorkommen — einschließlich der Vorkommen im deutschen Teil der Nordsee — sind zwar gering, aber Deutschland kann zumindest, um es rundheraus zu sagen, das Öl, das es braucht, auch bezahlen. Mit wirklich ernsten Zahlungsbilanzproblemen rechnen wir für Deutschland nicht. Wenn also jeder versuchen sollte, seinen eigenen Weg zu gehen, so brauchten wir die Konkurrenz nicht zu fürchten. Aber uns wäre solch eine Art des Vorgehens nicht sympathisch.

Mein Land ist zum Beispiel bereit, sich an der Lösung der Zahlungsprobleme und der Finanzierung der wegen der Ölpreisexplosion wachsenden Defizite der Ölverbraucherländer zu beteiligen. Aber Zusammenarbeit ist niemals eine Einbahnstraße. Wir erwarten die Mitarbeit aller anderen betroffenen Länder.

Ich bin überzeugt, daß es möglich ist, den Energiebedarf zu befriedigen, wenn wir uns gemeinsam bemühen um eine stetige und vernünftige Erhöhung der Energieproduktion in den traditionellen Ölerzeugerländern, ferner durch die laufende Erschließung neuer Ölvorkommen und durch die intensivere Nutzung anderer Energiequellen, insbesondere der Kernenergie, des Erdgases, der Steinkohle, der Braunkohle usw.

Ich habe einiges Verständnis für den Wunsch der Ölerzeugerländer, ihre begrenzten Erdölressourcen, die oft ihre Haupteinnahmequellen bilden, nicht zu rasch auszubeuten und ihre Ölförderung den Notwendigkeiten und Möglichkeiten ihrer eigenen wirtschaftlichen und industriellen Entwicklung anzupassen. Wir müssen auch Verständnis dafür aufbringen, daß die Förderländer, die nur einen Teil der Erträge aus dem Öl für die eigene Entwicklung verwenden können, den Gegenwert möglichst wertbeständig im Ausland anlegen wollen. Ich teile in diesem Zusammenhang voll und ganz die Auffassung des amerikanischen Finanzministers.

Andererseits sollten aber auch die Förderländer erkennen, daß es in ihrem eigenen nationalen Interesse liegt, für eine kontinuierliche Ölversorgung zu angemessenen Preisen zu sorgen, und zwar nicht nur, weil ihr Schicksal eng mit dem der Weltwirtschaft verknüpft ist, sondern auch, weil zumindest mittelfristig die Ölpreise sich nicht oberhalb der Preise anderer Energieträger halten lassen und weil die Entwicklung dieser anderen Energieträger durch überhöhte Rohölpreise inzwischen noch stärker vorangetrieben werden könnte.

Andererseits könnten die Verbraucherländer, die heute langfristige Verträge über Öllieferungen zu hohen Preisen abschließen, sich eines Tages an Preise gebunden sehen, die die Wettbewerbsfähigkeit ihrer Wirtschaft im Vergleich zu anderen Ländern untergraben, die vielleicht künftig in der Lage sind, billigere Energiequellen zu nutzen.

Wir kommen um die Zusammenarbeit aller an der Weltwirtschaft Beteiligten — einschließlich natürlich der Ölförderländer — nicht herum. Wie der Vorsitzende ausgeführt hat, ist Zusammenarbeit auf mehreren Gebieten erforderlich. Ich möchte zunächst einige Probleme der Währungs- und Handelspolitik behandeln, die sich in starkem Maße auf das wirtschaftliche und politische Leben der Welt auswirken.

Bei dem ersten Problem handelt es sich darum, die Zahlungsbilanzungleichgewichte auf „lösbare“ Größenordnungen zurückzuführen. Hierzu könnten — und sollten — auch die Ölförderländer beitragen

— indem sie ihre Preispolitik überprüfen;

— indem sie ihre Einfuhren zur besseren Versorgung ihrer Bevölkerung und zum Aufbau neuer Industrien ausweiten;

— indem sie ihre Hilfe an die Entwicklungsländer zu Bedingungen, die deren begrenzten Schuldendienstmöglichkeiten angepaßt sind, erheblich verstärken; und nicht zuletzt,

— indem sie ihre überschüssigen Mittel an Defizitländer ausleihen, insbesondere in der unmittelbaren Zukunft, und später dann in Form langfristiger Investitionen.

Das zweite Problem besteht in der Gefahr, daß die Ölverbraucherländer im Wettlauf um das Öl und im Kampf um ihr Zahlungsbilanzgleichgewicht eine Politik des „wenn ich nur hab’, gehe es auch auf Kosten des Nachbarn“ treiben. Wir müssen unter allen Umständen einen Rückfall in bilateralen Tauschhandel, gegenseitiges Überbieten, einen Abwertungswettlauf um Wettbewerbsvorteile sowie eine Eskalation der Handelsrestriktionen und Subventionen vermeiden. Hier liegen die wahren Gefahren für die nahe Zukunft. Der Zwanzigerausschuß hat sich in seinem Kommuniqué von Rom dazu bekannt, daß es diese Gefahren zu vermeiden gilt. Ich halte es für wünschenswert, daß sich unsere Länder auch auf dieser Konferenz noch einmal verpflichten, keine Politik zu betreiben, die die Probleme der anderen nur noch verschärft. Die deutsche Regierung jedenfalls wird sich einer solchen Politik enthalten.

Die derzeitige Flexibilität der Wechselkurse kann die Anpassung erleichtern. Sie ist jedoch kein Allheilmittel, denn wenn man die Kurse übermäßig schwanken läßt, können sich zumindest in einzelnen Fällen unannehmbare Kursausschläge ergeben. Es ist deshalb wichtig, sich über eine Konzertierung der Wechselkurspolitik zu verständigen.

Der Internationale Währungsfonds sollte die Wechselkurspolitik seiner Mitglieder überwachen, um zu verhindern, daß frei schwankende Wechselkurse dazu benutzt werden, ungerechtfertigte Wettbewerbsvorteile zu erlangen.

Die OECD sollte die Zahlungsbilanzziele abstimmen, denn nur wenn diese miteinander vereinbar sind oder für ihre Vereinbarkeit gesorgt worden ist, können wir sicher beurteilen, ob eine bestimmte Wechselkurspolitik angemessen ist.

Aber selbst bei einer besseren Preispolitik und bei besseren Anpassungsmaßnahmen muß es zwangsläufig zu einer Verschlechterung der Zahlungsbilanzen der Ölverbraucherländer kommen. Wir müssen diese Verschlechterung irgendwie finanzieren. Und hierin liegt nun, wie ich glaube, das dritte Problem.

Es muß erreicht werden, daß die überschüssigen Gelder der Ölerzeugerländer denjenigen Verbraucherländern zufließen, die sie zur Finanzierung ihrer ölpreisbedingten Defizite brauchen. Wir sollten möglichst auch eine geringere Mobilität der Gelder der Erzeugerländer zu erreichen suchen.

Das Finanzierungsproblem wird sich sicher nur mit einem ganzen Bündel von Maßnahmen lösen lassen. Ein Teil der anlagesuchenden Ölgelder wird natürlich selbständig seinen Weg in die Verbraucherländer finden: In Form von Direktinvestitionen, Wertpapieranlagen, Krediten und Bankdepositen und zwar direkt oder auch über alte oder neue „Euromärkte“. Diejenigen

Länder, die nicht auf diese Weise von selbst einen genügend großen Anteil am „Kuchen“ der Ölgelder erhalten, könnten nachhelfen durch Anlageanreize oder zum Beispiel auch durch die Emission von Auslandsanleihen. Die Anleihen, die Frankreich in jüngster Zeit aufgelegt und noch angekündigt hat, sind dafür ein Beispiel.

Zweierlei sollten wir bei dem Werben um die Kapitalien der Ölerzeugerländer aber im Auge behalten:

- Wir müssen einen zerstörerischen Wettbewerb und eine Eskalation der Kreditbedingungen vermeiden, gerade auch im Interesse der Schwächsten unter den Kreditnehmerländern. Ein regelmäßiger vertraulicher Informationsaustausch und eine informelle Abstimmung der Emissionspläne könnten diese Gefahr vermeiden helfen.
- Und zweitens: Wir müssen die Olländer auch in diesem Bereich als unsere Partner akzeptieren und mit ihnen in einen Dialog darüber eintreten, wie die Wertbeständigkeit ihrer Anlagen gewährleistet werden kann und gleichzeitig weitere Störungen des internationalen Währungssystems vermieden werden können. Insbesondere die Weltbank und die Internationale Entwicklungsorganisation (IDA) sollten sich an den Bemühungen beteiligen, die anlagesuchenden Gelder der Olländer in jene Länder zu lenken, in denen sie benötigt werden. Die Weltbank, die IDA und die regionalen Entwicklungsbanken sollten ihre Kreditaufnahme in diesen Ländern verstärken. Ich begrüße die Bemühungen von Präsident McNamara um Kredite in einigen Ländern des Nahen Ostens. Auch eine arabische Bank könnte auf diesem Gebiet tätig werden.

Der Internationale Währungsfonds wird ebenfalls eine wichtige Rolle zu spielen haben. Herr Witteveen hat hierzu einen beachtenswerten Vorschlag gemacht. Mir scheint aber vor allem wichtig, daß sich der IWF bei der Finanzierung der neuen Einrichtung in erster Linie auf die ölerzeugenden Überschußländer stützt. Ich hätte aber erhebliche Bedenken — und damit ist es mir sehr ernst —, wenn versucht würde, die Finanzierungsprobleme durch Schaffung neuer unbedingter internationaler Liquidität zu lösen. Der Kampf um monetäre Stabilität darf nicht in der Ölpreiswoge untergehen.

Ich könnte mir jedoch wohl vorstellen, daß ein Teil der künftigen Ölimporte mit Hilfe des Goldes bezahlt werden könnte. Ich will hier nicht in Einzelheiten gehen, da mein Freund Valéry Giscard d'Estaing nicht anwesend ist. Aber ich glaube, daß die hier versammelten Länder in der Lage sein werden, den Vorstellungen des französischen Finanzministers entgegenzukommen, solange wir uns unveränderlich einig sind in dem Willen, das Geld nicht wieder zum Angelpunkt des Welt-Währungssystems zu machen.

Ich möchte kurz auf das Problem der zusätzlichen Schwierigkeiten der Entwicklungsländer eingehen. Dieses Problem sollte auch von den Industrieländern sehr ernst genommen werden. Wir werden das Problem auf dieser Konferenz sicher nicht lösen. Aber wir müssen uns bewußt bleiben, daß die Entwicklungsländer noch größere Schwierigkeiten als die Industrieländer zu überwinden haben werden. Für diese Folgen ihrer Politik sollten die ölerzeugenden Länder selbst einstehen. Die Industrieländer andererseits dürfen nicht mit einer Einschränkung ihrer Entwicklungshilfe reagieren. Der Lenkungsausschuß, den wir am Schluß der morgigen Sitzung einsetzen werden, wird dafür sorgen müssen, daß die Entwicklungsländer aufgefordert werden, ihre Übersichten, Fragen und Vorschläge für die von Außenminister Kissinger angeregte zweite Phase zusammenzustellen.

Ich möchte hier auch ein Wort zur Rolle der multinationalen Ölgesellschaften sagen: Ich erkenne voll und ganz an, daß sie in der Vergangenheit und auch während der jüngsten Krise eine wichtige und nützliche Rolle bei der Gewährleistung einer ausreichenden und einigermaßen gerechten Ölversorgung aller Länder, in denen sie tätig sind, gespielt haben. Aber gerade ihre weltweite Rolle bringt es mit sich, daß sich das internationale politische Augenmerk auf ihr Verhalten richtet, und ich möchte hoffen, daß sie sich darüber klar sind.

Wir brauchen eine verstärkte Zusammenarbeit unserer Länder, um eine größere Transparenz des Geschäftsgebarens der multinationalen Gesellschaften zu erzielen und private Versuche zu Wettbewerbsbeschränkungen international zu steuern. Vor allem die Vereinigten Staaten, aber auch Großbritannien und die Niederlande möchte ich bitten, mit uns zusammen die Preispolitik, die Gewinne und die Steuern der multinationalen Ölgesellschaften zu analysieren. Ihre Stellung kann sich vielleicht schon morgen ändern, aber sie werden immer noch eine wesentliche Rolle zu spielen haben, und wir sollten und deshalb näher mit ihnen befassen.

Abschließend möchte ich mich den Worten meines alten Freundes Max von der Stoel aus den Niederlanden anschließen, der den Vorschlag Henry Kissingers zur Schaffung einer Art Lenkungsausschusses auf hoher Ebene zur Vorbereitung der unvermeidlichen und unerläßlichen Begegnung der ölerzeugenden und der ölverbrauchenden Länder als sehr nützlich bezeichnet hat. Nur in Zusammenarbeit mit den Ölerzeugerländern lassen sich die ernsten Gefahren abwenden, die die ganze Welt bedrohen. Der Preis und die verfügbaren Mengen des Öls müssen sich vorhersehen und berechnen lassen.

Inzwischen möchte ich feststellen, daß meine Regierung durchaus bereit ist, mit anderen Regierungen in bezug auf die sieben Vorschläge von Außenminister Kissinger zusammenzuarbeiten. Wir glauben, daß wir einen bedeutenden Beitrag leisten können, insbesondere auf den Gebieten der Technik, Forschung und Entwicklung, und wir werden auch bei der Finanzierung der erforderlichen Investitionen unseren Anteil übernehmen können. Auch den Vorschlägen von Finanzminister Shultz stimmen wir zu. In diesem Zusammenhang möchte ich hinzufügen, daß der Währungsausschuß der Europäischen Gemeinschaft am 4. Februar und die Europäische Kommission unter Vorsitz von Herrn Ortoli zu ganz ähnlichen Vorschlägen gekommen sind — und ich glaube, daß der von Finanzminister Shultz geäußerte Gedanke von der Möglichkeit eines neuen „internationalen Investitionsträgers" sehr wohl einer Prüfung wert ist. Ich möchte in diesen Fragenkomplex auch noch die multinationalen Ölgesellschaften einbeziehen.

Abschließend möchte ich bemerken, daß wir durchaus bereit sind, die Gespräche in der Koordinierungsgruppe oder dem Lenkungsausschuß schon in der nächsten Woche aufzunehmen.

Lassen Sie mich mit einer persönlichen Bemerkung schließen. Ich bin im Lauf der Jahre in verschiedener Eigenschaft mit Politikern nicht nur der europäischen Länder, sondern auch der Vereinigten Staaten, Kanadas und Japans zusammengetroffen. Ich habe es stets als notwendig empfunden — und dies auch betont —, gemeinsame Lösungen für die Probleme der Sicherheit, des

Handels, der Währung und der Energie zu suchen. Es ist mir vollständig klar, daß diese vier komplexen Probleme ineinander greifen und daß unser aller Wohlergehen und die Aufrechterhaltung des Gleichgewichts in der Welt davon abhängen, daß wir konstruktive und realistische Antworten darauf finden. In diesem Zusammenhang möchte ich die anerkennenden Worte unterstreichen, die der britische Außenminister Sir Alec Douglas-Home über die Rolle der Vereinigten Staaten bei der Herbeiführung des Waffenstillstands und — wie ich für die Zukunft hoffe — auch einer politischen Regelung im Nahen Osten gesagt hat.

# Ein Geburtstagswunsch für Willy Brandt*

August Bebel hat die Gründung des Allgemeinen Deutschen Arbeitervereins durch Ferdinand Lassalle als den geschichtlichen Ursprung der deutschen Sozialdemokratie betrachtet, wenngleich er selbst sich zunächst in Gegnerschaft zu den Lassalleanern befand. Die heutige SPD hat 1963 das gleiche Ereignis als ihren hundertsten Geburtstag gefeiert. Inzwischen ist bereits das 110. Jahr vollendet.

In diesen einhundertzehn Jahren war die Sozialdemokratie fast 99 Jahre von der Regierung, von der Regierung des Deutschen Reiches und der Bundesrepublik Deutschland ausgeschlossen. Insgesamt nur 87 Monate lang haben in Berlin und Bonn Sozialdemokraten als Reichskanzler und Bundeskanzler regiert; der weitaus größte Teil dieser Zeit entfällt auf Willy Brandt — am Tage seines sechzigsten Geburtstages werden es fast genau 50 Monate sein.

Daß nach 1945 der Beginn vom Punkte Null nur in den Gemeinden und großen Städten, in den Ländern, nicht aber in der Bonner Bundesregierung entscheidend von der Sozialdemokratie geprägt werden konnte, lag anfangs gewiß nicht an einem sozialdemokratischen Unvermögen. Ernst Reuter, Wilhelm Kaisen und auch wohl Wilhelm Hoegner oder Max Brauer hätten 1949 gewiß gute Bundeskanzler abgegeben; sie standen im Schatten Kurt Schumachers, den eine ungewöhnliche Ausstrahlung auszeichnete.

Es war Schumachers Tragik, schon durch frühe Verwundung und danach durch einen langen Leidensweg eingeleitet, daß ihm, dem die eindeutige Absage an die Versuchung zur Zusammenarbeit mit nicht-demokratischen Sozialisten und Kommunisten zu verdanken ist, trotz seiner klaren Durchdringung und Erkenntnis des Notwendigen, trotz all seiner Legitimation die Regierungsverantwortung bis an einen frühen Tod versagt blieb. Sein Nachfolger Erich Ollenhauer wäre, so sagte in den fünfziger Jahren einmal Georg Ferdinand Duckwitz — damals unser Botschafter in Kopenhagen — zu mir, gewiß ein guter, weil überaus solider und solidarischer Bundeskanzler gewesen; ich selbst denke, daß er seiner Ausgewogenheit wegen ein besserer Bundeskanzler als Schumacher hätte sein können.

Aber es fehlte ihm alle Fähigkeit, Bundeskanzler zu werden. Er war kein Gegenspieler für Adenauer — erst ein Jahrzehnt nach dem Tode Schumachers erwuchs dem ersten Bundeskanzler in Willy Brandt wieder ein echter

* *Aufsatz zum 60. Geburtstag von Willy Brandt, veröffentlicht im Hamburger Nachrichtenmagazin „Der Spiegel" am 17. Dezember 1973, Originalüberschrift.*

sozialdemokratischer Gegenspieler. Wir hatten nach 1945 einen alles in allem erfolgreichen, wenn auch stark restaurativ geprägten Wiederaufbau erlebt. Adenauers Kraft und die von ihm geprägte politische Epoche hat seine fast fünfzehnjährige Regierungsperiode nur um ein weniges überdauert und seine Nachfolger noch einige Jahre vor dem Sturz bewahrt. Die Menschen waren schon 1961, als Brandt zum erstenmal zum Kampf um die Regierungsverantwortung antrat, sehr viel satter geworden, ja sie waren geistig wesentlich genügsamer als zu Schumachers Tagen. Trotzdem hat Willy Brandt die Deutschen bewegen können, aber er hat acht Jahre gebraucht, bis sie ihn zum Bundeskanzler machten. Daß ihm dies gelang, lag nicht in irgendeiner Gesetzmäßigkeit unserer Geschichte oder der innenpolitischen Mechanik unseres Landes, sondern zunächst in seiner eigenen Person begründet.

Die Ausstrahlung Brandts hat für mich in jener Zeit begonnen, in der er Regierender Bürgermeister von Berlin war. Ich hatte ihn Mitte der fünfziger Jahre im Bundestag als einen sehr sympathischen Kollegen kennengelernt, er stand auf einem eigenen geistig-politischen Fundament. Schumacher und die Baracke waren ihm nicht gerade zugetan gewesen, aber so war es Ernst Reuter auch schon gegangen.

Erst als er 1957 nach Otto Suhr vom Präsidentenstuhl des Berliner Abgeordnetenhauses an den Schreibtisch des Regierenden wechselte, begann das Hervortreten seiner staatsmännischen Fähigkeiten. Für mich fand seine Berliner Erprobung den Höhepunkt am 16. August 1961, wenige Tage nach dem Ausbruch der durch den Mauerbau ausgelösten Weltkrise, mitten in einem Bundestagswahlkampf.

Als Krise und Gefahr den Kanzler und den Außenminister hilflos und gelähmt erscheinen ließen, als der Präsident der USA unentschlossen schien, Ost-Berlin und Moskau hingegen kraftvoll und rücksichtslos, kam die Stunde Willy Brandts.

Die Freiheit Berlins stand auf dem Spiel. In dieser Lage hatten sich ungezählte Tausende Menschen vor dem Schöneberger Rathaus versammelt. Brandt mußte ihnen Mut und Zuversicht geben und doch zugleich eine Zuspitzung der Krise vermeiden und jedwede Bereitschaft zu emotionaler Aktion zerstreuen. Ich werde beides nicht vergessen: Wie ich zu Beginn der Radioübertragung mich fast verzweifelt danach gefragt habe: Wie soll er das bloß schaffen? — aber ebenso, wie ich im Laufe seiner Rede zuerst von Bewunderung gepackt, dann mitgerissen wurde bis zur Identifikation mit einem Staatsmann, der Auctoritas über Millionen Menschen ausstrahlte.

Nach der Dritten Bundestags-Wahlkampf-Niederlage der Sozialdemokraten 1957 war innerhalb der Partei eine weitgreifende Reformbewegung in Gang gekommen. Sie führte nicht nur 1959 in Godesberg endlich zum Abschluß der langen Arbeit am Grundsatzprogramm, sie wollte auch Ollenhauer nicht noch einmal als Spitzenmann in den nächsten Wahlkampf schicken. Ich erinnere mich, daß Willy Brandt und ich damals im Parteivorstand glaubten, Carlo Schmid sei der richtige Mann. Nur zwei Jahre später aber nominierte Carlo Schmid statt dessen Brandt — und zwar mit der entschlossenen Zustimmung Herbert Wehners, Fritz Erlers und Erich Ollenhauers, der für Brandt zur Seite trat. Brandt hatte sie während der langen, durch das Chruschtschow-Ultimatum ausgelösten Berlin-Krise von seiner Führungsfähigkeit überzeugt.

Die Rede, durch die er in Hannover die Kandidatur annahm, wies ihn als einen Sozialdemokraten aus, der über die Grenzen des herkömmlichen Denkens seiner Partei weit hinausgriff. Er sagte: „Es ist vielleicht nicht populär, wenn ich hier erkläre, daß ich nicht einfach nur Willensvollstrecker der Partei sein kann, sondern, daß ich nach ernsthafter Überlegung in eigener Verantwortung jene Entscheidungen werde treffen müssen, die im Interesse unseres Volkes erforderlich sind."

Dieser Satz läßt den persönlichen Handlungsspielraum erkennen, mit dem Brandt das neue Jahrzehnt begann. Die gleiche Rede sprengt auch einen Teil der selbstgerechten gedanklichen Begrenztheit hinweg, in die jede politische Partei durch allzulange Opposition geraten kann. Brandt berief sich nicht nur auf die Sozialdemokraten Bebel, Ebert, Julius Leber, sondern bezog auch Bismarck und Stresemann ein. Die Weite des Horizonts hat sich inzwischen noch vergrößert, sie beruht auf Brandts sehr besonderem Lebensweg, auf einer umfassenden geschichtlichen Bildung und auf politischer Erfahrung. Brandt hat vieles gelesen und verarbeitet. Er vereinigt eigene Zielklarheit mit Verständnis für die Position des anderen, auch des Gegners. Entschlossenheit zur Toleranz ist ein hervorstechendes Merkmal.

Gleichwohl: Trotz der Weite des Horizonts, trotz seines Willens zum Gewährenlassen derer, die nicht seine Meinungen und Ziele teilen, ist es für Brandts Mannschaft und ihre einzelnen Glieder nicht von selbstverständlicher Einfachheit, mit ihm zusammenzuarbeiten. Weder in der Bundesregierung noch in Partei und Fraktion ist die Zusammenarbeit frei von Spannungen und Friktionen. Wir sind alle nicht dazu geschaffen, es uns gegenseitig leichtzumachen. Die regierende Sozialdemokratie ist keine Kanzlerpartei geworden, Gott sei Dank — sie weist eher eine sehr entgegengesetzte Struktur auf, leider Gottes.

Willy Brandt ist weder ihr charismatischer Führer noch ihr Idol, aber er ist ihr ringsum anerkannter und wohl auch geliebter Vertrauensmann: der Mann, dem man darin vertraut, daß er Widerstreit im eigenen Lager zu lösen und Antithesen zur Synthese zu führen vermag. Diese Fähigkeit ist ihm im Ansatz immer zu eigen gewesen — ihre heutige Ausprägung ist das Ergebnis nicht nur der erworbenen Weisheit eines 60jährigen, sondern auch der Autorität des erfolgreichen Staatsmannes.

Der Erfolg Brandts liegt, in den Augen seiner Freunde, vornehmlich in zwei Leistungen. Außenpolitisch: nach 20 Jahren der Westpolitik dieser — ohne sie in Frage zu ziehen — die komplementäre Ergänzung der Ostpolitik hinzugefügt zu haben. Innenpolitisch: die Sozialdemokratie nach über 100 Jahren der Opposition dauerhaft in die Gesetzgebungsmacht und an die Regierung geführt zu haben.

Beide Leistungen haben wesentlich mit der Person an der Spitze zu tun — sie sind keineswegs unvermeidliche Folgen der Entwicklung der Geschichte. Sie sind ganz willentlich gezogene Konsequenzen aus den politischen Erfahrungen, welche das 19. und das 20. Jahrhundert uns heutigen Deutschen zur Erwägung angeboten haben. Das Bündnis zwischen Sozialdemokratie und freisinnigem Liberalismus wurde 1969 gewiß erst möglich infolge der vorangegangenen, Brandt von den Bonner Sozialdemokraten nahezu aufgedrängten und von ihm nur widerwillig akzeptierten Großen Koalition.

In geschichtlicher Perspektive gesehen aber füllt die sozial-liberale Koalition endlich jene Lücke auf, die seit 1949 die deutsche innere Entwicklung unheilvoll behindert hat. Die fast säkulare Unfähigkeit von Liberalismus und

Arbeiterbewegung, gemeinsam dem Konservativismus Widerpart zu bieten und mit dem Obrigkeitsstaat fertig zu werden, ist vom Grunde her überwunden. Daß SPD und FDP in dem Zeitpunkt, in dem dies endlich denkbar wurde, auf dem existentiell ebenso bedeutsamen Felde der Außenpolitik übereinstimmten, hat den Prozeß entscheidend erleichtert.

Wer bei alledem auch die Rolle Herbert Wehners und Walter Scheels betont, tut Willy Brandt nicht unrecht, sondern erkennt ihn in dem politischen und persönlichen Zusammenhang, in dem ihm seine Leistung erst möglich war. Selbst wenn manche Reform-Erwartungen, zum Teil etwas überschwenglich an die von Brandt geführte Koalition geknüpft, erst nach längerem Zeitaufwand erfüllt werden sollten: Das, was Willy Brandt bis zu seinem sechzigsten Geburtstage schon bewirkt hat, wird die zukünftige Geschichte unseres Landes prägend beeinflussen — ebenso wie die zukünftige Entwicklung der Sozialdemokratie.

Brandt ist deswegen nicht der Überheblichkeit verfallen; das Gerede von der Pflege seines Denkmals betrifft andere. Es ist auch nicht Abstand zu seinen Gefährten oder gar Entrücktheit des in das wichtigste Staatsamt Aufgestiegenen, die ihn zu manchem hat lange schweigen lassen — und für einige bisweilen zu lange. Die Kollegen im Kabinett und die Genossen in der Parteiführung wissen, daß sein Schweigen zunächst nur dem Willen zum Zuhören entspringt. Sein Zögern besagt, daß eine Sache noch nicht zur Entscheidung herangereift ist. Seine Duldsamkeit entspringt vor allem der Bereitschaft, mit Konflikten zu leben, weil sie weder durch ein Machtwort noch durch einen Kraftakt gelöst werden können.

Er hat in seiner Nobelpreis-Rede gesagt, es gebe für ihn nicht die eine Wahrheit, welche jede andere Wahrheit ausschließt, sondern vielmehr Wahrheiten, die erst in ihrer Summe der Wirklichkeit gerecht werden. Sein Mißtrauen gegenüber einer totalen Wahrheit, gleich in wessen Namen auch immer sie aufgedrängt werden soll, und sein Mißtrauen gegenüber schnellen oder einfachen Antworten ist so tief eingewurzelt, daß er in Kauf nimmt, die Gunst eines Augenblickes zu versäumen.

Es war aber ein Irrtum, wenn gesagt worden ist, Brandt kämpfe nur dann, wenn er mit dem Rücken zur Wand steht. Richtig ist: Er nimmt den Kampf erst dann auf, wenn alle Mittel zur Überzeugung, alle Mittel der Diskussion, alle Angebote der Vernunft ausgeschöpft sind. Auch im Kampf wird er den Respekt gegenüber Recht und Person des anderen nicht verletzen.

Gleichwohl ist sein Lebensweg nicht ein Weg des geringsten Widerstandes, ganz im Gegenteil: Hier hat ein vaterloser Flüchtling, von keinem Schicksalszufall begünstigt, in der Stunde der Katastrophe in sein Land zurückgekehrt, die sozialistischen und die demokratischen Impulse seiner Jugend, die proletarische Herkunft und das bürgerlich-humanistische Bildungserbe zugleich verarbeitend, mit sicherem geschichtlichem Instinkt einen Schritt vor den anderen gesetzt und schließlich seine Partei und dann sein Land befreit aus lang entwickelter geistiger Selbstfesselung.

Zu den Stationen dieses Weges gehören die Kämpfe um eine den wirklichen Aufgaben sich stellende Berliner Sozialdemokratie genauso wie vorher die Überwindung des ihm zunächst tradierten idealistischen, aber sterilen Internationalismus der Sozialisten und später, 1969, der blitzschnelle Entschluß, mit einer hauchdünnen Koalitionsmehrheit den Versuch zur neuen Grundlegung zu wagen.

Das Bündnis zwischen Sozialdemokraten und Freien Demokraten mag noch lange dauern oder nicht, die auf gute Nachbarschaft nach allen Seiten angelegte Außenpolitik mag noch großen Schwierigkeiten begegnen oder nicht: In jedem Falle werden diese beiden politischen Prinzipien uns nicht wieder verlorengehen. Sie waren seit 1848 möglich und seit Bismarck geboten. Brandt hat sie ins wirkliche Leben gerufen.
Die Lübecker sind keine Preußen. Ihnen eignet nicht hierarchische Disziplin. Wenn aber der kategorische Imperativ Immanuel Kants oder wenn dessen Idee vom ewigen Frieden als Preußentum begriffen werden dürften, dann könnte man den Hanseaten Willy Brandt einen Preußen nennen. Ob wir aber Hanseaten sind oder Preußen, Westfalen, Sachsen oder Bayern — was auch immer wir vom jungen Marx oder von Tage Erlander und Halvard Lange gelernt haben, von der Paulskirche oder von Lassalle, von Abraham Lincoln oder von Tocqueville, von Maxim Gorki oder von Erasmus: immer bleibt es eine ungeheure Aufgabe, die Willy Brandt sehr bewußt empfindet: Die Lehren der Geschichte für die Bewältigung der Gegenwart zu verwenden.
Die Aufgaben des Regierungschefs reichen vom großen politischen Entwurf bis zur täglichen Kärrnerarbeit, vom Ausgleich außenpolitischer Interessenkonflikte bis zum Ausgleich der Interessenkonflikte innerhalb der eigenen Gesellschaft. Die Kärrnerarbeit macht den größten Teil aus. Wenn eine Aufgabe gelöst ist, tauchen zwei neue dahinter auf. Ein Mann allein kann sie nicht bewältigen, er ist auf die solidarische Mitwirkung seiner Gefährten angewiesen. Das gilt auch für Brandt. Daß ihm solche Mitwirkung immer zur Seite stehe, ist mein Geburtstagswunsch zum neuen Jahr.

# Ein gerechteres Steuersystem

Frau Präsidentin! Meine Damen und Herren! Lassen Sie mich bitte zu dem 850 Gramm schweren — wenn man es im Gewicht mißt; der Gehalt ist natürlich sehr viel schwerer —, sehr umfangreichen Gesetzentwurf mit ein paar Bemerkungen beginnen, die, wie es heute zu sagen vielleicht modisch ist, ich einmal mit dem Stichwort „Nostalgie" überschreiben würde.
Die Ankündigung der umfassenden Steuerreform ist beinahe so alt wie die Bundesrepublik insgesamt.

(Abg. Wehner: Das ist wahr!)

Ich bin nun allerdings ziemlich sicher, daß der Hauptredner der Opposition nur den schwerwiegenden Arbeits- und Leidensweg nach seinem Amtsausscheiden darlegen wird.

(Abg. Wehner: Seien Sie getröstet, vorher war es auch so!)

Aber es ist insgesamt ein arbeitsreicher und leidvoller Weg gewesen, und wenn unsere alten Kollegen Franz Etzel oder Fritz Schäffer noch unter uns wären, so würden sie sich jedenfalls freuen,

(Abg. Wehner: Sehr wahr!)

daß nun endlich die Entwürfe, von denen sie schon gesprochen haben, vollständig auf den Tischen des Hauses liegen. Ich sage das ohne jeden Akzent, weil mir daran liegt, daß alle Beteiligten, nicht nur die Steuerfachleute, die natürlich längst in all diesen Jahren in alle möglichen Grabenkämpfe taktischer und auch strategischer Auseinandersetzung über diese Materie verwikkelt waren, daß die politischen Gehirne in diesem Hause über den engeren Bereich der Steuerpolitik hinaus bitte in ihr Blickfeld aufnehmen mögen, daß es unabhängig von den auch jetzt aktuellen Tagesauseinandersetzungen, die unvermeidlich sein müssen, ein sehr schwerwiegendes Werk ist, an dem schon bisher im Laufe von mehr als einem Jahrzehnt alle Seiten des Hauses gedanklich und auch schriftlich vorbereitend mitgewirkt haben.
Wenn ich es recht in Erinnerung habe, hat schließlich dann der damalige Finanzminister Strauß dem damaligen Durcheinander ein Ende machen wollen, indem er eine unabhängige Kommission einsetzte, die sich unabhängig von den Auseinandersetzungen dieses Hauses umfassend konzeptionell äußern sollte. Das Ergebnis hat er nicht mehr bearbeiten können.

(Zuruf von der SPD: Gott sei Dank!)

Als es 1971 überreicht wurde, ist es unter der Federführung meines heute wegen einer nicht leichtwiegenden Operation leider nicht anwesenden Freun-

* *Rede zum Entwurf des Dritten Steuerreformgesetzes am 25. Januar 1974 im Deutschen Bundestag*

des Alex Möller durch die sozialliberale Koalition dazu gekommen, daß die Schlußfolgerungen aus diesem Bericht gezogen und in ein zusammenhängendes Konzept — Eckwerte seinerzeit genannt — umgesetzt wurden. Dieses Konzept der „Eckwerte" ist danach durch zwei weitere Amtsnachfolger mehrfach angepaßt, in unendlicher Arbeit der vielerlei Beamten und Fachleute in Gesetzesform ausformuliert worden. Wir können heute sagen, daß die sozialliberale Koalition nicht nur „auch eine" der vielen Regierungen war, die die Steuerreform angekündigt hat, sondern jene Regierung ist, die das Gesetzeswerk vollständig, und zur Gänze in Paragraphen ausformuliert, hier vorlegt.

(Beifall bei der SPD.)

Daß Sie vielerlei auszusetzen haben mögen — das kann sich jeder vorstellen, der Parlament und parlamentarische Gesetzgebung kennt —, das halte ich für selbstverständlich. Aber ich bitte Sie, diesen langen Fluß zu sehen, der vorhergegangen ist, ehe am heutigen Tage wenigstens ein vollständiges Werk auf dem Tisch liegt.

Herr Kollege Carstens, ich rede jetzt zum Oppositionsführer, der, wie mir schien, vorhin eine Zeitlang gezögert hat, ob er ausziehen sollte oder nicht. Ich habe für das Zögern Verständnis gehabt. Denn man kann das geistige und Arbeitsergebnis eines so langen Weges, an dem Sie selber und Ihre Freunde beteiligt gewesen sind in früheren Legislaturperioden, nicht so behandeln, daß man meint, man setzt es von der Tagesordnung ab und berät es überhaupt nicht.

(Beifall bei der SPD.)

Aber ich bemühe mich, nicht zu polemisieren.

(Abg. Dr. Carstens [Fehmarn]: Das war nicht der Grund unseres Auszuges, Herr Bundesminister!)

— Ich will nicht polemisieren, Herr Carstens.

Ich möchte eingangs ein wenig zu den Motiven und Ansprüchen sagen, die hinter dieser Umsetzung dessen, was wir alle miteinander aus den Erkenntnissen der Kommission gelernt haben, die hinter der Art der Umsetzung, hinter der Grundkonzeption stehen, die vor Ihnen in Paragraphen ausformuliert liegt, seitdem die sozialliberale Koalition die Hauptverantwortung — nicht die ausschließliche Verantwortung — für die Gesetzgebung dieses Staates übernommen hat.

Daß letztlich Steuergesetze nicht zustande gebracht werden können, wenn nicht auch die Mehrheit des Bundesrates zustimmt, ist mir und der Bundesregierung bewußt. Deswegen ist es nicht so, daß die CDU/CSU sich auf den Standpunkt stellen könnte: „Uns geht dies nichts an", sondern Ihre Freunde in den Landesregierungen und im Bundesrat tragen eine nicht abzustreifende Mitverantwortung für das, was zustande kommt.

(Abg. Dr. Wagner [Trier]: Gute Erkenntnis!)

Frühere Mehrheiten in diesem Hause haben, zum Teil mit großem Fleiß, zum Teil in wichtigen, zum Teil in unscheinbaren Ergänzungen und Änderungen unseres Einkommensteuerrechtes im Ergebnis die spezifischen Züge des wirtschaftlichen Aufbaues dieser Gesellschaft, dieses Staates nach den Zerstörungen des Krieges wesentlich beeinflußt. Das Steuerrecht war ein ganz wesentlicher Faktor — eine Vielfalt von Faktoren — für die Art, in der sich der wirtschaftliche Aufbau vollzog.

Ich bitte, mir von seiten der Opposition nachzusehen, wenn ich sage, daß

Ihre Steuergesetzgebung bis über die Mitte der 60er Jahre ganz gewiß einerseits dem Aufbau und, sagen wir es etwas präziser, den Investitionen in allen Bereichen sehr genützt hat, notabene infolgedessen auch den Gewinnen der Unternehmungen nicht geschadet hat. Aber so notwendig und so nützlich die Begünstigung gewisser wirtschaftlicher Prozesse war, so sehr ist es doch nun inzwischen notwendig, die verteilungspolitische Schlagseite, die unser Steuersystem im Laufe der Jahre bekommen hat, wieder in Ordnung zu bringen. Das ist genau das, was wir hier versuchen.

(Beifall bei den Regierungsparteien.)

Denn auch das Lastenausgleichsgesetz hat dank der Verrentung der Lastenausgleichsabgaben diesen verteilungspolitischen Ausgleich tatsächlich nicht herbeiführen können. Dies soziale Ergebnis 20jähriger Steuerpolitik belastet uns hinsichtlich der Gerechtigkeit in unserem Lande.

Es kommt hinzu, — ich sage das mit inneren Hemmungen, weil ich weiß, daß auch diese Steuerreform nicht zu einer tief durchgreifenden Vereinfachung des Steuerrechts führen kann; aber ich will den Satz trotzdem aussprechen, den ich anfing —: Sie hat nicht nur ein soziales Ergebnis, das ich bedauere und jetzt korrigieren helfen muß, gehabt, sondern es kommt eben auch ein kaum noch überschaubares, in hohem Maße in sich selbst widersprüchliches Steuersystem hinzu, niedergelegt in einer Fülle von Gesetzen, Verordnungen, Verwaltungsanweisungen, das inzwischen einen früher in diesem Lande nicht gekannten Steuerwiderstand in unserer Gesellschaft hervorgerufen hat. Diesen Widerstand glaubt die Oppositionsfraktion nutzen zu können, um bei Aufrechterhaltung der bisherigen Steuergesetzgebung im Prinzip einschließlich des undurchschaubaren Geflechts oder Dschungels von Bestimmungen bestimmte Begünstigungen, die das bisherige Steuersystem enthält, bei allgemeiner Steuersenkung gleichwohl aufrechterhalten zu können.

Hingegen hat sich die sozialliberale Koalition die Aufgabe gesetzt — ich zitiere —, „ein gerechtes, einfaches und überschaubares Steuersystem zu schaffen". Das war der Wortlaut der Regierungserklärung vom Oktober 1969. Ich gestehe Ihnen freimütig zu: so ganz einfach ist es nicht geworden und wird es auch nicht. Die Fachleute in allen Fraktionen wissen das, auch die Fachleute im Bundesrat.

Die Bundesregierung hat sich dabei an folgenden Leitgedanken orientiert und sich um ihre Verwirklichung bemüht.

Erstens. Eine solide Finanzierung der öffentlichen Ausgaben läßt es nicht zu, daß unter der Flagge von sogenannten Steuererleichterungen an jedermann kleinere Gefälligkeiten verteilt werden. Ein Einnahmeverzicht, wie er von uns für 1975 und für die Folgejahre beabsichtigt ist, läßt sich nur rechtfertigen, wenn er mit einer grundlegenden Reform der Struktur, mit einer grundlegenden Reform des Steuersystems einhergeht. Diese Reform der Struktur soll dazu führen, Entlastungen mit Schwergewicht dort zu gewähren, wo sie aus Gründen der Gerechtigkeit oder aus sozialen Gründen notwendig sind.

Zweitens. Jedermann wird erkennen können, daß die Steuerleistung von Spitzeneinkommen oder von Großvermögen in der Bundesrepublik allein sicherlich nicht ausreicht, um alle Leistungen und Investitionen der öffentlichen Hände zu finanzieren, ob in Gemeinden oder Städten, Ländern oder im Bund, auch dann nicht, wenn man die Spitzeneinkommen oder die Großvermögen mit wesentlich höheren Steuersätzen belasten wollte. Dieses kann niemals ausreichen.

Auf der anderen Seite sind jedoch bisher nach dem geltenden Recht die durchaus legalen Möglichkeiten der Steuervermeidung gerade für Großeinkommen und für Großvermögen allzu zahlreich, allzu umfassend — einige haben wir im Jahre 1973 beseitigt —, legale Möglichkeiten, der in Deutschland insgesamt keineswegs übertriebenen Steuerlast auszuweichen. Daß dieser Tatbestand der legalen Steuervermeidung gerade für große Einkommen, für große Vermögen so vielfältig gegeben ist, verleidet nun den Arbeitnehmern und verleidet den Verbrauchern ihre eigene Pflicht zum Steuerzahlen. Aber genau sie werden mit den Massensteuern gebraucht. Anders würde der moderne Sozialstaat seine Leistungen nicht erbringen können. Allerdings müssen die Lasten nun gerechter verteilt werden.

Drittens. Ich will zugestehen, daß wir einige Verbrauchsteuern maßvoll erhöht haben. Ich rufe in Erinnerung, daß sich die Bundesregierung den Zeitpunkt einer seit Jahren als Bestandteil der ganzen Steuerreform geplanten Erhöhung der Mehrwertsteuer um einen Punkt ausdrücklich vorbehalten hat. Aber auch das muß deutlich hinzugefügt werden: Für uns ist die Mehrwertsteuer nicht etwa eine unerschöpfliche oder unlimitiert zu erweiternde Kasse zur Ausschöpfung aktueller Verlegenheiten.

Viertens. Auch das gerechteste und ausgefeilteste Gesetz kann im Effekt nur so gut sein wie der Vollzug dieses Gesetzes durch die Steuerverwaltung, die Finanzämter und die steuerpflichtigen Bürger. Daher suchen die Reformentwürfe angesichts der sehr komplexen, komplizierten, verschiedenartigen Lebens- und Wirtschaftsverhältnisse in unserer Gesellschaft nach einem gerade noch gangbaren Weg, der zur Vereinfachung und Erleichterung für Steuerzahler, Finanzämter und -beamte führen kann.

Das Reformkonzept, das wir nun vollständig vorgelegt haben, ist in sich ausgewogen und erfüllt die vier Ansprüche, die ich eben genannt habe. Das heißt nicht, wie ich schon sagte, daß es der sachlichen Kritik entzogen wäre. Wir werden — ich sage das an die Adresse der Führung der Oppositionspartei und -fraktion — jeden Vorschlag dankbar aufnehmen, vor allem solche Vorschläge, die auf Verbesserung, Beschleunigung und Vereinfachung abzielen.

Auf der anderen Seite wird die Bundesregierung ihrerseits alles tun, um die Beratungen in den Ausschüssen und im Plenum dieses Hauses zu unterstützen; ich habe Anlaß, dies zu sagen, weil nach dem, was ich aus Interviews von Oppositionsabgeordneten entnehme, offenbar einige Mißverständnisse eingetreten sein könnten. Dabei sind jede technische Hilfe, jede Ausarbeitung, jede Formulierungshilfe für den Finanzausschuß selbstverständlich eingeschlossen.

Wir werden uns allerdings nicht daran hindern lassen — auch das bitte ich nicht mißzuverstehen —, die Arbeit an der Steuerreform wirklich zu vollenden. Wir wollen hier keine Verzögerung.

(Beifall bei den Regierungsparteien.)

Wir haben uns aus unserer politischen Verantwortung heraus entschlossen, das, was an struktureller Reform des Systems notwendig ist, zum 1. Januar 1975 in Kraft zu setzen.

(Erneuter Beifall bei den Regierungsparteien.)

Da wird die Opposition zugestehen, daß die Minderheitsposition nicht ausreichen kann, um diese politische Zielsetzung einer regierenden Mehrheit zu zerstören oder auszuhebeln.

(Wiederholter Beifall bei den Regierungsparteien.)

Die Steuerreform wird nicht scheitern. Wenn der Versuch, sie insgesamt zu verhindern, gemacht werden sollte, wird dieser Versuch scheitern. Dazu wird dann auch der Druck der öffentlichen Meinung in diesem Land beitragen. Die Koalition hat den festen Willen, dieses Vorhaben zu einem guten Ende zu bringen. Sie wird nicht zehn Meter vor dem Ziel liegen bleiben.

Übrigens ist es ja nicht so, daß nicht schon eine ganze Menge geschafft wäre. Nicht nur liegen alle Ausarbeitungen, alle formulierten Paragraphen bis ins letzte mit allen Anlagen vor, sondern von dem Gesamtpaket der Steuerreform sind wesentliche Etappen auch auf dem Wege der Gesetzgebung schon erreicht und überschritten worden.

Erstens. In Kraft getreten ist die besonders dringliche Reform unseres Außensteuerrechts; wenn Sie so wollen: die Steuerfluchtgesetzgebung. Niemand hat damals gesagt, das müsse warten, bis das ganze Paket auf einmal verabschiedet werden könne. Gegen die Steuerflucht haben wir zusätzliche, neue Dämme errichtet, und andererseits hat dieses Gesetz auch die Wettbewerbsbedingungen der deutschen Wirtschaft bei Auslandsinvestitionen verbessert.

Zweitens. Das Grundsteuerreformgesetz ist bereits in Kraft getreten. Da gab es auch ein bißchen Widerstand bei den Ländern. Man muß auch da dann bereit sein, sich zu verständigen, wenn man Mehrheiten braucht; auch in dem anderen Haus, das ist sicher. Seit Beginn dieses Jahres gelten nun für den Grundbesitz endlich die Einheitswerte von 1964 und nicht die völlig überholten, die bis dahin galten, nämlich die von 1935, die doch nur ein Zehntel — etwa — des tatsächlichen Werts des Grundvermögens angegeben haben. Auch hier hat niemand gemeint, die Abschaffung der Einheitswerte von 1935 müsse nun noch länger warten, bis alles in einem großen Akt gemeinsam verabschiedet werden könne, wobei man dann gar nicht weiß, ob nicht jemand kommt und sagt: von der Tagesordnung absetzen.

(Beifall bei der SPD.)

Drittens. Dieses Haus hat im vergangenen Dezember das Gesetz zur Reform der Erbschaft- und Schenkungsteuer und, viertens, das Gesetz zur Reform der Vermögensteuer verabschiedet. Damit ist die Voraussetzung geschaffen, auch bei diesen Steuern durch die Anwendung der neuen Einheitswerte alte Vorrechte wegzutun. Andererseits bringen gerade diese beiden Reformgesetze bei kleineren Vermögen spürbare Entlastungen. Ich gebe zu, daß Großvermögen durch diese Gesetze höher besteuert werden — allerdings maßvoll —, ohne daß ich irgendeine Legitimation sähe für die hier und da aufgestellte Behauptung vom konfiskatorischen Staat.

Diese beiden Gesetze hängen im Augenblick an der Bundesratsmehrheit von einer Stimme. Im Vermittlungsausschuß haben wir den Eindruck gewonnen, daß offenbar noch ein wenig Zeit gebraucht wird. Ich möchte in diesem Hause sagen — der Bundesrat ist heute morgen schlecht vertreten, nachdem er diese Gesetze dort angehalten hat —, daß ich, wenn die Sache gelten soll, Einigungsmöglichkeiten bei diesen beiden Gesetzen keineswegs ausschließe. Wenn allerdings gelten soll, daß überhaupt, unabhängig von der Sache, die Steuerreform zu Fall gebracht werden soll, dann sehe ich Einigungsmöglichkeiten nicht. Dann werden wir von der öffentlichen Meinung her eine große politische Kampagne brauchen;

(Beifall bei der SPD.)

auch für das Land des Ministerpräsidenten Kohl, Vorsitzender einer Partei, die das soziale Epitheton doch ernst genommen wissen will, um ihm zu zeigen, daß man nicht auf der einen Seite auf Parteitagen so sprechen und auf der anderen Seite die Vermögen- und Erbschaftsteuerreform zu Fall bringen kann.

(Beifall bei den Regierungsparteien.)

Aber ich sage noch einmal: Ich sehe Einigungsmöglichkeiten, wenn man sich von der Sache her einigen will, und ich appelliere in diesem Hause auch an die Christlich-Demokratische und Christlich-Soziale Union als Parteien und an ihre Gesamtverantwortung, was das Steuersystem in unserem Lande angeht.

Fünftens. Von diesem Hause ist verabschiedet die Erhöhung des Freibetrags der Gewerbesteuer von 7200 DM auf 15 000 DM. Dadurch wird ab 1975 jeder zweite Gewerbetreibende von der Gewerbeertragsteuer befreit sein, d. h., von den insgesamt 1,6 Millionen werden 800 000, nämlich die schwächeren, die kleineren Gewerbetreibenden, in ihrer Wettbewerbsfähigkeit gestärkt sein.

(Beifall bei der SPD.)

Außerdem wird dabei die Zone ermäßigter Steuern so ausgedehnt, daß die volle Steuer erst für Gewerbeerträge ab ungefähr 30 000 DM im Jahr zu zahlen ist.

Sechstens. Es liegt der Gesetzentwurf der neuen Abgabenordnung vor, welche das allgemeine Steuerrecht und die Verfahrensvorschriften reformiert. Die Beratung dieses umfangreichen Gesetzes in den beteiligten Ausschüssen ist inzwischen ganz gut vorangekommen. Da sind Sie ja schon sehr weit.

Siebtens. Die steuerlichen Regelungen zur Verbesserung der betrieblichen Altersversorgung, die ursprünglich ebenfalls Bestandteil der Reformgesetzgebung waren, sind in einen eigenen Gesetzentwurf gegossen und ebenfalls dem Deutschen Bundestag vorgelegt worden.

Soweit diese sieben Punkte bisher schon erreichter großer Fortschritte auf dem Wege zur Vollendung des Ganzen. Dazu kommen nun die Punkte 8, 9 und 10, die heute zur Debatte stehen. Der Punkt 8 betrifft die Ihnen vorliegende Reformierung der Einkommen- und Lohnsteuer, Punkt 9 betrifft die Reformierung der Sparförderung und Punkt 10 die Reform der Körperschaftsteuer. Das sind die Schlußsteine zu diesem umfassenden Werk der Steuerreform.

Ich darf nunmehr ins einzelne gehen. Wir haben bei der Einkommen- und Lohnsteuer nicht versucht, unsere Zielvorstellungen durch eine lineare Tarifänderung zu erreichen. Letzten Endes stehen verschiedene politische Grundphilosophien dahinter, wenn der eine linear helfen will, der andere aber die Gerechtigkeitsstruktur des Systems verändern will.

(Abg. Wehner: Sehr wahr!)

Darin wird es zwischen uns sicherlich auch so leicht keine Einigung geben. Das wird Sie nicht der Mitverantwortung entheben, insgesamt Ihre Gedanken so einfließen zu lassen, daß es so einfach wie möglich — es bleibt dann immer noch kompliziert — und in vielen Einzelheiten so gerecht wie möglich — das bleibt dann immer noch sehr schwierig — gemacht wird.

Wir haben den Tarif strukturell umgestaltet und nicht linear, weil nur so die steuerlichen Lasten gerechter zu verteilen sind. Dabei darf man sich nicht davon irremachen lassen, daß der Proportionalsteuersatz, der bisher bei 19 Prozent liegt, in Zukunft bei 22 Prozent liegen wird. Da die Proportionalzone bis zu einem Einkommen von 16 000 DM bzw. 32 000 DM bei Verheirateten ausgedehnt wird und erst oberhalb dieser 32 000 DM für ein Ehepaar die Steuerproportion beginnen wird,

(Abg. Wagner [Trier]: Aber dann kräftig!)

da weiterhin der Grundfreibetrag auf 3000 DM bzw. für Verheiratete auf 6000 DM angehoben wird, ergeben sich für untere und mittlere Einkommensgrößen spürbare Steuersenkungen durch diese Reform.

(Vorsitz: Vizepräsident Dr. Schmitt-Vockenhausen.)

Auf der anderen Seite wird der Spitzensteuersatz auf 56 Prozent angehoben, so daß für weit über dem Durchschnitt liegende sehr hohe Einkommen in Zukunft mehr Steuern zu zahlen sein werden, obgleich gleichzeitig die Ergänzungsabgabe wegfällt. Man kann das beklagen, wenn man der Bezieher eines sehr hohen Einkommens ist. Ich hätte Verständnis für die Klage, aber wir wollen trotzdem unseren Willen durchsetzen, Herr Professor Carstens, in dieser Sache ganz gewiß.

(Beifall bei der SPD.)

Bei hohen Einkommen wird sich übrigens auch auswirken — ich will das nicht vergessen, sondern hier mit erwähnen —, daß die Vermögensteuer, die einer gezahlt hat, künftig nicht mehr bei seiner Einkommensteuer abgesetzt werden kann. Großverdiener können also nicht mehr auf dem Umweg über die Einkommensteuer ihre Vermögensteuerbelastung wieder rückgängig machen, bis zur Hälfte vermindern. Das soll wegfallen. Damit nun aber in den unteren und mittleren Einkommensbereichen, also im Mittelstand, keine Verschlechterung eintritt, wird der Vermögensteuersatz von 1 Prozent auf 0,7 Prozent gesenkt.

Einer der wichtigsten Bereiche für die Koalition ist der Kinderlastenausgleich. Hier wird endlich ein entscheidender Schritt zu mehr Chancengleichheit im Steuerrecht getan. Die steuerlichen Kinderfreibeträge werden durch eine Kindergeldzahlung ersetzt, und wir schaffen damit diesen alten familienpolitischen Unfug aus der Welt, daß diejenigen den höchsten Steuervorteil für ihre Kinder haben, die ohnehin am meisten verdienen und es deshalb eigentlich am wenigsten nötig haben, während andererseits Familien mit niedrigen Einkommen nur einen geringen oder überhaupt keinen Steuervorteil für ihre Kinder genießen.

Ich gebe ein oder zwei ganz einfache Beispiele dafür. Nehmen wir einen verheirateten Arbeiter, nur ein Kind, Bruttomonatslohn 1600 DM. Bisher hat er aus dem Kinderfreibetrag für sein Kind einen monatlichen Steuervorteil von 19 DM. Nach der Reform erhält der gleiche Arbeiter — verheiratet, ein Kind — eine steuerliche Entlastung von monatlich 50 DM. Bei dem Generaldirektor oder Bundesminister mit einem Kind wirkt sich die Änderung natürlich negativ aus. Das wollen wir nicht verheimlichen; das ist sicherlich so. Es soll ja auch so sein.

(Beifall bei der SPD.)

Ich will ein anderes Beispiel geben: Derselbe Arbeitnehmer, aber mit drei Kindern. Da muß ich die Wirkung des Steuerfreibetrags und das Kindergeld für das dritte Kind zusammenzählen; als Normalverdiener mit, sagen wir, weniger als 16 000 DM Einkommen im Jahr, hat er bisher einen Freibetrag von 74 DM gehabt, dazu 85 DM Kindergeld. Das macht zusammen 159 DM im Monat, die wir als Gesetzgeber ihm bisher für seine drei Kinder zugestanden haben. Jemand, den ich einmal als Großverdiener bezeichnen will, hatte aber von der Freibetragswirkung her 206 DM frei und ein bißchen weniger Kindergeld, zusammen 266 DM. Nach dem Reformgesetz wird der eine in Zukunft von 159 DM auf 240 DM steigen — das betrifft sehr viele — und der andere — das betrifft wenige — wird von 266 auf 240 DM absinken! Weil das erste so viele sind, führt dieser neue Kinderlastenausgleich immerhin dazu, daß der Gesamtaufwand für den Kinderlastenausgleich, der bisher 11 Milliarden DM betrug — ich bitte, sich das zu vergegenwärtigen —, nun auf 15 Milliarden DM ansteigen wird. Das sind gewaltige Summen.

Übrigens rechne ich damit, daß der Ablauf des heutigen Tages Frau Bundesministerin Focke Gelegenheit geben wird, auf dieses Kernstück der Einkommen- und Lohnsteuerreform noch etwas näher einzugehen, das diese Regelung für viele von uns darstellt.

Bei den Vorsorgeaufwendungen wird es keine unterschiedlichen steuerlichen Auswirkungen mehr geben. Um vor allem bei Arbeitnehmern die gestiegenen Sozialversicherungsbeiträge steuerlich wieder voll zu berücksichtigen, wird die Höchstgrenze für Versicherungsbeiträge praktisch verdreifacht, z. B. für eine Familie mit zwei Kindern von jetzt 6800 auf 20 400 DM. Darin sind dann auch die Vorsorgeleistungen enthalten, die etwa in der Form von Bausparbeiträgen oder privaten Lebensversicherungsprämien aufgebracht werden. Diese Aufwendungen werden sodann mit einem einheitlichen Steuersatz von 22 Prozent von der Steuer abgezogen, so daß der steuerliche Vorteil, die Begünstigung der Vorsorge, in Zukunft mit steigendem Einkommen nicht mehr wachsen kann. Auch diese Lösung dient dem Mehr an Gerechtigkeit ebenso wie die Tatsache, daß der Arbeitnehmerfreibetrag auf das Zweieinhalbfache, nämlich auf 600 DM, erhöht werden und für alle Arbeitnehmer mit dem gleichen Prozentsatz von der Steuer abgezogen werden soll. Auch diese Lösung führt dazu, daß die große Masse stärker entlastet wird, als wenn man etwa das alte System beibehielte und nur den alten Freibetrag linear erhöhte oder verdoppelte.

Wir erhöhen weiter den Freibetrag für Alleinstehende mit Kindern auf das Zweieinhalbfache. Mit 3000 DM entspricht dieser Freibetrag für Alleinstehende mit Kindern künftig dem Grundfreibetrag, der den Alleinstehenden außerdem noch zusteht. So erhöht sich z. B. dann für eine alleinstehende Frau mit einem Kind, die etwa ein Jahreseinkommen von 15 000 DM zu versteuern hat, die monatliche Steuerentlastung auf 55 DM oder im Jahr auf beinahe 700 DM.

Der neue Altersentlastungsbetrag begünstigt nun zum erstenmal auch solche Altersbezüge, die nicht in Pensionen und nicht in Sozialrenten bestehen.

Körperbehinderten wird durch die Erhöhung der steuerlichen Pauschbeträge um mehr als 40 Prozent geholfen.

Der Sparförderung dient ein neues Instrument, nämlich der Sparerfreibetrag; für Verheiratete sind das 600 DM. Wenn man den Werbungskosten-Pauschbetrag hinzurechnet, der weitgehend ja auch den Charakter eines Freibetrages hat, so bleiben bei Verheirateten in Zukunft im allgemeinen, Zinserträge von der Sparkasse bis zu 800 DM im Jahr steuerfrei, was bedeutet, daß die aller-, aller-, allermeisten Sparer in Deutschland keinerlei Steuer auf ihre Sparzinserträge mehr zu entrichten haben werden. 85 Prozent aller Sparkassenbücher liegen unter 5000 DM, will ich hier erwähnen. Wenn man alle diese Änderungen zusammenträgt und ausrechnet, was für den einzelnen Bürger und seine Familie dabei herauskommt, so muß man sehr viele verschiedene Rechnungen aufmachen; denn die Vielfalt des Lebens ist groß. Das hängt vom Alter ab, das hängt vom Familienstand ab, von der Zahl der Kinder, von vielerlei Einzelheiten.

Ich gebe Ihnen einige wenige Beispiele. Ein verheirateter Facharbeiter mit einem Kind hat heute, wenn die Frau nicht berufstätig ist, bei einem Bruttoarbeitslohn von 1600 DM 165,10 DM Lohnsteuer zu zahlen. Seine Lohnsteuer wird nach der Steuerreform pro Monat 42 Prozent niedriger liegen. Ein anderes Beispiel. Eine junge ledige Verkäuferin hat bei einem Bruttomonatslohn von 900 DM heute 104 DM Lohnsteuer zu zahlen. Nach der Reform wird ihre monatliche Lohnsteuer 23 Prozent weniger betragen.

Ein verheirateter kaufmännischer Angestellter mit einem Kind, dessen Ehefrau nicht berufstätig ist, zahlt zur Zeit bei einem Bruttogehalt von 2500 DM 337,80 DM Lohnsteuer. Seine Steuer wird nach der Reform 22 Prozent niedriger sein.

So wird man viele Beispiele für Familien mit vielen Kindern, mit Ehefrauen, die arbeiten, mit solchen, die nicht arbeiten, für Alleinstehende, Alte, Kriegsbeschädigte ausrechnen müssen, um zu verstehen, was die Gesamtwirkung dieses sehr komplizierten Gesetzeswerkes für die einzelnen bedeutet, für die Arbeitnehmer, für die Angestellten, für den Mittelstand, auch — das gebe ich zu —, was es bedeutet für die Bezieher ganz großer Einkommen und für ganz große Vermögen.

Übrigens noch ein Wort zur Sparförderung, die ja in dem Gesetzentwurf auch mit enthalten ist. Die staatlichen Prämien werden besser gezielt als bisher auf die sparförderungsbedürftigen Einkommensschichten ausgerichtet. Im Sparprämienrecht wird künftig eine Einkommensgrenze eingeführt, die bei Verheirateten bei 48 000 DM liegt und sich je Kind dann noch einmal um knapp 2000 DM erhöht. Prämien werden künftig einheitlich bis zu Sparleistungen von 1600 DM bei Verheirateten gewährt. In weiten Bereichen bedeutet das eine Verbesserung. Der Prämiensatz soll 20 Prozent betragen, beim Bausparen 23 Prozent, für jedes Kind weitere 2 Prozent.

Ein kurzes Wort zur Reform der Körperschaftsteuer. Dies ist ein unendlich schwieriges, und sehr schwer darzustellendes, kompliziertes Netz von Funktionen nicht nur innerhalb der Bundesrepublik, sondern auch im Verhältnis zum Ausland; wir haben ja eine Reihe von Aktiengesellschaften, die im Ausland verschachtelt sind. Ich sehe davon ab, es hier im einzelnen darzustellen. Aber es braucht niemand mißzuverstehen; hier darf ich einmal im Augenblick nicht aus der Gesamtverantwortung der Regierung sprechen, sondern für die Sozialdemokraten allein reden. Wir gehen diesen Weg mit und beseitigen die Doppelbelastung der ausgeschütteten Erträge mit Körperschaftsteuer und mit Einkommensteuer. Aber es hat sich eben nach unserer übereinstimmenden Meinung in der Koalition auch nichts daran geändert, daß diese Reform nur zusammen mit dem Gesetz zur Beteiligung breiter Schichten am Produktivvermögen in Kraft treten kann, über das sich ja Gott sei Dank die Spitzen beider Fraktionen am letzten Wochenende in allen Grundzügen geeinigt haben.

Ich will auf ein paar Vereinfachungseffekte zu sprechen kommen, die mit dem Ganzen verbunden sein werden. Beim Lohnsteuerverfahren — das ist ja die größte Zahl der Verfahren, die die Finanzämter zu bewältigen haben und das auch die meisten Menschen als steuerpflichtige Bürger betrifft, die ihrerseits daran beteiligt sind — wird eine neue Vorsorgepauschale dafür sorgen, daß die regelmäßigen Versicherungsaufwendungen ohne jeden Arbeitsaufwand sofort beim Lohnsteuerabzug berücksichtigt werden; der Arbeitnehmer braucht hierfür zukünftig keinen Ermäßigungsantrag mehr zu stellen. Von den 8 Millionen Lohnsteuerermäßigungsanträgen im Jahr werden infolgedessen 7 Millionen überflüssig werden

(Abg. Dr. Carstens [Fehmarn]: Ja, das ist eine gute Sache!)

— ich sehe, daß Sie, Herr Carstens, das nicht für so wichtig halten, aber die Finanzbeamten sind an der Grenze ihrer Belastbarkeit, und wenn wir im Wege der Gesetzgebung noch mehr Vereinfachung schaffen wollen, müssen wir uns sehr bemühen

(Beifall bei den Regierungsparteien. — Abg. Dr. Carstens [Fehmarn]: Ich betrachte das als außerordentlich gut! Sie haben mich mißverstanden!)

— Ich habe Sie mißverstanden; wir nehmen es beide als gut.

Die Neugestaltung der Einkommensteuertarife und der Lohnsteuerklassen wird von bisher etwa 6,5 Millionen Veranlagungen von Arbeitnehmern 2,5 Millionen Veranlagungen entbehrlich machen können. In diesem Zusammenhang will ich daran erinnern, daß schon durch das 2. Steueränderungsgesetz 1973 die Veranlagungsgrenze der Einkommensteuer für Arbeitnehmerehepaare auf 48 000 DM angehoben wird, um auch hier von dem Veranlagungsverfahren, das natürlich sowohl von der Behörde als auch vom steuerpflichtigen Bürger sehr viel Aufwand erfordert, herunterzukommen.

Über Prämienanträge wird künftig zusammen mit der Steuerfestsetzung oder mit dem Lohnsteuerjahresausgleich entschieden werden, was ermöglichen wird, diese typische Massenarbeit maschinell durchzuführen.

Nun will ich bei der Beurteilung dieser Verfahrensänderungen nicht verschweigen, daß die vorgesehene Abwicklung des Kinderlastenausgleichs von den Finanzämtern aus — darüber gibt's einen Streit mit den Finanzverwaltungen der Länder

(Zuruf von der CDU/CSU: Aller Länder!)

— der Länder! —, von den Finanzverwaltungen aus nicht mit großem Entzücken betrachtet wird. Das ist einer der Gründe für den Bundesrat gewesen, sich dagegen auszusprechen. Nun wird jeder verstehen, daß der Bundesfinanzminister, der mit den Finanzämtern, die Länder-Sache sind, gar nichts zu tun hat, hier gar keinen Ressortpatriotismus verfolgt, wenn er der Meinung ist, es sei doch besser, es bei den Finanzämtern als bei der Arbeitsverwaltung auszahlen zu lassen. Er hat dafür sachliche Gründe; die darf ich vortragen.

Mir geht es nur um das, was insgesamt am praktikabelsten und am einfachsten sein wird; eine Belastung ist die neue Kindergeldregelung verwaltungsmäßig immer — entweder für die Finanzverwaltung oder die Arbeitsverwaltung. Aus der Sicht der Bundesregierung ist aber die vom Bundesrat vorgeschlagene Auszahlung durch die Arbeitsverwaltung deswegen nicht sehr verlockend, weil dadurch die Zahl der Auszahlungsfälle bei den Arbeitsämtern von 2,5 Millionen auf 10 Millionen Fälle — die müssen dann dort alle bearbeitet werden — steigen würde. Die Arbeitsverwaltung würde in Zukunft also 10 Millionen Auszahlungsfälle haben, während die Finanzämter, wenn ich es richtig im Kopf habe, in mehr als 90 Prozent der Fälle das Auszuzahlende einfach mit der Steuer — die Finanzämter nehmen ja die Steuern von den Steuerpflichtigen ein — verrechnen werden, so daß bei Auszahlung durch die Finanzämter höchstens 0,5 Millionen Fälle neu hinzukommen; Sie können gegenrechnen. 0,5 Millionen Auszahlungsfälle bei der Finanzverwaltung, 10 Millionen Auszahlungsfälle bei der Arbeitsverwaltung — dies ist der Hauptgrund. Niemand möchte diese Verwaltungsarbeit gerne übernehmen. Die Arbeitsverwaltung hat sich von Amts wegen außerstande erklärt, dies zu machen. Aber ich sage noch einmal: Es ist in keiner Weise ein politisches oder heiliges Prinzip des Bundes oder der Bundesregierung; das kann man so oder so machen! Es kommt doch darauf an, daß der Begünstigte hinterher das Geld bekommt.

(Beifall bei den Regierungsparteien.)

Ich wehre mich dagegen, daraus einen Prinzipienstreit zu machen; das ist eine reine Zweckmäßigkeitsfrage.

(Beifall bei den Regierungsparteien.)

Das beste wird wahrscheinlich sein, wenn die Vertreter der Arbeitsverwaltung und die der Finanzämter einmal zusammen an einem Tisch unter Beteiligung von Fachministern der Länder und des Bundes ihre Erfahrungen austauschen. Nach unserer Rechnung wird das durchschnittliche Finanzamt noch nicht einmal tausend Fälle haben, aber das durchschnittliche Arbeitsamt unendlich viel mehr.

Übrigens denke ich, daß nicht nur dieses Thema, sondern auch andere Themen der Verfahrensvereinfachung nicht nur eine Aufgabe dieser Reformgesetzgebung, sondern eine ständige Aufgabe bleiben; schon allein deswegen, weil dieses Parlament, egal wie die Mehrheiten verteilt sind, sowieso jedes Jahr das Steuerrecht mit einzelnen Novellen kompliziert. Deshalb müssen wir uns alle bewußt sein, daß es auch unsere ständige Aufgabe bleibt, zu vereinfachen, wo es nur irgend geht.

Ich habe lange Zeit gebraucht, um die Herren Kollegen Finanzminister der Länder davon zu überzeugen, daß es wünschenswert ist, einmal zwei Tage lang eine große Diskussionstagung zu machen mit den Beamten aus den Finanzämtern, die unten mit der eigentlichen Last der Arbeit beschwert sind, um von ihnen zu hören, wie aus ihrer Sicht vereinfacht werden kann. Aber Gott sei Dank ist nun inzwischen diese Absicht gemeinsam gefaßt worden. Wir hatten das mit den Zollbeamten, die ja Bundesbeamte sind, vor einiger Zeit schon mal gemacht. Das war sehr fruchtbar, und wir haben viel davon gelernt, übrigens auch die Beamten selber. Und man muß doch zugeben, wenn man Ministerialbeamter ist, ob des Landes oder des Bundes, daß es eigentlich ausgeschlossen ist, daß man bei einer solchen Tagung von den Praktikern nicht etwas dazulernt. Man sollte sich innerlich nicht zu erhaben vorkommen über die Erfahrungen des Oberinspektors oder des Amtsmanns, des Finanzbeamten.

(Beifall bei der SPD.)

Ich wäre dankbar, wenn sich — wie bei der Zolltagung — vom Finanzausschuß des Bundestages ein paar Kollegen an diesen beiden Tagen beteiligten, um auch ihrerseits herauszufühlen, herauszuhören, was an Anregungen von der Front der Verwaltung, von den eigentlichen Finanzbeamten auf uns zukommen mag.

Meine Damen und Herren, ich komme noch einmal auf die Kontroverse mit dem Bundesrat zurück. Sie hat — wie auch die heute anstehende erste Lesung des Gesetzentwurfs — dazu geführt, daß sich viele Mitglieder dieses Hauses öffentlich geäußert haben. Immer, wenn es politische Streitfragen zu entscheiden gibt, müssen sich Politiker äußern. Das ist zum Beispiel in den letzten Tagen auch zur Frage der Löhne und Gehälter im öffentlichen Dienst der Fall gewesen. Mancher wird dann anders gedruckt als er meint, es gesagt zu haben. So wissen wir von Herrn Filbinger, daß er das nicht gesagt hat, wie tatsächlich eine Zeitung ihn gedruckt hat. So mag manches auch über die Auffassung gedruckt worden sein, die der eine oder andere Länderminister gar nicht hat, die ihm aber unterstellt wird. Das mag auf allen Seiten so sein, auch auf seiten von Koalitionsabgeordneten. Das mag so sein.

Trotzdem möchte ich noch einmal bitten, sich zu überlegen, ob etwas so Wichtiges, wie die seit mehr als anderthalb Jahrzehnten vorbereitete Steuerreform, wirklich bloß zu einer Sache der parteilichen Konfrontation gemacht werden darf. Ich bitte, das von unserem gemeinsamen Staatsverständnis her zu überlegen.

(Beifall bei der SPD.)

Aber es legt sich vielleicht auch nahe, es vom eigenen Parteiinteresse her noch einmal zu überdenken. Ich glaube nicht, daß letztlich jemandem damit gedient wäre.

Der Bundesrat hat zu dem heute hier vorliegenden Gesetzentwurf, den er schon behandelt hat, gesagt, nach seiner Auffassung könne das neue Einkommensteuergesetz und das neue Sparprämiengesetz nicht in seiner Gesamtheit am 1. Januar 1975 in Kraft treten. Das hat dazu geführt, daß man sich überlegt: Wie kann man sich mit dem Bundesrat arrangieren, wenn der sagt: „Nicht in seiner Gesamtheit", sondern einzelne Dinge wollen wir weglassen; insbesondere wollen wir die prinzipiell nicht wichtigen Dinge nicht so schnell bearbeiten? Da muß man sich fragen, wie man sich mit ihm treffen kann; denn man braucht auch die Zustimmung der Mehrheit des Bundesrates, das ist ganz klar.

Daraus haben sich Spekulationen ergeben, als ob die Regierung diesen Gesetzentwurf aufgegeben hätte. Dies ist nun allerdings mindestens ein schwerwiegender Irrtum, wenn es nichts Böseres ist. Das haben wir nicht getan. Aber ich habe keine Hemmungen zu sagen — und das sage ich auch für die Frau Kollegin Funcke als Vorsitzende des zuständigen Ausschusses und auch für die Kollegen meiner Fraktion —: In diesem Entwurf ist vielerlei Aufholarbeit aus vergangenen Erlassen, Rechtsverordnungen, Gesetzgebung und Rechtsprechung drin. Diese Aufholarbeit muß nicht unbedingt zum 1. Januar 1975 vollendet sein. Was zum 1. 1. 1975 sein muß, ist die gesetzgeberische Verwirklichung dessen, was wir die Grundprinzipien der Strukturreform des Steuersystems genannt haben.

(Beifall bei den Regierungsparteien.)

Nun bitte ich, aus den Vorstellungen des Bundesrates, der meint, er könne das alles mit den vielen Details nicht in einem Jahr bewältigen, und der Stellungnahme der Regierung oder der Koalitionsabgeordneten zu diesen

Einlassungen nicht zu schließen, Herr Häfele, wir wollten die Steuerreform nicht. Das ist also mindestens ein böses Mißverständnis.
Sie werden auch nicht übersehen haben, daß der Bundesrat kein Veto eingelegt hat. Er hatte es sich sicherlich in einigen seiner Landesregierungen genau überlegt, ob er etwa nein sagen sollte zur Steuerreform als ganzer. Deswegen — Sie sehen, welche Mühe ich mir gebe, das Klima wieder ein wenig zu normalisieren — sollten Sie bitte auch aufhören, der Freien Demokratischen Partei oder der Sozialdemokratie oder der Bundesregierung als ganzer zu unterstellen, sie wolle die Steuerreform nicht. Sie werden sich täuschen. Und ich sage Ihnen, wir werden die öffentliche Meinung gegen Sie mobilisieren, falls Sie die Steuerreform zu Fall bringen wollen. Sie werden sich täuschen!

(Beifall bei den Regierungsparteien.)

Wir rechnen Ihnen nämlich an vielen einzelnen Beispielen vor, was Ihre Art der linearen Steuersenkung für die oberen und für die mittleren und unteren Gehälter bedeuten würde. Das rechnen wir öffentlich vor.

(Beifall bei den Regierungsparteien. — Abg. Rawe: Primitiver geht es nicht! — Weitere Zurufe von der CDU/CSU: Demagogie! — Das nennen Sie, den gemeinsamen Boden vorbereiten, Herr Schmidt? — Sie sind heftig am Werk!)

Wir würden dann genauso öffentlich vorrechnen, was dies hier für den einzelnen und seine Familie bedeutet.

(Zurufe von der CDU/CSU.)

— Ich muß doch einmal in meiner Rede auf die Polemik des Herrn Häfele von heute morgen um 9 Uhr antworten dürfen, ein einziges Mal.

(Beifall bei den Regierungsparteien. — Abg. Rawe: Sie wollen doch nur einen Buhmann aufbauen; das kennen wir doch von Ihnen, Herr Schmidt!)

Nun lassen Sie mich bitte ganz generell, ohne dabei spezifisch auf die Steuersenkungsabsichten der CDU/CSU abzuheben, ein paar Bemerkungen über die aktuelle Steuersenkungsdiskussion machen, die im Augenblick im Zusammenhang mit der Weltkonjunktur- und der deutschen Konjunkturentwicklung im Schwange ist.

(Abg. Seiters: Jetzt kommt die Kür! — Nachdem die Pflicht vorbei ist!)

Ich halte diese allgemeine Steuersenkungsdiskussion wirklich für ein wichtiges innenpolitisches und auch wichtiges volkswirtschaftliches Thema, Herr Kollege. Man kann sie unter dem Aspekt sehen, daß, wenn man die Steuern allgemein linear senkt, dann wenigstens die Steuerreform der sozialliberalen Koalition hinterher nicht mehr käme, weil man das Geld nicht zweimal ausgeben kann. Das mag Ihr Gesichtspunkt sein. Ich will Ihnen das im Augenblick gar nicht unterstellen. Ich will Ihnen gar nicht unterstellen, daß Sie uns den Erfolg der Steuerreform, die Sie damals, als Sie viele Male nacheinander an der Regierung waren, zwar auch gewollt, aber eben nicht zustande gebracht haben, unmöglich machen wollen. Sie müssen sich aber fragen, was Sie selber eigentlich letztlich wollen.
Herr Professor Carstens, ich habe eine Aufstellung all der steuerlichen Gesetzesanträge vor mir liegen, die Sie im Laufe der letzten zwölf Monate, seit dieser Bundestag gewählt ist, gestellt haben und was sie damit an Ausgaben zusätzlich vorgeschlagen haben. Ihr Entwurf eines Inflationsent-

lastungsgesetzes der heute zur Beratung steht, kostet nach den gegenwärtigen Berechnungen 9,9 Milliarden DM. Das mag sich nach ein paar Monaten wieder nach oben oder nach unten verschieben. Die Erhöhung der Investitionszulagen von 7,5 auf 10 Prozent, die Ihre Fraktion beantragt hat, kostet 180 Millionen DM. Der Antrag der CDU/CSU im Bundesrat — Bundesratsdrucksache 7/782 — zur Erbschaft- und Vermögensteuer kostet 290 Millionen DM. Der Entwurf eines Gesetzes zur Änderung der Kraftfahrzeugsteuer — es sind zwei Steuerklassen vorgesehen, wobei dann der Bund Mehrwertsteuer hergeben soll, weil die Länder auf Kraftfahrzeugsteuer verzichten — kostet 1,1 Milliarden DM. Dann die Erhöhung des Lastenausgleichs, wie sie das CDU-Präsidium vorgeschlagen hat — soviel ich weiß, bisher nicht im Parlament eingebracht —, fürs erste Kind auf 60 DM, fürs zweite Kind auf 90 DM, fürs dritte Kind auf 130 DM und auf 150 DM für alle weiteren Kinder; das kostet zusätzlich weitere 3 Milliarden DM. Erziehungsgeld, bisher nicht hier eingebracht, aber von Ihrem Parteipräsidium angekündigt, kostet je nach Ausgestaltung — man kann das nicht ganz genau berechnen — bis über 3 Milliarden DM. Dann hat die CDU/CSU-Fraktion Senkung der Mineralölsteuer beantragt, Herr Stoltenberg hat Senkung oder Halbierung der Mehrwertsteuer bei Ölprodukten beantragt; das erste kostet 2 Milliarden DM, das zweite 1½ Milliarden DM.

(Abg. van Delden: Dann müssen Sie auch noch die Abschaffung der Investitionsteuer einrechnen!)

— Nein, das war ja konjunkturell notwendig. Um Arbeitsplätze zu erhalten, mußte die Investition wieder angereizt werden. Aber was Sie machen, sind konsumträchtige Ausgaben, Herr van Delden.

Dies ist ja alles nicht Wirtschaftsankurbelung, sondern Preisankurbelung. Sie schaffen monetäre Nachfrage, ohne dafür gleichzeitig Güter, reale Werte zu schaffen.

(Beifall bei der SPD.)

Das Bruttosozialprodukt wird in diesem Lande im Jahre 1974, wenn alles draußen in der Weltwirtschaft ganz gut geht, real vielleicht um 2 Prozent zunehmen — wenn alles ganz gut geht. Es geht aber draußen in der Weltwirtschaft nicht ganz gut. Sie kriegen — wir haben doch vor ein paar Tagen darüber gesprochen — schwere währungspolitische Verwerfungen bei einer Reihe von Ländern, die in tiefe Zahlungsbilanzdefizite geraten. Sie müssen damit rechnen, daß die weltweite Arbeitsteilung auf eine schwere Probe gestellt wird, der internationale Handel genauso wie die internationale Finanzierungsmechanik. Wir sind in bezug auf die Weltwirtschaft weniger optimistisch als in bezug auf unsere eigene binnenwirtschaftliche Entwicklung. Deswegen muß man sich doch klarwerden, wenn maximal bei günstiger außenwirtschaftlicher Entwicklung real 2 Prozent mehr erwirtschaftet werden sollten, daß es keinen Sinn hat, die Nominaleinkommen — sei es durch Steuerentlastung, sei es durch Lohnerhöhung von 15 oder 17 Prozent — so zu steigern, obwohl doch real nicht mehr da ist. Das kann doch dann nur in die Preise gehen. Die Steuerentlastung kann doch auch nur in die Preise gehen, wenn man sie in diesem Ausmaße vornimmt. Deswegen muß ich das sagen.

(Abg. Dr. Wagner [Trier]: Letzteres war falsch! — Abg. Dr. Carstens [Fehmarn]: Das ist der Taubstummendialog, den wir seit sechs Monaten mit Ihnen führen!)

— Ich bin weder stumm noch taub, ich habe Ihnen gut zugehört und habe Ihnen vorgerechnet, was Ihre Anträge bedeuten, nämlich insgesamt 35 Milliarden DM, Herr Carstens.

(Beifall bei den Regierungsparteien.)

Nun können Sie sagen: Wir haben das nicht alles auf einmal gewollt; wir haben damit gerechnet, daß ihr das eine ablehnt und das andere auch, es kam uns nicht darauf an. Das können Sie sagen. Aber Sie müssen sich eines vorstellen — ich rede hier genauso für die Gemeinden, für die Länder oder für den Bund —: die Finanzlage dieser drei Gebietskörperschaften ist ähnlich. Ich führe den Bund als Beispiel an, weil ich dessen Zahlen besser im Kopf habe. Wir hatten einen relativ kleinen Betrag — etwa 2 Milliarden DM — an Nettokreditaufnahme des Bundes für 1974 vorgesehen, als wir den Bundeshaushalt vorgelegt haben. Das hat sich dadurch verdoppelt, daß uns die Länder in den endlosen Verhandlungen über die Mehrwertsteueranteile weitere 2 Milliarden DM abgeknöpft haben, macht 4 Milliarden DM. Jetzt kommt hinzu: ein wenig Arbeitslosigkeit, ein wenig Kurzarbeit, Abschwächung der Weltkonjunktur, die Automobilindustrie, die nicht mehr die vielen großen Autos verkaufen kann; deshalb kommen jetzt hinzu Steuermindereingänge gegenüber den Haushaltsplänen — der Stadt Buxtehude genauso wie der Stadt Rosenheim oder des Landes Bayern genauso wie des Bundes — um Milliarden, die ich im Augenblick nicht beziffern will. Jetzt wollen Sie darüber hinaus noch auf weitere Milliarden durch lineare Steuersenkungen verzichten. Das kann man dann insgesamt nur noch kreditweise finanzieren. Uns stehen nach Gesetz und Recht, dem Bund besonders große, Konjunkturausgleichsrücklagen bei der Deutschen Bundesbank zur Verfügung. Die könnten wir zur Finanzierung solchen Kreditbedarfs verwenden. Nur, wenn wir etwa alle Konjunkturausgleichsrücklagen der Länder und des Bundes in diesem Jahr auflösen würden — —

(Zuruf von der CDU/CSU.)

— Lassen Sie mich bitte den Satz zu Ende sprechen. Es ist wirklich ein Versuch, ein Problem auch für Nichtfachleute anzubieten.

(Lachen bei der CDU/CSU.)

— Ich sage das nicht in einer Richtung, ich sage das in Richtung des ganzen Hauses, auch in Richtung auf Herrn van Hüllen, auch in Richtung auf den Deutschen Gewerkschaftsbund, damit Sie mich ganz klar verstehen.

(Beifall bei der SPD.)

Ich versuche zu zeigen, daß nach Gesetz und Recht der Bund und die Länder zwar in den Konjunkturausgleichsrücklagen große Reserven zur Verfügung haben, die wir zum Teil zur Investitionsankurbelung auch brauchen werden; wenn wir sie aber, weil wir den Steuerverzicht nun noch zusätzlich hinzufügen, zur Gänze aus den Kellern der Bundesbank heraus und in den Kreislauf hineinschleusen würden, kann es nur, da sich das reale Bruttosozialpodukt dadurch nicht vergrößert, sondern bei einem Zuwachs von 1 Prozent, maximal 2 Prozent bleibt, in die Preisdynamik gehen.

(Abg. Wehner: Sehr wahr!)

Nicht so sehr die Haushaltsseite, sondern die volkswirtschaftliche Überzeugung, daß es nur in die Preise gehen kann, ist der Grund dafür,

(Beifall bei der SPD.)

weshalb der Wirtschaftsminister und der Finanzminister sich gegen diese scheinbar so naheliegende Idee wehren müssen. Herr van Hüllen und

Gesamtmetall sind natürlich besonders fabelhaft: die machen ein Angebot auf einen Lohntarifvertrag zu Lasten Dritter,

(Abg. Wehner: Ja, zu Lasten Dritter!)

nämlich zu Lasten des Staates und derjenigen, die von den Leistungen des Staates abhängen.

(Abg. Wehner: Sehr wahr! — Abg. Dr. Köhler [Duisburg]: Wir werden es ja beim öffentlichen Dienst sehen!)

Daß dies sicherlich eine schwierige Periode ist, müssen Sie mir nicht sagen. Was glauben Sie, wie das auf beiden Seiten der Regierungskoalition und auf allen Seiten in der Regierung die Geister beschäftigt und auch — ich hoffe, Sie nehmen es mir ab — —

(Abg. Dr. Wagner [Trier]: Vor Weihnachten war es aber noch ganz absurd!)

— Auch vor Weihnachten habe ich mich absolut und eindeutig in diesem Haus wie auch auf einer großen Arbeitnehmertagung meiner eigenen Partei gegen Steuersenkungen in dieser Phase gewehrt. Wir haben sie nicht gemacht, und wir werden sie auch nicht machen, obwohl viele es uns übelnehmen und nicht verstehen werden, weil es letztlich im Effekt über die Kreditschöpfung, die zur Ausfüllung der Defizite, die entstehen würden, notwendig ist, doch nur in die Preise gehen kann. Wir sind glücklich, daß wir das Jahr 1974 mit einer Preisdynamik betreten haben, die kleiner ist als in Frankreich, Italien, England, Japan, Amerika und so weiter.

(Beifall bei der SPD.)

Wir wollten uns weder durch unsere Währungspolitik — die Länder, die ich nannte, haben ja währungs- und kreditpolitisch zu ihrer eigenen Inflationsdynamik beigetragen — noch über unsere Haushalts- oder Steuerpolitik oder Kreditpolitik im Innern in diesen Sog ganz hineinziehen lassen, diesen gewaltigen Sog der inflatorischen Dynamik, der alle Welt und ganz Europa beherrscht. Ich mache Ihnen keine Vorhersagen über die Inflationsraten in einem Land, das aus dem Währungsverbund gerade ausgeschieden ist, aber es kann kein Zweifel bestehen, daß alle Entwicklungen in anderen Staaten Rückwirkungen auf uns haben werden, und daß wir im Preiszusammenhang mit diesen Ländern stehen und große Teile unserer Ex- und Importe von den Preisbildungen auf diesen Märkten drüben abhängen.

Es ist also nicht so sehr der Haushaltsminister, der sich hier gegen Steuersenkungen wehrt, die als Defizite zu Buche schlagen würden — das müßten sie ja —, sondern es ist einer, der weiß, daß, wenn die Preisdynamik eine große Kurve annimmt, infolgedessen die Unternehmen Arbeitnehmer entlassen werden, weil sie nicht alles mehr draußen und drinnen zu diesen Preisen absetzen können. Die Arbeitslosigkeit macht mir dann noch mehr Angst als die Preisdynamik, eine zunehmende Arbeitslosigkeit, die wir durch im Augenblick scheinbar sich anbietende Schritte, die im Frühjahr 1974 keine großen Bedenken verursachen, im weiteren Verlauf des Jahres auslösen können.

(Abg. Haase [Kassel]: Herr Minister, der Kanzler hat doch auch Steuersenkungen angekündigt!)

Der Kanzler hat gesagt, er schließe für den weiteren Verlauf des Jahres 1974 nicht alles aus. Nichts kann man ausschließen. Ich weiß gar nicht, wie im weiteren Verlauf des Jahres 1974 zum Beispiel — —

(Lachen bei der CDU/CSU.)

— Damit Sie mich nicht mißverstehen, müssen Sie den Satz zu Ende hören! Man weiß zum Beispiel gar nicht, wie gegen Ende des Jahres 1974 etwa das Währungsgefüge der Welt — auch innerhalb des Westens — aussehen wird.

(Abg. Wehner: Sehr wahr!)

Es mag manches sich sehr ändern. Das ist ein sehr schwieriges Jahr für die ganze Weltwirtschaft. Aber bitte mißverstehen Sie den Bundeskanzler nicht dahin, daß er sagt: Zunächst nein, aber dann im Juli machen wir den Gesetzentwurf der Opposition! Wir machen auch nicht die Hälfte, auch nicht ein Viertel!

(Beifall bei der SPD. — Abg. Haase [Kassel]: Es hörte sich so an!)

Ich muß zur Kraftfahrzeugsteuerreform heute wohl nicht viel sagen. Sie gehört eigentlich nicht zu dem ganzen Reformwerk und hat auch keinen inneren Zusammenhang. Das würde heute morgen nur unnötig Zeit kosten. Ich will dem Thema nicht ausweichen; ich denke nur daran, daß die Rede nicht zu lang werden darf.

Ich muß zu der gegenwärtigen Debatte über Lohntarifverbesserung mittels Steuerentlastung, diesem Lohntarifvertrag zu Lasten der öffentlichen Hand noch eine Zahl nachtragen, damit man eine Größenordnungsvorstellung hat. Wenn wir die Nettolohn- und -gehaltssumme der deutschen Arbeitnehmer um 2 Prozent von Staats wegen verbessern wollen — das ist das, was Herr van Hüllen von Gesamtmetall vorgeschlagen hat —, dann kostet das den Gseamtstaat — nicht den Bund allein — 7 Milliarden DM Steuern; die kommen noch oben darauf auf die Ihnen bisher schon vorgerechneten angedeuteten Größenordnungen der Kreditbedarfe für 1974. Ich bitte Sie, sich diese Zahl zu merken: für 2 Prozent Nettolohn- und -gehaltssumme für alle Arbeitnehmer 7 Milliarden, die das die öffentlichen Hände kostet. Man kann dann vieles nicht mehr machen, was die Gemeinden und die Länder und der Bund leisten sollen. Insbesondere sollen sie ja möglicherweise im Laufe des Jahres 1974 zusätzliche Investitionsausgaben leisten, um die Beschäftigung zu stimulieren, mehr, als in den Haushaltsplänen der Städte und der Länder und des Bundes bisher vorgesehen ist; das kommt ja auch noch dazu.

Ich möchte am Schluß noch eines betonen, — bei aller Antwort auf Polemik, die ab und zu hier und draußen notwendig bleibt; Polemik wird ja auch von Ihrer Seite nicht ausbleiben. Herr Carstens hat gestern morgen hier einige Kabinettstückchen auf diesem Gebiet zum besten gegeben, andere haben darauf geantwortet.

(Abg. van Delden: Der macht sich! — Abg. Haase [Kassel]: Der macht das gut!)

— Das gehört zum politischen Geschäft. — Lassen Sie uns bitte darüber nicht übersehen, daß die wirtschaftliche Entwicklung dieses Jahres

(Abg. Dr. Wagner [Trier]: Eine Art Scharm, die er hier entfaltet!)

und damit die innere soziale Stabilität und die politische Stabilität nicht zuletzt darauf beruhen, daß wir im Verhältnis zu manchen anderen, uns in bezug auf Technologie oder wirtschaftliche Entwicklung durchaus vergleichbaren Ländern in unserem Land den Arbeitnehmern das Gefühl und die Sicherheit haben geben können, daß das Maß an sozialer Sicherheit, die wir haben, kontinuierlich und stetig jedes Jahr, alle vier Jahre um einiges weiter ausgebaut wird. Daß die Situation in den Fabriken in unserem Lande

sich so sehr von der Situation in den Fabriken anderer Länder unterscheidet, die ich mit Namen nicht nennen will, hängt doch damit zusammen, daß wir dieses Gefühl einer hohen sozialen Sicherheit haben können.
Dazu gehört nun aber auch Sicherheit gegen Übervorteilung durch den staatlichen Steuergesetzgeber.

(Zustimmung bei der CDU/CSU. — Abg. Dr. Mertes [Gerolstein]: Das ist eine gemeinsame Leistung!)

Die Übervorteilung liegt nicht darin, daß die Steuern insgesamt zu hoch seien — sie sind ja nicht höher als in den uns benachbarten Ländern West- und Mitteleuropas —, sondern die Übervorteilung liegt darin, daß bei dem bisherigen Steuersystem einige besonders günstig und andere nicht so günstig weggekommen sind. Diese öffentlichen Lasten sind in unserem Lande insgesamt nicht zu hoch. Sie sind insgesamt ja doch niedriger als in manchen anderen europäischen Ländern; es gibt zwar auch noch ein, zwei oder drei Länder, wo sie ein bißchen niedriger sind als bei uns; aber wir liegen mit der Steuerlast doch in einer gesunden Mittelgruppe; da soll sich doch niemand was vormachen. Insgesamt ist sie nicht zu hoch. Aber sie muß richtig auf die Schultern verteilt werden, die diese Lasten tragen müssen. Diese Steuerreform schafft Begünstigungen und Vorrechte ab, die in einer Gesellschaft des Jahres 1974 nicht mehr akzeptiert werden können. Sie verstopft Quellen der Steuerumgehung; sie beseitigt Möglichkeiten des Mißbrauchs.
Diese Koalition und die Bundesregierung haben den Willen, dies auch alles nicht nur in einen Entwurf, sondern ins Bundesgesetzblatt zu schreiben und damit wirksam zu machen. Ich glaube, Sie werden sich selber im Laufe des Jahres fragen, ob Sie uns diesen Weg ernsthaft verlegen wollen. Ihn ernsthaft verlegen zu können, steht Ihnen eh nicht zu Gebote.

(Lebhafter Beifall bei den Regierungsparteien.)

# Für eine Politik der Vernunft*

Liebe Genossinnen und Genossen,
liebe Freunde,

herzlichen Dank zunächst für die freundlichen Worte, die *Max Seidel* an mich gerichtet hat, und Dank für eure Einladung, heute hier über den Orientierungsrahmen zu sprechen und zu diskutieren. Ich will gleich vorweg sagen, dies wird keine kurze Rede, und sie soll auch keineswegs zum Beifall provozieren, sondern vielmehr zum Nachdenken.

Den Rückblick auf den uns gestellten Auftrag kann ich kurz fassen, weil dieser schon häufig dargestellt worden ist; er ist sicherlich auch euch, Genossinnen und Genossen, bekannt: Der Saarbrücker Parteitag im Mai 1970 beauftragte den Parteivorstand, eine Kommission einzusetzen, die den Entwurf für ein langfristiges, konkretisiertes und quantifiziertes Programm erarbeiten sollte, und zwar auf der Grundlage des Godesberger Grundsatzprogramms. Der Vorsitz dieser Kommission wurde – zusammen mit den Stellvertretern Hans *Apel* und Jochen *Steffen* – mir übertragen. Und so wie in der Besetzung des Präsidiums der Kommission hat man auch in der Auswahl der übrigen Kommissionsmitglieder angestrebt, ein breites Spektrum der in unserer Partei vertretenen Meinungen einzubeziehen. Wir haben das Ergebnis unseres Nachdenkens, nämlich den „Entwurf eines ökonomisch-politischen Orientierungsrahmens für die Jahre 1973–1985", im Juni 1972 dem Parteivorstand vorgelegt, der die Arbeit mit seiner Stellungnahme der Partei und zugleich der Öffentlichkeit übergab. Der Parteivorstand schlug vor, den nächsten ordentlichen Parteitag mit einer ersten Lesung zu befassen – nicht aber etwa mit einem abschließenden Beschluß; dies war auch der Vorschlag der Kommission selbst gewesen: Eine erste Lesung, eine erste Beratung, von unten nach oben, von links nach rechts, aber kein abschließender Beschluß; dazu – meinten wir – würde der Entwurf nicht ausgereift sein.

* *Rede zum Orientierungsrahmen 85 auf dem Parteitag der bayerischen SPD in München am 24. Februar 1973.*

## *Der Orientierungsrahmen im Wahlkampf*

Die Veröffentlichung im Juni 1972, als jeder den Wahlkampf schon in den Fingerspitzen spürte und auf sich zukommen sah, früher, als er bei einer 4jährigen Legislaturperiode zu erwarten gewesen wäre, die Veröffentlichung zu diesem Zeitpunkt, in dem auf der anderen Seite der Termin vorgezogener Neuwahlen noch nicht genau zu erkennen war, erschien damals manchem Kritiker bedenklich; manche Kritiker fanden es sogar schon bedenklich im Hinblick auf turnusmäßige Wahlen zum Bundestag, die ja erst im Herbst 1973 hätten stattfinden müssen.

Die Kritiker fanden es

- bedenklich, weil wir den Mut gehabt hatten, eine ganz gewichtige Ausdehnung des „öffentlichen Korridors", d. h. des Korridors der öffentlichen Investitionen und Leistungen zwischen dem privaten Konsum auf der einen und der privaten Investition auf der anderen Seite, von rd. 28 Prozent des Bruttosozialprodukts derzeit auf etwa 34 Prozent in 1985 zu fordern;
- bedenklich zum anderen deshalb, weil wir erstmals das gesamte politische Programm unserer bisherigen programmatischen Aussagen auf den Boden eines rechenhaften Rahmenwerkes stellten; und sie fanden es
- natürlich bedenklich, weil das Bemühen um Fakten und Zahlen manchen überzogenen Reformoptimismus des ersten Anlaufs unserer Regierungsführung dämpfen mußte (ich füge in Klammern hinzu: ja auch sollte).

Als dann – gerade 3 Wochen später – Willy Brandts Entscheidung kam, über die Vertrauensfrage Neuwahlen anzustreben, schienen sich bei einigen die Bedenken wegen des „wahlkampfungünstigen" Zeitpunkts der Vorlage noch zu verstärken.

Meine sehr entschiedene persönliche Ansicht ist dagegen, daß wir *wichtige politische Arbeit nicht an irgendeinem Wahlopportunismus orientieren dürfen.* Ich bin deshalb auch während des ganzen Wahlkampfes hundertmal konsequent für eine Verbreiterung des öffentlichen Korridors und damit für höhere Staatseinnahmen eingetreten.

Das irreführend so genannte „Langzeitprogramm" hat gleich zu Beginn eine bemerkenswerte Rolle im Wahlkampf gespielt als ein bedeutender, uns entfernterer Teil der Presse, der uns nicht nur nicht nahesteht, sondern uns bekämpft, z. B. die folgenden Überschriften lieferte; ich zitiere:

„Langzeitprogramm will den Steuerstaat";
„Jede zweite Mark über die öffentlichen Kassen";
„Mehr Staat";
„Finanzpolitische Utopie";
„Langzeitprogramm unrealistisch";
„CDU: Langzeitprogramm der SPD – ein Bekenntnis zum Sozialismus" (was übrigens genau zutraf!).

In einem umfangreichen Bericht in Springers „Dialog" gab es folgende Überschriften:

„Was Marx beisteuerte"; „Was die *Jusos* möchten"; „Wachstum – bis wohin?"; „Freiheit – wie wenig?"; „Gleichheit – wieviel?"; „Voran zum Nullgewinn"; „Zerstörte Träume".

Das ist ein ganzes Kaleidoskop von „Aufklebern", die wir uns haben ge-

fallen lassen müssen; wir haben allerdings auch ein dickes Fell. Springers Journalisten haben hier – wie immer – sehr viel Rot gesehen. Aber – dieser erste Entwurf, das haben viele innerparteiliche jugendliche Kritiker übersehen, ist auch rot, er ist nicht rosa.
Diese oft sehr polemischen Plakate und „Aufkleber", die wir ertragen mußten, wurden begleitet freilich auch von einer umfangreichen und sachlichen publizistischen Behandlung, in der es auch viele positive und anerkennende Kommentierungen gab. Herr Narjes allerdings, der damals der Wirtschaftssprecher der Unionsparteien war, hat seine Stellungnahme zu unserem Entwurf in der *Zeit* mit der Überschrift versehen: „Wenn Glück verordnet wird." Nun können wir natürlich das Glück nicht verordnen, auch dem Herrn Narjes nicht – das hat vielmehr der Wähler getan; er hat ja Glück gehabt, daß er das nicht geworden ist, was er hat werden wollen. Und auch wir haben sicher Glück gehabt, daß er es nicht geworden ist.
Die Aussagen unseres Entwurfs – der ja ein Wagnis ist – haben offensichtlich im Wahlkampf keineswegs allzu viele Wähler davon abgeschreckt, der Sozialdemokratie die Stimme zu geben. Allein schon deshalb sollen wir die wesentlichen Aussagen, wie z. B. die Aussage über die Notwendigkeit der Ausdehnung des „öffentlichen Korridors", die im Wahlkampf eine besondere Rolle gespielt haben, auch *als Auftrag ernst nehmen* und für unsere Regierungs- und Gesetzgebungspolitik daraus Konsequenzen ziehen. Ich bin für meinen Teil – zusammen mit dem Koalitionspartner – am letzten Wochenende da schon ein gutes Stück, auch in Richtung auf Steuergerechtigkeit, vorangekommen.

## *Einige Anmerkungen zum ersten Entwurf*

Ich will zurückkommen auf die Aufgabenstellung, der wir begegnet sind. Ich hatte in dem Zwischenbericht, den ich für die Kommission zusammen mit anderen Kommissionsmitgliedern auf dem a. o. Parteitag des Jahres 1971 erstattete, eine Programmtypologie der sozialdemokratischen Parteigeschichte gezeichnet; dabei wurde deutlich, daß unsere Kommissionsaufgabe in die *bisherigen* Vorstellungen von programmatischen Aussagen unserer Partei nicht hineinpaßt. Sie ist weder vergleichbar mit dem Erfurter Programm noch mit dem Heidelberger; noch mit dem Grundsatzprogramm von Godesberg; noch mit dem Dortmunder Aktionsprogramm; noch mit einem Regierungsprogramm, wie man es zum Beginn eines Wahlkampfes aufstellt; auch nicht mit einem Fachprogramm, wie es von Gremien oder Ausschüssen unserer Partei erarbeitet wird.
Ein Ausgangspunkt der Überlegungen war die Tatsache, daß unsere Partei – und anderen Parteien geht es dabei nicht anders – beim Aufstellen von Reformprogrammen häufig die Grenzen des ökonomischen Ressourcenrahmens übersehen hat; d. h. also des Rahmens der insgesamt zur Verfügung stehenden Kräfte, von den Arbeitskräften und ihrer Ausbildung angefangen bis zu den Rohstoffen und bis zu den Finanzmitteln.
Diese Vernachlässigung der tatsächlich vorhandenen ökonomischen Möglichkeiten hat häufig zu einer programmatischen Überforderung geführt,

was insbesondere erst dann deutlich wurde, als die Partei in der Regierungsverantwortung stand und damit ihre Programme in konkrete Maßnahmen der Gesetzgebung und der Regierung umsetzen mußte.

Um es vereinfacht zu sagen: Die aufkommenden oder zu erzielenden Einnahmen der öffentlichen Hände hätten bei gleichzeitiger Einleitung *aller* wünschenswerten Vorhaben nicht einmal, sondern zwei- oder gar dreimal ausgegeben werden müssen. Solche Programmatik ist nicht seriös und auch nicht überzeugend für diejenigen, die sich nachdenklich mit unserer Politik beschäftigen.

Nun will ich damit keineswegs die früheren und jetzigen programmatischen Aussagen unserer Partei zu Fachbereichen etwa abqualifizieren, im Gegenteil: Das sind wichtige Arbeiten, die uns selbst und die Wähler über unsere Vorstellungen in diesen Bereichen im einzelnen informieren. Aber *es fehlte* eben bisher *die Einpassung in einen ökonomischen Gesamtrahmen*, der allerdings sehr viel weiter zu ziehen ist als etwa der nur-fiskalische; er muß z. B. auch Arbeitskraft-Ressourcen nach Quantität und Qualität, er muß soziale Vor- und Folgekosten der Produktion sowie Aus- und Rückwirkungen auf die Entwicklung des wirtschaftlichen Wachstums berücksichtigen.

Erste Erfahrungen lieferte die mittelfristige Finanzvorausschau, die wir Sozialdemokraten ja gleich zu Beginn unserer Regierungsbeteiligung im Jahre 1967 durchgesetzt hatten. Auch wenn aus heutiger Sicht dieser damalige Fortschritt relativiert erscheint, so soll man nicht vergessen, daß er gegenüber der vorherigen Wurschtelei und zu jenem Zeitpunkt einer wirklichen Finanzkrise ein ganz bedeutender Durchbruch gewesen ist, dem sich inzwischen auch die meisten der Länder angeschlossen haben.

Die Einpassung einer spezifischen Forderung oder Maßnahme bzw. eines Projekts in einen ökonomischen Gesamtrahmen muß

1. in quantitativer Sicht und
2. im Hinblick auf die zeitliche Abfolge

gesehen werden. Dies ist ein Problem der Festlegung sogenannter *Prioritäten* – wovon doch so viel die Rede ist –, die wir in unserem ersten Entwurf zwar versucht, aber gewiß nicht befriedigend gelöst haben. Die Entscheidung über Prioritäten ist jedoch der *Kern jeder planerischen Entscheidung* überhaupt; daran allerdings sollten sich auch die Kritiker unseres Entwurfs nicht hinter einer ideologischen Nebelwand vorbeimogeln. Dies gilt für die Kritiker von rechts wie von links gleicherweise. Die Kommunalpolitiker unter euch kennen dies Problem und haben es oft genug lösen müssen.

Mit der Vorlage des Orientierungsrahmens haben wir eine weitgreifende und umfangreiche öffentliche Diskussion in Gang gebracht, die insgesamt auch fruchtbar ist. Sie darf sich nicht nur als Kritik an dem projizierten Staatsanteil oder an der Methodik unseres Vorgehens erschöpfen. Wir tragen mit einem solchen ökonomischen Orientierungsrahmen dazu bei, daß Erwartungshorizonte – individuelle und solche der Gruppen – in der Gesamtschau (wie man heute sagt) „problematisiert“ und auch „bewußtgemacht“ werden.

Wenn in der Diskussion erkannt wird, daß der Beginn und die Ausdehnung eines Teilprogramms oder einer Maßnahme zu der Einschränkung

oder zur zeitlichen Verschiebung einer anderen Zielsetzung oder zu einer höheren Gesamtlast führt,
– wenn Konsequenzen des wirtschaftlichen Wachstums für die Ökologie, für die Zuwanderungsziffern ausländischer Arbeitnehmer, für die Lebensqualität, für bildungspolitische Erfordernisse gesehen werden,
– wenn dadurch ordnungspolitische Fragestellungen aufgeworfen werden,
so ist dann allerdings diese Debatte über den Orientierungsrahmen ein *nützliches Instrument demokratischer gesellschaftspolitischer Planung* und damit gleichzeitig *ein Schritt zu mehr Demokratie.*

Es ist das erstemal, daß – soweit wir es sehen – eine politische Partei eine solche Aufgabe in Angriff genommen hat. Es gab allerdings einige nichtquantifizierte Vorläufer mit anderer Aufgabenstellung, ich denke z. B. an die seinerzeitigen *Perspektiven* oder hier bei euch an das Schwerpunktprogramm der SPD für Bayern.

Wichtig ist jedoch der Ausgangspunkt des Saarbrücker Parteitags, *daß wir unseren Anspruch auf eine zielstrebige Reformpolitik rechenhaft begründen müssen.* Wenn wir unsere auf Veränderungen zielende Politik glaubwürdig vertreten wollen, wenn sie in der Sache erfolgreich sein soll, dann müssen wir sowohl entscheiden und sagen, welche Ziele wir ansteuern, als auch, welche Maßnahmen und welche Mittel in welchen Zeiträumen wir dafür einsetzen wollen. Das bedeutet dann Quantifizierung und Konkretisierung sowohl der Ziele als auch der Mittel, und daraus muß deutlich werden, welche Ansprüche diese Politik an die Bürger und an die Volkswirtschaft stellt; gleichzeitig geben wir Auskunft, was unsere Gesellschaft positiv davon erwarten kann.

Ich möchte hier eine Bemerkung zu der oft angesprochenen Schwierigkeit machen, dem Kind einen vernünftigen Namen zu geben: Die von allen immer wieder gebrauchte Kurzformel „Langzeitprogramm“ wird sich leider aus dem Sprachgebrauch kaum noch eliminieren lassen. Sie ist aber falsch und irreführend. Ich habe ja auch auf die Typologie bisheriger SPD-Programme schon hingewiesen. Die Kommission selber und der Parteivorstand waren sich darin einig, daß unsere Arbeit *keinen Programmentwurf* etwa im Sinne des Erfurter oder des Godesberger Parteiprogramms darstellen sollte. Wir wußten von Anfang an, daß hier in diesem Orientierungsrahmen nichts festgeschrieben werden darf, sondern daß die Projektion stetig und regelmäßig fortgeschrieben, d. h. aktualisiert und revidiert werden muß. Diese Notwendigkeit bedeutet übrigens in sich selbst einen Lernprozeß für die Partei. Die Verbindung zu dem bestehenden und bleibenden Godesberger Grundsatzprogramm war durch die Formulierung des Auftrags auf dem Saarbrücker Parteitag von Anfang an klar, nämlich „auf der Grundlage des Godesberger Programms“ zu arbeiten.

Ich will hier ganz offen sagen, daß Teile unserer Partei sicher auch eine eigentliche *Programm*-Diskussion, eine Diskussion vom Grunde her wollen; das heißt, daß sie das Godesberger Grundsatzprogramm debattieren und möglicherweise verändern wollen. Dann muß man aber auch den Mut haben, das offen und deutlich auszusprechen. Man darf die Diskussion um den Entwurf zu einem Orientierungsrahmen nicht als „Sack“ benutzen, den man schlägt, weil man den Mut nicht hat, den „Esel“ zu schlagen, den man meint.

Ich gehöre zu denen, die heute keinen Anlaß sehen, Godesberg zu verändern. Wer dagegen vom Godesberger Programm weg will, der soll das sagen; es ist ja nichts Unrechtes, das zu wollen, man muß dann allerdings auch die Konsequenzen bedenken. Ich würde es jedoch für unredlich und sogar für gefährlich halten, den Orientierungsrahmen als „Hebel“ anzusetzen, um in verdeckter Weise Änderungen in Grundpositionen unserer Partei herbeizuführen. Hier muß Klarheit und Offenheit herrschen.

## *Der Orientierungsrahmen und die Gewerkschaften*

Einer der Hauptpunkte der Kritik – darauf werde ich später noch zurückkommen – ist die von uns projektierte und auch geforderte Wachstumsrate des Sozialprodukts von 4,5 und – ab 1975 – von 5 Prozent real. Das ist gewiß eine ehrgeizige Zielsetzung, die auch erhebliche jährliche Produktivitätsfortschritte zur Voraussetzung hat. Einige reden hier ganz geringschätzig von „Wachstumsfetischismus“.

Zu diesem Streitpunkt muß ich zunächst darauf hinweisen, daß der DGB in seiner kürzlich veröffentlichten mittelfristigen Zielprojektion bis 1977 eine jährliche reale Wachstumsrate von sogar 5,5 Prozent und eine entsprechende Zunahme der jährlichen Arbeitsproduktivität anvisiert. *Der DGB geht also noch weiter als der Entwurf unseres Orientierungsrahmens.* Und das ist auch verständlich; denn die Kollegen in den Gewerkschaften wissen durchaus, daß sie bei dem heutigen Durchschnittseinkommen von 1972 knapp 1400,– DM brutto je Arbeitnehmer oder 1060,– DM netto im Monat noch viele Jahre realer Lohnsteigerungen auch zur Steigerung des privaten Lebensstandards von Millionen von Arbeitnehmern brauchen; deshalb wird es auch noch sehr lange dauern, bis die reichlich modernistischen Wachstumskritiker der großen Masse der Arbeitnehmer jene „Erkenntnis“ der von Unternehmern inspirierten und ideologisierten „Club-of-Rome-Studie“ nahebringen können, auf wirtschaftliches Wachstum als Voraussetzung für private und gesellschaftliche Wohlstandssteigerung verzichten zu sollen. Das wird noch lange dauern, bis jemand diese romantische Betrachtung den Arbeitnehmern und ihren Gewerkschaften verkaufen kann. Wir müssen bei der weiteren Behandlung des Orientierungsrahmens mit den Gewerkschaften zu einem engen Dialog kommen. Denn parallel zu unseren Arbeiten ist auf dem letzten Bundeskongreß in Berlin dem Vorstand des DGB der Auftrag erteilt worden, „Vorstellungen zur Gesellschaftsreform“ zu schaffen. Und zusätzlich – noch interessanter – ist der DGB auf Grund eines Antrags der IG Metall aufgefordert worden, „sich systematisch mit Fragen der quantitativen und der qualitativen Entwicklung des wirtschaftlichen Wachstums auseinanderzusetzen“. Der DGB soll unter Mitwirkung der Einzelgewerkschaften ein „Programm zur Finanzierung und Durchsetzung gesellschaftlicher Reformen“ ausarbeiten.

*Eugen Loderer* hat diese deutliche Parallelität auch in einem Aufsatz in den „Gewerkschaftlichen Monatsheften“ (10/72) ausgesprochen und dabei festgestellt:

„Die Bereitschaft der Partei, weit in das nächste Jahrzehnt hineinreichende Planungsvorstellungen dem Wählerbewußtsein der Gegenwart gegenüberzustellen, muß anerkannt und gewürdigt werden. Die Inhalte aber stehen zur Diskussion. Für die abschließende Willensbildung in der SPD müssen die gewerkschaftlichen Positionen wichtige Daten setzen." Ich kann dem nur aus vollem Herzen zustimmen, denn *die Interessen der Arbeitnehmer stehen im Zentrum unserer Politik.*

Das ist genau das, was ich mit dem vorherigen Hinweis auf die Bedeutung unseres Entwurfs im letzten Wahlkampf gemeint habe. Auch der DGB hat sich in seiner Zielprojektion festgelegt: „Für eine sinnvolle Verwendung des Sozialprodukts wurde in Rechnung gestellt, daß der Staat seine Ausgaben *überproportional* ausdehnt." Das ist nur eine andere Formulierung unserer Forderung, den „öffentlichen Korridor" zu verbreitern.

Ich bin mir sehr bewußt, was diese *Unterstützung der Gewerkschaften für unsere Steuerpolitik* bedeutet und in Zukunft bedeuten kann. Der DGB hat frühzeitig konstruktive Positionen bezogen; er unterscheidet sich darin wohltuend von der bloßen Abwehrhaltung anderer Gruppen, die etwa im *Handelsblatt/Industriekurier* ihren klassenpolitischen Lautsprecher besitzen. Wir müssen für die längerfristige Auslegung unserer Politik in einem Orientierungsrahmen bald zu einer intensiven Diskussion mit den Gewerkschaften und ihren wissenschaftlich arbeitenden Institutionen kommen.

## *Kritik und Antikritik*

Ich möchte mich nun einigen wichtigen Punkten der bisherigen Kritik und der Antikritik zuwenden.

Nach den gemeinsamen Anstrengungen des Wahlkampfes ist innerhalb unserer Partei die Auseinandersetzung über diesen Entwurf voll in Gang gekommen. Ich begrüße diese lebendige Diskussion; ich denke, daß die Kommission durchaus stolz darauf sein kann, eine so tiefgreifende Diskussion in Gang gesetzt zu haben. Sicherlich wird der kommende Parteitag in Hannover davon ganz wesentlich geprägt sein. Sie muß – so denke ich – dann einmünden in die weitere Arbeit einer neuen Kommission, und sie wird – da bin ich sicher – unsere Partei noch weit über den diesjährigen Parteitag hinaus beschäftigen müssen. Ich möchte hier in Erinnerung rufen, wie viele Jahre die Partei etwa gearbeitet hat, bis sie 1959 das Godesberger Grundsatzprogramm als beschlußreif ansah.

Ich nehme dabei für die „Langzeitprogramm"-Kommission in Anspruch, daß wichtige Punkte der Kritik zunächst einmal von uns selbst gekommen sind. Wir haben sehr klar herausgestellt, was dieser erste Entwurf leistet und auch welche Mängel ihm – aus unserer Sicht – noch anhaften.

So haben wir es z. B. aus vielerlei Gründen *nicht geschafft, die von uns genannten Vorhaben in eine zeitliche Reihenfolge einzuordnen.* Unsere ursprüngliche Absicht, jeweils für Vierjahresperioden feststellbare Reformschritte vorzuschlagen, hat sich im ersten Entwurf noch nicht verwirklichen lassen.

Auch die *Mängel in der Quantifizierung* haben wir deutlich gesehen; die Quantifizierung ist ein schwieriges Problem, wie jeder zugeben wird, der sich damit einmal befaßt. Wir werden bei den fortschreibenden Arbeiten versuchen müssen, von der – wenn ich es einmal salopp so nennen darf

– „Ressort“-Quantifizierung ganzer Bereiche zu einer stärkeren „Programm“-Quantifizierung einzelner Maßnahmen überzugehen.

Die Entwicklung und die *Darstellung von echten Alternativen ist uns ebenfalls nicht gelungen,* obwohl das über lange Strecken unserer zweijährigen Arbeit unsere ernsthafte Absicht gewesen ist. Sofern quantitative Aspekte dabei zu beachten waren, hätten übrigens die Alternativen schon rein mathematisch ins Uferlose führen können. Ich gebe ein Beispiel: Wenn man nur drei verschiedene Varianten für die Eckdaten der angenommenen ökonomischen Entwicklung mit drei Grundalternativen politischer Prioritätenentscheidung kombiniert, so entsteht bereits eine überwältigende Fülle von alternativen Modellen, die zur Entscheidung stehen.

Auch bei den qualitativen Aspekten stellt sich das Problem einer Begrenzung und einer Auswahl der möglichen Varianten. Und wenn man schließlich noch so viele Alternativen erwägt, so kann das keineswegs ausschließen, daß sich schon über mittlere Zeiträume – nicht erst über zwölf Jahre – die politischen Daten, die Einfluß auf die ökonomischen Bedingungen haben, unvorhergesehen verändern. Heute schon über 12 Jahre vorherzusehen, welche wirtschaftlichen Erwartungen und Verhaltensweisen bei einer qualitativ veränderten politischen oder Wohlstandslage im Inland und in der EWG und im Ausland in Zukunft gegeben sein werden, das ist auch bei einer recht großzügigen Bandbreite der Schätzungen nur schwer möglich. Diese Vielzahl von Varianten hat die Kommission schließlich in ihre Darlegungen nicht einbeziehen wollen, um ihren Auftrag nicht zu gefährden. Die Kommission hat daher unterlassen, Varianten der Ausgabenstrukturen und der Finanzierungsmodalitäten zur Diskussion zu stellen. Niemand hat diese Entscheidung der Kommission, auf Alternativen zu verzichten, mehr bedauert als ich selbst, der ich damals im Krankenhaus war.

Wir hatten zwar *Vorarbeiten zu drei alternativen Grundmodellen* gemacht, sie aber nicht veröffentlicht, weil wir sie noch nicht für ausreichend ausgereift gehalten haben. Für mich ist klar, daß gerade an diesem Punkte der Alternativen eine entscheidende Aufgabenstellung für die weitere Arbeit am Orientierungsrahmen liegt. Dabei wird besonders auch die EWG-Entwicklung eine zwar schwer vorhersehbare, gleichwohl aber sehr gewichtige Rolle spielen müssen. Ähnliches gilt von den Entwicklungsmöglichkeiten und Entwicklungsnotwendigkeiten der internationalen Weltwährungsordnung, der Welthandelsordnung und der weltweiten Entwicklungshilfe.

Zur *Berücksichtigung der internationalen Entwicklung* haben wir in unserem Entwurf – wie ich zugebe – lediglich am Schluß angedeutet, daß die Fragen der Sicherheit und einer etwaigen ausgewogenen Truppenreduzierung in Europa auf die Gesamtplanung einen gewichtigen Einfluß haben können und daß – je nachdem, wie die Entwicklung hier verläuft – alternative Prioritäten vorgesehen werden müssen.

Bei diesem Blick auf die internationale Entwicklung möchte ich gern zwei Zitate einschieben dürfen, die von zwei hervorragenden Sozialdemokraten stammen, die sich im Lauf der letzten zwölf Monate mit diesem Komplex befaßt haben. Das erste ist von *Herbert Wehner,* der Ende Januar auf dem Bezirksparteitag der SPD in Südbayern u. a. das folgende gesagt hat:

„So wichtig die gesellschaftspolitischen Schwerpunkte selbst und die durch sie aufgeworfenen und zu lösenden Probleme sind, entscheidend ist, daß wir nicht nur uns selbst den Gegebenheiten der Europäischen Wirtschaftsgemeinschaft stellen, sondern im Ringen um stabilere Preisverhältnisse die Volksmeinung mit den tatsächlichen Gegebenheiten und den Bemühungen im eigenen, im nationalen Zuständigkeitsbereich wie im europäischen Gemeinschaftsbereich vertraut machen."

Wehner hat in derselben Rede auf das andere Zitat verwiesen, das ich gleich anschließen möchte:

*Otto Brenner* – in einem Aufsatz in der *Neuen Gesellschaft* im April vorigen Jahres; ein Aufsatz, der unter vielerlei Gesichtspunkten als ein Vermächtnis von Otto Brenner angesehen werden darf. Er schrieb:

„Die europäische Integration kann und darf nicht nur wirtschaftliche Zwecke verfolgen. Der Abbau der Zölle und sonstigen Handelsbeschränkungen innerhalb der EWG hat zwar einen positiven Einfluß auf die Entwicklung der Produktivität und auf das wirtschaftliche Wachstum ausgeübt und von dieser Seite zur Erhöhung des allgemeinen Lebensstandards beigetragen. Diese Entwicklung muß weitergeführt und zu einer Wirtschafts- und Währungsunion ausgebaut werden." Und weiter: „Die Gewerkschaften unterstützen diesen Prozeß, weil ein stabiles, störungsfreies, die Produktionsmöglichkeiten voll ausschöpfendes Wirtschaftswachstum eine wichtige Grundlage für soziale Sicherheit und sozialen Fortschritt ist." Und weiter: „Aber die Annahme, die von der Integration ausgehende wirtschaftliche Antriebskraft werde automatisch den Lebensstandard erhöhen, die sozialen Unterschiede in der Gemeinschaft ausgleichen und die soziale Sicherheit für alle gewährleisten, diese Annahme wird von uns nicht geteilt."

Soweit Otto Brenner. Und auch wir denken ja nicht im Traum daran zu glauben, daß der Prozeß automatisch zu höherem Lebensstandard oder mehr sozialem Fortschritt führen muß.

Von den Alternativen zur Verwirklichung abgesehen, muß klar sein, und das mag dem einen oder anderen vielleicht als ein Mangel erscheinen, daß unser Entwurf sich zwar bemüht, alle ökonomisch realisierbaren Forderungen aus dem bisherigen Stand der Diskussion und der Programmatik unserer Partei aufzunehmen, jedoch keine eigenen hinzuzufügen. Die Kommission hatte nicht den Ehrgeiz, klüger zu sein, als die Partei bisher gewesen ist; *deshalb* sind auch unsere Aussagen in den einzelnen Sachkapiteln unterschiedlich präzise und unterschiedlich weit durchgearbeitet. Je präziser dabei die bisher vorhandenen Programmvorstellungen waren, um so leichter war für die Kommission natürlich auch das Durchrechnen und das Einfügen in die ökonomischen Gesamtbedingungen.

Ich darf darauf hinweisen, daß ich dies alles und zusätzliche Bemerkungen in meiner Einführung zu unserem Entwurf dargelegt habe; besonders die methodologischen Fragen und Probleme habe ich dort in einer Offenheit behandelt, die ich manchen innerparteilichen Kritikern unserer Arbeit für ihre eigenen Überlegungen dringend wünschen möchte.

## *Der Umfang unserer Planung*

Der Begriff der Planung ist dank der Sozialdemokratie heute weit weniger umstritten als zu Ludwig Erhards Zeiten, dem ja jede Art von Planung und selbst schon das Wort zuwider war. Dennoch – auch unsere Art der Planung, wie wir sie im Orientierungsrahmen angewendet haben, zieht sich immer noch den Vorwurf des „Zuviel-Staat" zu.

Unsere Aufgabe war, ökonomische Perspektiven über bestimmte Zeitabschnitte in die vorhandenen Programmaussagen der Partei einzuführen. Dabei sind wir – das muß ich hier noch einmal darstellen – stufenmäßig vorgegangen: Wir haben zunächst unseren Entwurf auf der Basis aller bisher bestehenden politischen Aussagen und Beschlüsse unserer Partei entwickelt. Wir haben sie zusammengestellt; sie ergaben ein dickes Kompendium von über 1000 Seiten noch gültiger Programmaussagen aus den letzten Jahren. Das haben wir dann systematisiert; dabei wurde deutlich, daß die verschiedenen Aktionsfelder der Politik bisher mit sehr unterschiedlicher Intensität von unserer Partei „beackert" worden sind. Es gibt auch sehr unterschiedlich-konkrete, bisweilen sogar recht nebulöse Aussagen. Und auf den einzelnen Feldern ist auch der innere Zusammenhang sehr verschieden gut; es gibt durchaus Widersprüchlichkeiten. Wir haben es einprägsam so genannt, daß wir weiße, graue und auch karierte Flecken und Zonen in der bisherigen programmatischen Landschaft unserer Partei vorfanden. Und – last, not least – es gab bisher in den allerseltensten Fällen Kostenüberlegungen. Die ungleichmäßige Präzision einzelner Sachabschnitte des Entwurfs war also ziemlich zwangsläufig; aber – umgekehrt – zwingen diese Ungleichmäßigkeiten nunmehr die Partei und ihre Fachgremien, auf ihren jeweiligen Feldern nun genauer zu arbeiten als bisher und auch in Quantitäten zu arbeiten.

Ich muß auf diese unmittelbare Fundierung des Orientierungsrahmens auf den bisherigen Aussagen unserer Parteiprogrammatik hinweisen, um klarzumachen, daß wir unseren Entwurf *nicht* nach eigenem Programm- und Revisionsdenken und auch nicht im luftleeren Raum aufgestellt haben.

Und wenn manch deftig-freizügige Kritik etwa aus bayerischen Landen einen solchen Ansatz nun gar der CDU als zukünftiges Programm zuschreiben will, dann muß sich solch ein leichtfertiger Kritiker darüber im klaren sein, daß er damit eben zugleich die bisherigen Programmaussagen der SPD abqualifiziert, einschließlich der paritätischen Mitbestimmung und der Beschlüsse des Steuerparteitages in Bonn; vom Thema Bodenrechtsreform ganz zu schweigen. All dies steht doch im Entwurf drin. Allerdings, man muß ihn lesen. Und nicht nur lesen, sondern auch durcharbeiten.

Wir Sozialdemokraten müssen uns, wenn wir uns nicht in ein intellektuelles und politisches Abseits begeben wollen, darüber im klaren sein, *daß ökonomisch-politische Gesamtplanung weithin noch ein großes Neuland ist,* das es erst systematisch zu erforschen gilt, nachdem wir es erstmalig betreten haben. Unsere Gesellschaft ist gegenüber solchem Gesamtplanungsdenken bisher fast ohne jede Erfahrung. Es gibt auch aus internationaler Sicht bisher keine beeindruckenden Vorbilder oder Ergebnisse. Deshalb ist es selbstverständlich – und das gebietet auch die intellektuelle Redlichkeit –, daß wir sagen, daß unser übrigens mit nur einem sehr kleinen Arbeitsstab erarbeiteter erster Entwurf wirklich nichts anderes sein kann als ein erster Anlauf; er will auch nicht mehr sein. Ich bin aber der selbstbewußten Ansicht, daß diese Arbeit – politisch und ökonomisch – um einiges erfolgreicher war als bisher manche Planungsarbeit auf Teilgebieten, ich denke z. B. an die Aufgabe eines Bildungsbudgets, noch immer ungelöst, obwohl die Bildungspolitiker seit einem Jahrzehnt über seine Notwendigkeit reden.

Und noch ein Wort zur Quantifizierung: Wir haben nie geleugnet, daß uns ein vollständiges, flächendeckendes „Von-unten-Rechnen" nicht gelungen ist; ich hatte das vorhin bereits angedeutet, als ich vorschlug, bei der weiteren Arbeit von der Ressort- zur Programm- oder Maßnahmenquantifizierung überzugehen. Jedoch – auch *unsere* Rechenarbeit war schon schwierig genug. Die Quantifizierung soll sich ja nicht nur auf die erforderlichen finanziellen Aufwendungen, sondern ebenfalls auf die Ziele erstrecken. Wir haben z. B. in den Kapiteln „Wohnungsversorgung", „Agrarstrukturpolitik" und „Bildungspolitik" Zielquantifizierungen vorzuweisen. Das *Kernstück des Entwurfs* ist aber der Abschnitt, der mit den beiden Worten *„Unsere Prioritäten"* überschrieben ist. Hier liegen die eigentlichen Entscheidungsempfehlungen des Entwurfs; und ganz besonders in der Ziffer 265, in der die angestrebte Verbreiterung des öffentlichen Anteils und die angestrebte Verwendung beziffert sind. Ich muß hier ganz deutlich sagen, daß die bisherige innerparteiliche Diskussion *sträflich* vernachlässigt hat, diesen eigentlichen Kern der Sache kritisch zu durchleuchten und kritisch zu behandeln.

## *Zur Marktwirtschaft*

Konservative Kritik hat den Vorwurf erhoben, daß die von uns ins Auge gefaßten Quantitäten und besonders die Ausdehnung des öffentlichen Korridors die marktwirtschaftliche Ordnung gefährden. Es wird von einem *„Moloch"*-Staat geredet, der angeblich durch seine verteilungspolitischen Regeln in der Steuer- und Vermögenspolitik, in der Sozial- und in der Einkommenspolitik die privaten Investitionen einschränkt und damit das Wachstum gefährdet.

Diese scheinbaren „Super"-Marktwirtschaftler aber sind in Wahrheit die spätkapitalistischen Ideologen eines Systems, das längst nicht mehr existiert. Es wurde nach dem Beginn des vorigen Jahrhunderts auf dem Rükken der damaligen Arbeiterschaft errichtet. *Diese* Form angeblich freier Wirtschaft, die jedoch vornehmlich die Freiheit zur Ausbeutung mit sich brachte, diese Form hat dann ja Marx und Engels und andere zu ihren ökonomisch-historisch so bedeutsamen Analysen veranlaßt; sie hat Lassalle und Bebel herausgefordert und die ganze Arbeiterbewegung eigentlich erst herbeigeführt.

*Seither* hat aber die Emanzipation der Arbeiter, *hat ein über hundert Jahre währender Kampf der Sozialdemokratie jenes gesellschaftliche System tiefgreifend verändert.* Wer unser heutiges gesellschaftliches und staatliches Sein einfach mit dem Wort „Spätkapitalismus" abqualifiziert, der geht ein wenig zu überheblich über den historischen, politischen und sozialen Er-

folg der Arbeiterbewegung hinweg; er formuliert genauso undifferenziert wie der Konservative, der unsere Gesellschaft schönfärberisch einfach als sogenannte „soziale Marktwirtschaft" definieren möchte.
Das Schlagwort der Marktwirtschaft wird zu gefährlichen Vereinfachungen benutzt. Wir wissen, daß heute viele „Marktwirtschaft" rufen, wenn sie die Verteidigung *ihrer* Privilegien meinen. Diese Art Kritiker wird jedem Versuch, längerfristige rationale Planung in die Politik einzuführen, natürlich mit Mißtrauen und mit Furcht gegenüberstehen.
Ich will meine Ausführungen über Fragen der Wirtschaftsordnung auch deshalb etwas ausführlicher halten, weil die Probleme der „Investitionskontrolle" augenblicklich, aber eigentlich schon mindestens seit dem Godesberger Programm, in der Debatte sind. Einige Münchner Genossen haben ja im Hinblick auf den Orientierungsrahmen die Frage aufgeworfen, ob der Entwurf wohl „von der naiven These ausgeht, grundlegende Reformen im Spätkapitalismus seien möglich". Ich will hier ganz klar sagen: *Die Sozialdemokratie hält Gesellschaft und Staat der Reform für fähig. Wir sind ja geradezu angetreten unter dem Zeichen der inneren Reform!*
Ich will dazu meinen ordnungspolitischen Standpunkt darlegen. Ich habe, kurz nachdem ich die Verantwortung im Ministerium für Wirtschaft und Finanzen übernehmen mußte, am 4. September 1972 vor dem renommierten „Verein für Socialpolitik", der vor hundert Jahren durch die sogenannten Katheder-Sozialisten gegründet worden ist, dazu ausgeführt:
„Das System der Marktwirtschaft ist *nicht* eine Ordnung, die für alle Zeiten und unter allen Bedingungen der Garant der Freiheit für die Bürger und die denkbar beste Organisationsform zur Befriedigung der ökonomischen und sozialen Bedürfnisse der Menschen sein muß.
*Aber:* Diese Marktwirtschaft erfüllt heute – und für die für mich überhaupt absehbare Zukunft – besser ihre gesellschaftlichen und sozialen Aufgaben als alle anderen vergleichbaren Systeme."
*Willy Brandt* hat als Bundeskanzler in der Debatte um die Regierungserklärung etwas Ähnliches gesagt:
„Längst nicht alles, was sich im Laufe der Jahre als soziale Marktwirtschaft offerierte, ist marktwirtschaftlich gedacht, von sozial nicht zu reden." Und weiter: „Die soziale Verpflichtung der Wirtschaft ist im Grundgesetz verankert. Die wirtschaftliche Ordnung ist nicht im Grundgesetz verankert, was für mich aber nichts daran ändert, daß ich der Marktwirtschaft auf Grund der Erfahrung, in unserem Lande und anderswo, eindeutig den Vorrang gegenüber anderen Formen der wirtschaftlichen Organisation gebe."
Ich will deutlich machen, daß die marktwirtschaftliche Organisation, dort wo sie möglich – wo sie funktionstüchtig – ist, überwiegend eine Frage des Vorteils dezentralistischer Entscheidungsfunktionen und ihrer Lenkung über das Fehl- und Erfolgsbarometer des Marktes ist und daß marktwirtschaftliche Ordnung nicht vornehmlich eine Frage „kapitalistischer" Eigentumsordnung ist. *Für das Kardinalproblem dezentralisierter Lenkung und Entscheidung ist* – soweit ich sehen kann – *bisher noch kein besseres System gefunden.* Hinsichtlich der Eigentumsordnung allerdings sind sicher auf vielen Feldern gerechtere und demokratischere Lösungen denkbar; sie müssen jedoch *keineswegs* den Marktmechanismus stören, genausowenig wie etwa die Verfügungsordnung der paritätischen Mitbestimmung

dies tut, für die ich aus Überzeugung und mit Leidenschaft eintrete; wenngleich sie auch kaum innerhalb eines Orientierungsrahmens quantifiziert werden könnte.

Für jene weiten Bereiche der gesellschaftlichen Bedürfnisse jedoch, die nicht über einen Preis zurechenbar oder meßbar sind, für die gar kein „Markt" vorhanden ist oder gar kein Markt geschaffen werden kann, dafür ist marktwirtschaftliche Lenkung auch unbrauchbar und nutzlos. Dies galt schon z. B. heute vor 100 Jahren für die Bismarcksche Sozialversicherung; es gilt seither in immer stärkerer Weise für immer *größere* gesellschaftliche Bereiche: vom Kindergarten bis zum Krankenhaus – um noch einmal zwei andere Beispiele zu nennen.

Das von uns bekämpfte Leitbild des häßlichen „Manchester-Liberalismus" – das auch die Kritiker des Spätkapitalismus noch immer vor ihrem geistigen Auge haben –, dieses Leitbild ist schon vom Sozialistenhasser Bismarck eingeschränkt worden, mit sehr konkreten, damals beachtenswerten Schritten in der Sozialgesetzgebung. Und damals war der Anteil des Staates am Sozialprodukt und sein Einfluß auf das wirtschaftliche und soziale Geschehen verschwindend gering; am Anteil des Bruttosozialprodukts gemessen gewiß nur ganz wenige Prozent. Heute haben wir einen hohen Anspruch an die Umverteilung des gemeinsam erarbeiteten Produkts verwirklicht – und wir werden ja diesen Anteil noch erheblich ausdehnen! *Eine gewaltige Veränderung des Systems liegt also schon hinter uns – was eben zugleich auch die Reformfähigkeit unserer Gesellschaftsordnung beweist.*

Heute wird die Investitionslenkung viel diskutiert, die ja zur Verhinderung des Machtmißbrauchs in der Wirtschaft schon im Godesberger Grundsatzprogramm als „Investitionskontrolle und Kontrolle marktbeherrschender Kräfte" enthalten ist; ich war einer derjenigen, die damals an diesem Punkte mitgewirkt haben. Ich bin auch heute der Ansicht, daß es eine ganz wichtige Aufgabe ist. Ich bin der Ansicht, daß wir das *Instrumentarium der Planung und Koordinierung der wichtigen privaten Investitionsentscheidungen unter sektoralen und regionalen Gesichtspunkten erheblich ausbauen* müssen, um dem Allgemeininteresse Vorrang zu sichern. Ich schränke das aber ein, indem ich sage, daß ich mir eine *Detail*planung der privaten Investitionen oder gar ein Investitionskontrollamt, in dem Ministerialräte über die Durchführung privatwirtschaftlicher Investitionen entscheiden, wirklich nur sehr schlecht vorstellen kann. Erfolgversprechender ist einerseits, den privaten Investitionen steuernde Rahmenbedingungen durch Gesetzgeber und Regierung z. B. mit Steuern und Krediten vorzugeben und andererseits mit den *öffentlichen* Investitionen entscheidende Daten für die privatwirtschaftlichen Investitionen zu setzen. Weil dies möglich ist und ohne weiteres auch im Rahmen unseres Grundgesetzes und unserer Gesellschaftsordnung machbar ist, deswegen halte ich die Kennzeichnung unserer gegenwärtigen Gesellschaft als „Klassengesellschaft" nicht für unzutreffend, wohl aber für irreführend. Wir leben mindestens in einer Mehrklassengesellschaft, in Wirklichkeit in einer pluralistischen Gesellschaft, in der es zwischen verschiedenen Klassen und sozialen Gruppen Spannungen und Gegensätze von unterschiedlicher Bedeutung und Intensität gibt.

Ich halte auch die Kennzeichnung unserer Wirtschaftsordnung als sogenanntes „spätkapitalistisches System" für wenig ergiebig; wir haben es tatsächlich mit einem gemischten Wirtschafts- und Gesellschaftssystem zu tun, in dem der Einfluß staatlicher Gesetzgebung und Lenkung einerseits und die dezentralisierten, z. T. konkurrierenden Entscheidungen einzelner Wirtschaftssubjekte andererseits wie auch dritterseits die Verbände und Kartelle aller Art sich gegenüberstehen und sich gegenseitig beeinflussen. *Die Tarifautonomie der Gewerkschaften z. B. ist für dieses System konstitutiv* – wenn man unbedingt den Ausdruck „System" benutzen will. Und wer von uns will die Tarifautonomie angreifen?

Den konservativen Kritikern, die sich mir in eurem Land immer in jenem bayerischen Bramarbas und in seiner stiernackigen Politik symbolisieren, denen will ich entgegenhalten: Wir Sozialdemokraten wollen die Funktion des Marktes erhalten und ausbauen — dort, wo es geht. *Wenn* wir leistungshemmende Kartelle abbauen und marktbeherrschende Stellungen angreifen, *wenn* wir den Wettbewerb zugunsten der kleinen und mittleren Unternehmen durch Förderung der zwischenbetrieblichen Zusammenarbeit verstärken, *wenn* wir große Unternehmen daran hindern, durch Fusionen ihre Marktmacht zu vergrößern, dann erhalten wir und verteidigen wir die Vorzüge marktwirtschaftlicher Lenkung. Für uns ist die „Gleichheit der Startchancen" im wirtschaftlichen Bereich wie im Bildungsbereich immer und seit Generationen eine immanente Zielsetzung gewesen.

*Wenn* wir Ausbildung, Forschung und Innovation fördern, *wenn* wir eine hochleistungsfähige Infrastruktur schaffen, dann erhöhen wir übrigens zugleich unsere Wettbewerbsfähigkeit gegenüber dem Ausland. Soziale Sicherung, bessere Gesundheitsvorsorge, *Vermögensbildung, vor allem aber die Mitbestimmung der Arbeitnehmer am Arbeitsplatz und im Unternehmen schaffen in diesem Land ein soziales Klima, in dem kritische Partnerschaft und die gewaltlose Austragung von Konflikten zwischen Unternehmern und Arbeitnehmern,* zwischen den Managern des Kapitals und den Gewerkschaften der Arbeitnehmer, *möglich wird.* Sehen wir uns doch einmal bei unseren Nachbarn in Italien, in Frankreich oder in England um; ich weiß aus vielen Begegnungen in diesen Ländern: Sie beneiden uns um unsere überlegene Dimension gesellschaftlichen und sozialen Fortschritts. Es muß unser sozialdemokratischer und auch gewerkschaftlicher Ehrgeiz sein, ihn weiter auszubauen und – als Schrittmacher – auf das zusammenwachsende Europa auszuweiten und dorthin zu übertragen – wie Otto Brenner es verlangt hat.

## *Zum Wachstum*

Ich habe vorhin bereits mit einigen Bemerkungen die Kritik gestreift, die gegen die von uns projektierte reale Wachstumsrate von zunächst 4,5 und dann 5 Prozent erhoben wird. Im besonderen habe ich dabei auf die mittelfristige Zielprojektion des DGB verwiesen, der bis 1977 ein jährliches Wachstum von sogar 5,5 Prozent anvisiert.

Diese Zielsetzung einer sehr ehrgeizigen Wachstumsrate als Voraussetzung für ein großes Programm gesellschaftlicher Reformen wurde von einigen als unrealistisch bezeichnet; das waren zunächst überwiegend konservative

Kritiker, denen sich heute jedoch die linken Romantiker des wirtschaftlichen Stillstands an die Seite gestellt haben.
Der *Bundeskanzler* hatte diese Diskussion vor Augen, als er – gerade auch in Abwägung der Gefahren für unsere Umwelt – in der Regierungserklärung sagte:
„Ich warne (jedoch) vor dem gedanklichen Kurzschluß, den Ausweg etwa in einer generellen Einschränkung des Wachstums und der Produktivität zu sehen. Es geht vielmehr um die Frage des Wo, Wie und Wofür des wirtschaftlichen Wachstums und um die Einsicht, daß Wachstum und ökonomisches Prinzip im Dienste des Menschen stehen müssen. Wenn die ‚Verhältnisse' nicht über uns herrschen sollen, sondern wenn wir sie beherrschen wollen, dann müssen wir ein wenig schärfer nachdenken, mitunter sogar härter arbeiten als bisher."
*Es ist grober Unfug zu behaupten, daß wir uns im Orientierungsrahmen dem „Wachstum als Selbstzweck" verschrieben hätten.* Und es ist leichtfertig oder unredlich, gegenüber unserer Vorlage zu kritisieren, daß wir die qualitativen Aspekte des Wachstums übersehen hätten. Wir wissen, daß auch die Maßnahmen des Umweltschutzes – z. B. der Einbau von Elektrofiltern in qualmende Schlote – reale volkswirtschaftliche Produktion sind und damit auch ein Beitrag zum Wachstum; genauso stellt der Bau von Schulen und Krankenhäusern, von Freizeitheimen und Studentenwohnheimen volkswirtschaftlich gerechnet Investitionen dar, die alle einen unterschiedlichen und schwer zu errechnenden, aber nicht zu leugnenden Effekt für Wachstum und Wohlstand haben. Das steht schon in jedem populärwissenschaftlichen Buch der Volkswirtschaftslehre.
Und natürlich haben wir auch nicht die Naivität besessen, die Steigerung des Bruttosozialprodukts als einzigen Wohlstandsmaßstab zu mißbrauchen; wir haben daneben eine große Anzahl von sozialen Kennziffern und Indikatoren verwendet. *Wohlstand ist nicht allein am Bruttosozialprodukt zu messen,* sondern er ist die Gesamtheit von Handlungsalternativen, von Freiheiten zur Entscheidung, die dem einzelnen Menschen durch die zur Verfügung stehende Menge von Gütern und Diensten geboten wird, und dabei ist Freizeit als Gut natürlich einbezogen.
Umverteilungsziele sind nur im Rahmen wirtschaftlichen Wachstums zu verwirklichen. Wir wissen, daß ein *schlüssiges Programm gesellschaftspolitischer und sozialer Reformen,* das sich steigenden gesellschaftlichen Wohlstand zum Ziele setzt, auf wirtschaftliches Wachstum nicht verzichten kann; im Gegenteil, *ohne Wachstum wäre es zum Scheitern verurteilt.* Dabei ist zu beachten, daß die natürlichen Rohstoffe und Hilfsquellen genausowenig vermehrbar sind wie der Boden. Die Natur hält nur einer bestimmten Belastung der industriellen Intensität stand. Gerade deshalb machen wir Unterschiede zwischen der Quantität und der Qualität des Wachstums. Der *Orientierungsrahmen* ist in seiner Gesamtheit nichts anderes als *der großangelegte Versuch zu zeigen, wie man Wachstum qualitativ verändern kann und muß, wenn man die Qualität des Lebens erhöhen will.*
Ich will hier aber noch einen Gesichtspunkt ansprechen, der in unserem Entwurf zu kurz gekommen ist. Wir haben bei unseren Quantifizierungen die Arbeitsmarkt- oder Manpower-Probleme zwar beachtet; wir haben Berechnungen über die Lebenserwartung angestellt, über den vorherzusehen-

den Anteil der Frauenarbeit, über die Ansprüche ausgedehnter Bildungsprogramme an das Quantum Zeit, das dem einzelnen im Laufe seines Lebens zur Verfügung steht – das alles haben wir berücksichtigt. Aber nicht entschieden genug haben wir *das Problem der schnell steigenden Zahl ausländischer Arbeitnehmer* angesprochen: es ist ein wichtiger *humaner Aspekt der Wachstumskritik,* daß wir in der Bundesrepublik in der Gefahr sind, unseren Wohlstand und z. B. unsere Rentensteigerungen auf dem geringeren Lebensstandard unserer ausländischen Kolleginnen und Kollegen aufzubauen. Diese neuerliche Gefahr von Ausbeutung ist eine Herausforderung an Partei und Gewerkschaften, die sie im Geiste internationaler Solidarität annehmen und lösen müssen.

## *Zur gesellschaftlichen Analyse und zur Durchsetzungsstrategie*

Ein wichtiger innerparteilicher Diskussionspunkt ist die Frage nach der fehlenden „gesellschaftlichen Analyse". Ich habe dazu im vorigen Sommer in meiner Einführung gesagt, daß wir uns „vor geschichtsphilosophisch orientierten, nur scheinbar analytischen Globalbetrachtungen" hüten sollten. Und ich wies damals darauf hin, „daß Parteiprogramme, die philosophische oder religiöse Utopien auf die Erde herabholen wollen, politisch wirkungslos bleiben, wenn ihnen die Zustimmung nur einer kleinen Minderheit unseres Volkes zuteil werden kann".
*Deshalb haben wir in der Kommission im Prinzip die dem Godesberger Grundsatzprogramm immanente Analyse und die dort formulierten Grundsätze zugrunde gelegt.* Dabei stimme ich für meine Person zu, daß unsere in Godesberg formulierten Grundwerte „Freiheit, Gerechtigkeit und Solidarität" durchaus der Konkretisierung, der Auffächerung und der Differenzierung bedürfen. Es muß an Beispielen gezeigt werden, *wie* der demokratische Sozialismus die heutige Gesellschaft prägen und verändern kann und wird. *Basis dafür ist unsere feste Verankerung im Prinzip der parlamentarisch-repräsentativen Demokratie* und die Ablehnung gewaltsamer revolutionärer Durchsetzung und das Vertrauen in die Möglichkeit evolutionärer Veränderung durch Mehrheiten in gewählten Parlamenten. Wer die Freiheit der einzelnen will, kann sie nicht durch die Diktatur erreichen, auch nicht durch die sogenannte „Diktatur des Proletariats"; jeder, der über die Ergebnisse der russischen Oktoberrevolution politisch urteilen kann, weiß das.
Es liegt eine gewisse Gefahr darin, die Forderungen nach „gesamtgesellschaftlicher Analyse" (und nach weiterer Behandlung einer „Durchsetzungsstrategie") im wesentlichen nur unter der Zielsetzung zu diskutieren, gesellschaftliche Utopien abzuklären und sich – mit einiger Sicherheit – darüber zu zerstreiten. Ich sage das aus der Erfahrung der Jahre der Diskussion, die dem Godesberger Programm vorangegangen sind.
Meines Erachtens hat *diese* Forderung, deren Plausibilität ich nicht leugnen will, mit dem „ökonomisch-politischen Orientierungsrahmen" wenig zu tun, den wir uns als Aufgabe gestellt haben. Wenn wir eine differenzierende *Gesamtanalyse* unserer pluralistischen Gesellschaft wollen, dann sprengt das sicher den Rahmen einer Kommissionsarbeit. Ich sage das als

jemand, der sein ganzes Leben lang ein großer Anhänger von Teamarbeit gewesen ist, und zwar praktisch und nicht bloß akademisch. Ich bin aus diesen vielerlei Erfahrungen der letzten 20 Jahre über *eine* Dimension der Teamarbeit etwas skeptisch, nämlich über die Möglichkeit des geistig-philosophischen Tiefgangs von Kommissionen. Das „Kommunistische Manifest“ wäre z. B. nie zustande gekommen, wenn etwa ein Ausschuß aus den Vertretern aller Bezirke und ein paar Mitgliedern eines Parteivorstandes diesen Auftrag erhalten hätte.

Gleichwohl muß aber bei einer längerfristigen Planung ganz gewiß eine eingehende Analyse gegenwärtiger Zustände und voraussehbarer Entwicklungen vorausgegangen sein. In einigen gesellschaftlichen *Teilbereichen* scheint mir die neue Analyse unerläßlich. Sie ist übrigens auch für unseren Entwurf geschehen, ohne daß wir die Ergebnisse immer in den Text mit hineingeschrieben hätten; das wird uns jetzt von einigen verübelt, und infolgedessen muß man wohl dies verbessern, erweitern und jedenfalls im Text des nächsten Entwurfs ausführen.

Dabei kann auch versucht werden, die Fragen nach Inhalt, Umfang und tatsächlicher Bedeutung wirtschaftlicher Macht *heute* – und nicht in der Verteilung des Jahres 1850 oder 1890! – erneut zu stellen und erneut zu beantworten. Diese Fragen zu beantworten ist jedoch schwieriger, als es manchen Soziologen erscheint. Jedenfalls sind sie keineswegs so leicht zu beantworten, wie manche sich das machen, die nur ihre Stamokap-Formeln stereotyp wiederholen.

*Zur Konkurrenz um die Macht im Staat und in der Wirtschaft* scheinen einige Genossen wichtige Veränderungen innerlich nicht wahrgenommen zu haben: Es hat sich einiges verändert in diesem Land; daß wir Sozialdemokraten ab 1966 die Regierung mitgetragen haben und daß wir sie seit 1969 führen: daß Gustav Heinemann Präsident und Willy Brandt Bundeskanzler ist; daß mit Walter Arendt und Georg Leber heute zwei Gewerkschaftsführer wichtige Bereiche in dieser Regierung verantworten; daß Sozialdemokraten entscheidend die Gesetzgebung gestalten und daß die Gewerkschaften größeren Einfluß auf die Gesetzgebung und auf die Regierung dieses Staates haben als etwa die Großbanken und die Großunternehmen. Wer unter diesen Umständen von der Regierung Willy Brandts sagt, sie führe in Wahrheit doch nur die Befehle des Monopolkapitals aus, der kann nicht ernst genommen werden – und er gehört jedenfalls nicht in unsere Sozialdemokratische Partei.

## *Friedenspolitik — Voraussetzung für sozialen Fortschritt*

Bei unserer Diskussion um den sozialen und gesellschaftlichen Fortschritt in diesem Land und der Diskussion um die Frage, wie wir die Veränderungen, die wir wollen, in einem Orientierungsrahmen darlegen können, dürfen wir nicht vergessen, *daß die Sicherung des Friedens in Europa und in der Welt dafür eine fundamentale Voraussetzung ist.* Die großen außenpolitischen Erfolge, die wir auf dem Wege zur Entspannung und Verständigung auch mit unseren östlichen Nachbarn errungen haben, dürfen genausowenig im Orientierungsrahmen übersehen werden wie die Grundlagen,

von denen aus dies möglich war, und jene Grundlagen, die für die Aufrechterhaltung der Entspannung weiterhin nötig bleiben.
Besonders die Masse der Arbeitnehmer in unserem Land hat ein instinktives Gespür dafür, daß die von der sozial-liberalen Koalition seit 1969 in engster Abstimmung mit unseren westlichen Verbündeten betriebene Außenpolitik gerade für sie – für die Arbeitnehmer – von höchster Wichtigkeit ist. Ich habe das noch gut in der Erinnerung, als vor gerade einem Jahr die Auseinandersetzung um die Ratifizierung der Verträge von Moskau und Warschau im Februar im Parlament ihrem Höhepunkt zutrieb; als unsere Mehrheit etwas abbröckelte, als die täglichen Nachrichten und Gerüchte um wirkliche oder etwaige Überläufer uns allen an den Nerven zerrten. Als dann Strauß und Stücklen den ewigen Kandidatus Barzel in den Versuch eines destruktiven Mißtrauensvotums drängten. Damit sollte ja doch der Entspannungspolitik der Teppich unter den Füßen weggezogen werden. In jenen Tagen standen wir in der Bundesrepublik in der unmittelbaren Gefahr der außenpolitischen Isolierung, denn wer will abschätzen, in welche Abenteuer Strauß den Barzel dann noch getrieben hätte, wenn sie obsiegt hätten.
Damals gingen die Arbeitnehmer auf die Straße, zusammen mit einem großen Teil unserer jungen Genossen. Und wir in Bonn haben diesen breiten Strom des Vertrauens in unserem Volk für die Außenpolitik, die wir führten, durchaus gespürt, und wir haben ihn damals auch nötig gehabt.
Kurz nach der Abstimmung über Rainer Barzels Versuch am 27. April kam es zu den machtvollen Demonstrationen am 1. Mai, wie wir sie seit Jahren nicht mehr erlebt hatten. Ich selbst sprach damals am 1. Mai in Braunschweig vor 10 000 Arbeitnehmern und erlebte, wie besonders die außenpolitischen Passagen von den Teilnehmern der Kundgebung zustimmend aufgenommen wurden; die außenpolitischen Darlegungen hatten in jener Krise offensichtlich überall größeres Gewicht als wirtschaftliche Zielsetzungen.
An dieser Außenpolitik weiterzuarbeiten, ist eine Voraussetzung *für eine Politik der Vernunft.* Im Orientierungsrahmen haben wir bereits angesprochen, wie sehr die gesellschaftspolitischen Fortschritte auch von den internationalen Entwicklungen abhängen. Die Gespräche über die gegenseitige, ausgewogene Truppenreduzierung (MBFR), die nun endlich in Gang gekommen sind – ich bin persönlich darauf sehr stolz – und die Konferenz für Sicherheit und Zusammenarbeit in Europa (KSZE) *können* Fortschritte für eine Friedensordnung bringen. Ergebnisse sind allerdings nicht in wenigen Monaten zu erwarten.
Wir werden aber bei der weiteren Arbeit analysieren müssen, welche positiven Auswirkungen ein erfolgreicher Verlauf dieser Verhandlungen auf die gesellschaftspolitischen Prioritäten des Orientierungsrahmens haben kann.

## *Zum weiteren Verfahren*

Liebe Genossinnen und Genossen,
ich komme zu meinen Schlußbemerkungen. Ich will einige Sätze zum weiteren Vorgehen der Partei sagen. Für die Diskussion auf dem ordentlichen Parteitag in Hannover ist ja zur Behandlung des Orientierungsrahmens eine eigene Arbeitsgemeinschaft vorgesehen – ich denke, daß sie eine „*erste* Lesung" unserer Vorlage durchführen sollte; eine sehr tiefgreifende und umfängliche erste Lesung, anders ist das auch nie vorgesehen gewesen.

Wir sollten dann weiter davon ausgehen, daß wir den Orientierungsrahmen nicht festschreiben, sondern weiter fortschreiben müssen. Dafür sollten wir – wie es ebenfalls längst vorgesehen war – eine neue Kommission, etwa nach dem Modell der Steuerreformkommission, bestimmen, die die Fülle der Anträge, Diskussionsbeiträge und Stellungnahmen – außerhalb und innerhalb der Partei – sichtet, prüft, katalogisch zusammenstellt und möglichst in einer großen, umfassenden Synopse für die Partei darstellt.

Die programmatischen Arbeiten der Fachgremien unserer Partei sowie alle Parteitagsbeschlüsse müssen wie bisher auch bei der Fortschreibung berücksichtigt werden. Aber auch wenn wir dann in zwei Jahren einen fortgeschriebenen und zugleich – wie ich denke – vertieften Entwurf zu einem Orientierungsrahmen vor uns liegen haben, sollten wir ihn möglicherweise auch dann noch nicht endgültig und für alle Zeiten, sondern dann eben für zwei Jahre *beschließen* wollen. *Denn immer wird die Aktualisierung der Projektionen erforderlich sein. Eine regelmäßige Revision ist unerläßlich.* Unsere Partei kann aus ihrem demokratischen Selbstverständnis auch nie einen für die Zukunft verbindlichen *Total*plan beschließen wollen. Verbindlichkeit der *konkreten Planungen* für die Gesetzgebungs- und Regierungsarbeit kann immer nur für aktuell zu treffende Entscheidungen angestrebt werden, d. h. maximal für eine Regierungsperiode. Wir müssen *eine* kardinale Maxime, einen überragend wichtigen Grundsatz dabei im Auge behalten: Alle die Vorhaben, die wir in ein Programm hineinschreiben, sollen zwar über das Regierungsprogramm der sozial-liberalen Koalition durchaus hinausgehen; aber andererseits *müssen* sie – auch wenn sie unsere absolute Mehrheit im Parlament voraussetzen – doch als Regierungsprogramm *denkbar, durchsetzbar und realistisch bleiben.*

Sie dürfen schließlich das Erreichen der Mehrheit der Wähler nicht behindern oder gar *verhindern.* Die Wählerschaft muß unsere Zielsetzungen nicht nur verstehen, sondern auch billigen können. Ganz gewiß muß diese Partei einen erheblichen Zwischenraum vor den Wählern vorwegmarschieren; aber dabei darf die Tuchfühlung nicht verlorengehen, wenn wir das, was wir erreicht haben, nicht gefährden und verlieren wollen.

Eine der Voraussetzungen dafür ist, daß wir eine verständliche Sprache benutzen. Ich gebe gerne zu, daß ich mich mit dem Entwurf zum Orientierungsrahmen da auch einer gewissen Kritik ausgesetzt habe. Und eine zweite Voraussetzung ist, daß wir mit diesen unseren Vorstellungen werben und die Menschen davon überzeugen. Eine dritte Voraussetzung ist, daß wir mit einer Zunge reden; *eine Partei wie die Sozialdemokratie legte die Axt an ihre eigene Wurzel, wenn sie einen Unterschied machen würde zwischen einer programmatischen „Massenlinie" für das Wählervolk und*

*einer anderen programmatischen „Kaderlinie" für den inneren Zirkel der Funktionärsschaft.*
Liebe Genossinnen und Genossen, der Weg zur Volkspartei mit all den damit verbundenen Vorzügen und Nachteilen, dieser Weg zur Volkspartei hat uns zu unseren bisherigen Erfolgen geführt. Auch unsere Politik ist die einer Volkspartei, einer „neuen Mitte" – wie Willy Brandt sagt –, und *nicht* die Politik einer kleinen, radikalen, dafür aber einflußlosen, die Wähler nicht mehr erreichenden und die Wähler verlierenden Sektiererei.
Ich habe seit Wochen die Diskussion des ersten Entwurfs hier in Bayern ein wenig verfolgt. Mein aus Bonner Sicht entfernter Eindruck war, daß sich – wie überall im Lande, so auch hier in Bayern – Gärungsprozesse vollziehen, wie sie ja nun einmal auch für die Qualität des guten Bayerischen Bieres unerläßlich sind. Daraus ist dann auch jener Antrag entstanden, den der Landesvorstand hier vorlegt.
Weil ich persönlich sicher bin, daß – auch in der bayerischen SPD – über die Erfordernisse und Qualitäten bayerischer Naturprodukte ein großer Konsensus besteht, möchte ich annehmen, daß der Antrag des Landesvorstands eine gehaltvolle und – bitte ruhig auch – etwas schäumende Diskussion hervorbringt. Ich gehe natürlich auch davon aus, daß alles das, was ich hier gesagt habe, restlos auseinandergenommen, hoffentlich dann aber neu wieder zusammengefügt wird!
Zum Schluß, liebe Genossen: Der Orientierungsrahmen ist ein Anfang. Ziel der weiteren Arbeit muß sein, größere Klarheit, größere ökonomische Rationalität in die Programmatik einer regierenden Partei hineinzubringen. *Wir wollen eine durchsichtige Politik. Eine Politik der Vernunft!*
Und – vor Dunkelmännern wird gewarnt!
Ich danke für die Aufmerksamkeit.

## *Diskussion*

Meine Antworten in der Diskussion

Liebe Genossinen und Genossen,
ich bitte die drei oder vier Redner, die noch auf der Rednerliste stehen, sehr herzlich um Nachsicht, daß ich darum gebeten habe, schon jetzt antworten zu dürfen, weil ich kurz nach 8 Uhr aus München abfliegen muß. Ich kann auch nicht alle Beiträge, die bisher gehalten worden sind, beantworten; aber einige interessante Punkte möchte ich herausgreifen.
Ich fange mit einer Bemerkung des Genossen Schöfberger an, der von Conrad Ahlers sprach und beanstandete, daß er sich bei der Krupp-Stiftung verdingt. Conrad Ahlers hat in der Tat in den letzten Tagen nicht gerade Beispiele für besonders kluges politisches Verhalten geliefert. Aber ich habe grundsätzlich nichts dagegen einzuwenden, wenn Sozialdemokraten bei Siemens oder Krupp oder bei einem anderen Großunternehmen arbeiten; wo kämen wir sonst hin. Ich bin z. B. ganz froh, daß der gegenwärtige Leiter des Krupp-Unternehmens, E. W. Mommsen, ein ganz eindeutiger Unterstützer der sozial-liberalen Koalition ist, genau wie der Chef der Krupp-Stiftung, Berthold Beitz. Es ist doch ein gutes Zeichen,

daß inzwischen auch an der Spitze von Großunternehmen Leute stehen, die unsere Politik stützen und uns helfen.

Es ist mehrfach vermißt worden, daß im ersten Entwurf des Orientierungsrahmens die Investitionslenkung und ihre Methoden nicht deutlich genug behandelt sind. Das habe ich in meinem Vortrag vorhin schon eingeräumt; aber eins muß ich hier ganz deutlich noch mal sagen, das gilt dann auch für spätere Diskussionsbeiträge – etwa Kolo usw. –: die Kommission hat alles das, was im Godesberger Grundsatzprogramm steht, auftragsgemäß als selbstverständlich unterstellt, und sie hat nicht die Vorstellung gehabt, es sei notwendig, alles noch einmal zu wiederholen.

Dann haben sich hier Genossen dagegen gewehrt, daß ich sie als Romantiker angesprochen habe, Genossen, die das wirtschaftliche Wachstum sehr kritisieren und sich dabei auf die Studie des Club of Rome beziehen. Einer hat irgendwann in der Diskussion etwas herablassend zu mir gemeint: Na schön, man könne ja akzeptieren, wenn Schmidt die Ergebnisse der „bürgerlichen" Wissenschaft gebrauche. Ich darf den betreffenden Genossen darauf hinweisen, daß der Club of Rome nun allerdings wirklich „bürgerliche" Wissenschaft betreibt. Aber eigentlich sollen wir uns gegenseitig dergleichen doch nicht vorwerfen! Es gibt nur eine Physik auf der Welt und nur eine Chemie, und es gibt auch nur eine Betriebswissenschaft. Es gibt jedoch auch Wissenschaften, in die kann man sehr verschiedene politische Nuancen hineinlegen; das ist ganz gewiß richtig. Aber diesen Unfug, den die Sowjetunion überwunden hat, die ganze Wissenschaft in eine marxistische und eine bürgerliche einzuteilen, den wollen wir doch hoffentlich bei uns nicht einführen, nicht wahr?!

Jemand hat gesagt, wenn alles so weitergeht wie bisher, dann muß es schiefgehen. Der Club of Rome hat ja eine „Status-quo-Prognose" gemacht. Es ist auch sehr nützlich, wenn einem das Ergebnis eines fortgesetzten Status quo mal vor Augen geführt wird. Aber jene Studie ist doch in keiner Weise für die Bundesrepublik zutreffend, allein zwei wichtige Prämissen dieser Studie treffen für uns nicht zu: Erstens nimmt unsere Bevölkerung keineswegs explosiv zu, sondern sie stagniert geradezu. Und zweitens herrscht bei uns kein Hunger. Deshalb sind entscheidende Thesen der Club-of-Rome-Studie für die Bundesrepublik Deutschland allein überhaupt nicht anwendbar. Man muß ein bißchen selber gearbeitet haben, ehe man nur fremde Überschriften verkündet und meint, das sei ein Diskussionsbeitrag. Und außerdem machen wir ja gerade *das Gegenteil von Status-quo-Politik.*

Jemand hat nicht nur von der Lenkung der Investitionen, sondern auch von der Lenkung der Produktion geredet. Hier möchte ich deutlich widersprechen. Davon kann ich mir nichts Gutes erwarten, wenn z. B. staatliche Behörden die Produktion bei BMW lenken oder Krupp oder bei Siemens. *Investitions*lenkung, möglichst die indirekte Investitionslenkung, kann sehr weit gehen. *Produktions*lenkung aber kann nur in Ausnahmesituationen in Betracht kommen.

Der Genosse Spiegel hat gesagt, er wolle ein Langzeitprogramm im Sinne eines vollständigen, umfassenden Parteiprogramms. Auch ein anderer Diskussionsredner hat gesagt, er wolle durchaus über Godesberg debattieren, vielleicht auch Godesberg verändern. Das halte ich für einen legitimen

Standpunkt. *Wir jedoch wollten wirklich von Godesberg ausgehen und kein neues Parteiprogramm machen.* Dabei will ich auch bleiben.
Einer hat gemeint, es sei überflüssig gewesen, daß ich hier die „Stamokap"-Leute kritisiert habe; er persönlich fühle sich jedenfalls nicht angesprochen. Ich habe ihn nicht gemeint. Aber es ist heutzutage auf sozialdemokratischen Parteitagen keineswegs überflüssig, *klare Abgrenzungen und Unterscheidungen gegenüber Kommunisten aller* Spielarten auszusprechen.
Andere haben verlangt, es sollen im Entwurf auch Aussagen darüber enthalten sein, wie denn nun Wählerstimmen für eine solche programmatische Vorstellung mobilisiert werden können. Aussagen zur sogenannten *Durchsetzungsstrategie.* Das ist im Grunde eine stets wichtige Frage: Wie bringe ich meine Vorstellungen unter die Leute, und wie mache ich sie attraktiv, und wie überzeuge ich? Wir haben das jedoch nicht als unsere Aufgabe angesehen, weil wir uns nicht in die Gefahr begeben wollten, aus dem Entwurf einen sozialdemokratischen Brockhaus zu machen.
Helmut Meyer hat hier den Antrag Nr. 23 begründet. Darin reizt mich eine einzige Ziffer, eine Bemerkung zu machen. Da steht nämlich: „Bildung der Bürger ohne Leistungsdruck." Später hat auch der Genosse Böddrich über das Leistungsprinzip gesprochen. *Leistungsdruck* und *Leistungsprinzip* sind zwei verschiedene Dinge; wenn man Leistungsdruck ablehnt, bedeutet das noch nicht, daß man gleichzeitig auch das Leistungsprinzip ablehnt. Zum Leistungsdruck: Ich kann mir nicht vorstellen, daß auf Dauer eine Partei der Arbeitnehmer – und das sind wir doch – verantworten kann, mit Steuergeldern für Hunderttausende von Studenten 10 und 12 und 14 Semester lang ihre Studien zu finanzieren, ohne daß am Schluß dabei eine Leistung herauskommt. Das heißt nicht unbedingt, daß Leistungs*druck* notwendig ist. Es heißt jedoch, daß die phantastische Vergünstigung, das Privileg des Studiums, das 25 Millionen Arbeitnehmer durch ihre Arbeit und ihre Steuern finanzieren, auch in einem bestimmten Maße mit einer Leistung zugunsten unserer Gesellschaft honoriert werden muß.
Und nun zum Leistungsprinzip: Einige – ich bezeichne sie mit demselben Wort als „Romantiker" – meinen, man könnte mit dem Leistungsprinzip schlechthin Schluß machen. Dann möchte ich aber wissen, wo unsere Witwen, wo die Rentnerinnen und Rentner wohl blieben, wenn nicht die aktiv im Erwerbsleben stehenden Arbeitnehmer etwas leisten; von der Leistung der Aktiven werden die Renten doch wohl bezahlt.
Wenn einer der Genossen am Anfang gemeint hat, der ganze Entwurf sei einseitig auf *Produktivität* abgestellt, und dann auch noch zitiert, dann würde ich doch bitten, in Zukunft vollständig zu zitieren. Es heißt in Textziffer 27 des Entwurfes, die zitiert worden ist: „Politische Planung wird also jede einzelne Maßnahme *auch* daraufhin zu prüfen haben, ob sie die Produktivität erhöht *oder* senkt." Das heißt doch nicht, daß dies der einzige Maßstab wäre; es muß *auch* geprüft werden. Übrigens stammt dieser Satz von jemand, der einen besonderen Anteil hat an der Erarbeitung des Entwurfs, nämlich von *Rudi Arndt.* Bei dieser Gelegenheit möchte ich einmal deutlich sagen, daß ich es als eine Zumutung empfinde, daß man Rudi Arndt oder Hans Apel oder Jochen Steffen oder mir unterstellt, wir hätten uns in gemeinsamem Handeln vom Godesberger Programm wegschleichen wollen. So habe ich das doch vorhin verstehen müssen. Ich emp-

finde dies als eine Zumutung – und das ist noch ein sehr gelinder Ausdruck, den ich hier verwende.
Es hat dann auch jemand behauptet, selbst die ganze Sozialpolitik hätten wir unter den Gesichtspunkt der Produktivität gestellt. Auch diesem Genossen möchte ich empfehlen, den Text wirklich zu lesen und nicht nur den einen Satz zu zitieren, den er gerade gut gebrauchen kann, um einen fälschlichen Eindruck von der Arbeit der Kommission zu erwecken. Er lese bitte auch den Satz, der davor steht, nämlich: „Sozialdemokratische Gesellschaftspolitik verändert gesellschaftliche Verhältnisse, indem sie dazu beiträgt, Privilegien abzubauen, ungerechtfertigte Abhängigkeiten aufzuheben und gleiche Lebenschancen zu schaffen"; erst zuletzt kommt dann der von ihm zitierte Satz, in dem gesagt wird: Sozialpolitik wird zur Voraussetzung für eine leistungsfähige Wirtschaft. Aber selbst das, was ich eben vorgelesen habe, ist eigentlich so selbstverständlich, daß man es nicht unbedingt 'reinschreiben müßte, wenn man unter seinesgleichen, unter Sozialdemokraten ist.
Und wenn hier in der *Wachstumsdebatte* gefordert worden ist, man solle auf eine hohe Zuwachsrate verzichten und statt dessen die Umweltbedingungen verbessern, dann muß ich darauf hinweisen, daß hier ein eklatantes Mißverständnis national-ökonomischer Ausdrucks- und Meßweisen vorliegt. Jede Maßnahme, ob sie von einer privaten Firma finanziert wird, weil der Staat ihr's durch Gesetz auferlegt, oder ob sie vom Staat gemacht wird, jede Maßnahme zur Erhaltung der natürlichen Umwelt ist zugleich Schaffung von Sozialprodukt, und wenn sie zusätzlich geschehen soll zu dem, was bisher geschah, ist es zusätzliches Sozialprodukt und damit Wachstum des Sozialprodukts.
Einer hat gemeint, der bildungspolitische Teil sei ihm nicht ganz ausreichend; dem kann ich nur antworten: mir auch nicht. Aber ich muß dann sagen, daß „namhafteste" Bildungspolitiker der Partei an diesem Abschnitt mitgewirkt haben. Wir haben ihn nicht selbst erfunden, sondern die waren unter den etwa 100 Genossen, die insgesamt zu- und mitgearbeitet haben.
Meinen besonderen *Dank* möchte ich *an Erwin Essl* aussprechen, daß er gegenüber dem, was ich als wirtschaftliche „Romantik" bezeichnet habe – genau wie der ganze Deutsche Gewerkschaftsbund und genau wie Otto Brenner in dem Zitat, das ich hier gebrauchte –, die Notwendigkeit des wirtschaftlichen Wachstums hervorgehoben hat. Er ist doch jemand, der von Berufung her sein ganzes Leben dafür einzutreten und zu kämpfen gehabt hat, daß der reale Lebensstandard von 25 Millionen Arbeitnehmern gehoben wird. Es ist sehr leicht – wenn man in einem Studierstübchen sitzt oder wenn man Angestellter im öffentlichen Dienst oder wenn man Beamter ist, wo die Zuwächse sowieso vom Besoldungsgesetz garantiert sind –, dann ist es furchtbar leicht, aus einer solchen Position heraus über das Wachstum abfällig zu reden. Das ist wirklich leichtfertig. Für viele Millionen Arbeitnehmer und Rentner ist nämlich noch kein ausreichendes Konsumniveau erreicht; ich bin jedenfalls nicht der Meinung, daß wir mit dem Erreichten schon zufrieden sein können.
Ich möchte Erwin Essl auch danken, daß er einige, die gemeint hatten, wir lebten heute in einem System, von dem man sich fragen müsse, ob es überhaupt revisions- und reformfähig sei, daß er denen gegenüber auf den

Stolz hingewiesen hat, den er jedenfalls – und viele andere mit ihm, und ich auch – über das empfindet, was wir – die deutsche Arbeiterbewegung, die Gewerkschaften und die Sozialdemokratische Partei – in unserem Land zustande gebracht haben. Es tut mir leid, zu sehen, wie manche mit einer sehr läppischen Handbewegung über das hinweggehen, was die Arbeiterbewegung in Deutschland in 100 Jahren an Vorstellungen verwirklicht hat, von denen damals die Gegner geglaubt haben, sie seien utopisch.

Hans de With verlockt mich zu einer Bemerkung, die eher wissenschaftlich als politisch ist. Es handelt sich um die Unterscheidung von Staat und Gesellschaft. Sie wird immer schwieriger. Die Grenzen sind heute viel fließender als etwa vor 50 Jahren, als hier in München der große deutsche Soziologe Max Weber darüber wissenschaftliche Unterscheidungen darlegte.

Ein Genosse hat gemeint, *Bismarcks Sozialgesetzgebung* sei nur das Zukkerbrot für die Arbeiter gewesen; es habe mir nicht recht angestanden, hier davon zu sprechen. Ich behaupte ja nicht, daß Bismarcks Sozialgesetzgebung ein Durchbruch der Sozialdemokratie gewesen ist; aber was ich wirklich behauptet habe, bleibt richtig: daß jene Sozialversicherung ein erster Durchbruch gegenüber dem rein marktwirtschaftlichen Prinzip war, den Bismarck herbeigeführt hat.

Der Genosse Haase hat von 316 Beiräten der Bundesregierung gesprochen. Ich weiß nicht, vielleicht sind es noch mehr oder vielleicht auch weniger, die die Bundesregierung beraten. Aber der Genosse Haase soll das bitte nicht überschätzen. Entscheiden tun nicht Räte und Beiräte, sondern *entscheiden tun Regierung und Bundestag*. Ich gebe ein Beispiel: Einer dieser Beiräte – der gegenwärtig politisch wichtigste –, nämlich der Sachverständigenrat, hat uns Ende November letzten Jahres empfohlen, wir sollten einen Konjunkturzuschlag erheben von 10 Prozent auf die Lohnsteuer. Wir haben das nicht gemacht. Wir haben etwas völlig anderes gemacht, nämlich eine Stabilitätsabgabe auf die Einkommen von über 200 000 DM für Verheiratete und auf die Gewinne der Körperschaften; dazu eine Stabilitätsanleihe. Gerade dieses Beispiel der allerletzten Tage möge ihm die Angst nehmen, daß die Beiräte in Bonn das Regiment in der Hand hätten.

Der Genosse Kolo hat gemeint, auch die Kritiker anerkennten die Notwendigkeit des Wachstums und der Ausweitung des Staatsanteils; aber – hat er dann gefragt – *wie* ist das denn nun eigentlich *durchzusetzen?* Da möchte ich ihn darauf hinweisen, daß wir einen Steuerparteitag gehabt haben in Bonn; das ist noch gar nicht so lange her. Da sind eine Reihe entscheidender Schritte beschlossen worden. Übrigens sind diese Beschlüsse in unserem Orientierungsrahmen enthalten. Und ich sage, dieser Steuerparteitag geht Schritte in die richtige Richtung, auch wenn das noch nicht die endgültigen Schritte sind.

Wenn jemand – ich glaube, das war wieder der Genosse Kolo – zur bisherigen Arbeit der Regierung Brandt/Scheel in den vorigen 3 Jahren gemeint hat, wir hätten in Wirklichkeit gar keine *Reformpolitik* gemacht – ich glaube, er hat sogar noch gesagt, weil alles durch die Preissteigerungen aufgehoben worden sei –, dann ist dies in Wirlichkeit eine Behauptung von Franz Josef Strauß; die wird aber offensichtlich nicht richtiger, wenn sie von Kolo wiederholt wird. Konrad Porzner hat ihn mit einigen sehr guten Beispielen widerlegt. Für die Gewerkschafter hier im Raum und für die wirklichen Arbeitnehmer brauche ich dazu nur noch das Stichwort „Betriebsverfassungsgesetz" zu nennen.

Natürlich haben jene Genossen recht, die sagen, die Privatwirtschaft orientiere sich an der Rentabilität – das ist richtig. Gerade deswegen müssen die Rahmenbedingungen, die Gesetzgeber und Regierung setzen, dafür sorgen, daß Rentabilität dort gegeben ist, wo wir das Wachstum wünschen. Man muß jedoch auch mal überlegen, wieviel bei der Verwendung des Sozialprodukts überhaupt unternehmerischem, an Rentabilität und Gewinnstreben orientiertem Handeln unterliegt. Wieviel denn eigentlich? Wenn wir z. B. den Staatsanteil in der Verwendung des Bruttosozialprodukts bis 1985 auf 34 Prozent erhöhen wollen und wenn ihr den ganzen Bereich der Sozialversicherung dazu rechnet, dann seid ihr schon auf 45 Prozent des Sozialprodukts; wenn ihr weiter die Investitionen in der Gemeinwirtschaft, bei Bahn und Post, in den kommunalen Unternehmen, von der Straßenbahn bis zur Gas- und Wasserversorgung, dazu nehmt, dann wird deutlich, daß der privatwirtschaftliche Sektor heute nicht mehr überwältigend groß ist. Und die Landwirte und der gewerbliche Mittelstand, die freien Berufe: Es fällt schwer, sie mit den Großunternehmern in einen Topf zu werfen! Ich wollte darauf nur einmal hinweisen angesichts des vielen Geredes über das „spätkapitalistische System".

Ich komme zur Zusammenfassung dessen, was ich auch aus der Diskussion gelernt habe, zu Hinweisen und Vorschlägen:

1. Dies ist ein *erster Entwurf,* ihm muß ein zweiter folgen. Vielerlei *Kritik ist erwünscht,* auch nützlich – auch diejenige, die über das Ziel hinausgeht.
2. Den Vorwurf, wir hätten das Godesberger Grundsatzprogramm mißachtet, muß ich zurückweisen. Im Gegenteil: Es war unsere Grundlage und soll die Grundlage bleiben.
3. Aus der bisherigen Diskussion heraus ergibt sich als notwendig für die Fortschreibung
   a) weil viele es offensichtlich für ihre eigene politische Orientierung brauchen: eine Analyse;
   b) die Erarbeitung – mit allen Schwierigkeiten, die das mit sich bringt – von Planungsalternativen für die Entscheidung auf einem Parteitag.
4. Die Erarbeitung von Einzelheiten und die Vorführung der Kontrolle der wirtschaftlichen Macht ist wünschenswert.
5. Die Einbeziehung der europäischen und weltweiten politischen und ökonomischen Veränderungen, die ja auch Auswirkungen haben auf die gesellschaftliche Entwicklung in unserem Lande, ist nötig. Es muß auch geklärt werden, welche Möglichkeiten für einen stärkeren sozialdemokratischen Einfluß auf die europäische Gesellschaftspolitik herbeigeführt und geschaffen werden können.
6. Die Kommission, die sich natürlich an der volkswirtschaftlichen Gesamtrechnung orientieren muß, sollte noch mehr als bisher mit *sozialen Kennziffern* arbeiten, wie z. B. Entwicklung der Relation von Ausbildungszeit zur gesamten Erwerbszeit; solche sozialen Kennziffern lassen die Qualität dessen messen, was sich quantitativ im Bruttosozialprodukt ausdrückt.

7. Man kann dabei nicht erwarten, daß die Kommission die Aufgaben der national-ökonomischen Wissenschaft löst; das wäre ein bißchen zuviel verlangt. Aber sie kann der Wissenschaft Anstöße geben, um Forschung in eine bestimmte Richtung anzuregen. Das war übrigens ja auch schon durch den ersten Entwurf der Fall, der in einer Reihe von Universitäten und Instituten wissenschaftliche Arbeiten, Nachprüfungen und Kommentare ausgelöst hat.
8. Es ist klar, daß die Ausweitung der öffentlichen Dienste und die Verbesserung der Infrastruktur entscheidende *verteilungspolitische Wirkungen* haben. Die neue Kommission sollte versuchen, die verteilungspolitischen Ergebnisse zu ermitteln und aufzuzeigen.
9. Bei den begrenzten Möglichkeiten autonomer nationaler Konjunkturpolitik muß untersucht werden, wie die Konjunktursteuerungsinstrumente ergänzt werden können, um die öffentlichen Investitionen nicht regelmäßig die Hauptlast der Konjunkturdämpfung tragen zu lassen.
10. Die *Investitionslenkung* muß unter sektoralen und regionalen, d. h. unter branchenmäßigen und unter landschaftsmäßigen Gesichtspunkten so ausgebaut werden, daß dem allgemeinen Interesse Vorrang vor den Einzelinteressen eingeräumt wird.

Und schließlich – ich wiederhole das – darf das Ganze kein Brockhaus werden. Denn wir sollen ja damit umgehen können, auch die Genossen in den Ortsvereinen. Ich füge zwei allgemeine Schlußbemerkungen hinzu:

*Erstens:* Der Planungszeitraum bleibt natürlich begrenzt, auch wenn wir einen zweiten Entwurf machen; vielleicht reicht er dann bis 1987 oder bis 1989. Auch das ist ein endlicher, ein begrenzter Zeitraum. In diesen Jahren können sich die Prioritäten verändern, und Projekte können z. B. auf spätere Zeitabschnitte verschoben werden. Bis zum Ende des Planungszeitraums können wir meist nur Zwischenziele erreichen und nicht das Endziel des demokratischen Sozialismus. Je mehr Ziele wir erreicht haben, desto mehr neue Zielsetzungen tauchen hinter ihnen auf. Es ist eine völlig falsche, irreführende Vorstellung, wir könnten für einen Planungszeitraum Endziele formulieren.

*Zweitens*, und das ist dann zugleich auch schon der letzte Satz: Ich möchte mich für diese Diskussion herzlich bedanken. Ich habe schon gesagt, daß ich daraus gelernt habe. Von der Diskussion, liebe Genossinnen und Genossen, lebt die Demokratie. Die Diskussion ist ein wesentlicher Bestandteil demokratischer Grundhaltung. Der Wille zum Kompromiß kann nur zum Erfolg führen *nach* der Diskussion und *nach* Klarstellung der gegenseitigen Standpunkte! Nur so vermeiden wir den *faulen* Kompromiß!

Herzlichen Dank.

# Anmerkungen zur Absicht eines so genannten Langzeitprogramms*

Der Saarbrückener Parteitag der Sozialdemokratischen Partei Deutschlands hat den Parteivorstand beauftragt, „*eine Kommission einzusetzen, die auf der Grundlage des Godesberger Grundsatzprogramms ein langfristiges gesellschaftspolitisches Programm erarbeitet, das konkretisiert und quantifiziert sein muß*". Mit diesem Beschluß und dem Versuch seiner Verwirklichung übertragen wir erstmals die Forderung nach langfristiger politischer Planung von der staatlichen oder Regierungstätigkeit in die Arbeit der politischen Partei. Damit soll der Partei ein neuartiges Instrument zur Formulierung ihres politischen Willens an die Hand gegeben werden. Dieses neuartige Instrument soll einige Mängel der bisherigen Typen programmatischer Äußerungen politischer Parteien vermeiden; es kann jedoch die traditionellen Programmtypen politischer Parteien nicht ersetzen. Das bisher etwas bombastisch so genannte „Langzeitprogramm" (dies ist natürlich nur ein vorläufiger Arbeitstitel) soll deshalb und naturgemäß *auf der Grundlage des Godesberger Grundsatzprogramms* erarbeitet werden.

## *Traditionelle Programmtypen*

Die Geschichte der Sozialdemokratischen Partei kannte bislang programmatische Äußerungen: 1. vom Typ des Grundsatzprogramms (z. B. Erfurt oder Godesberg); 2. vom Typ des Aktionsprogramms (z. B. Dortmund); 3. vom Typ der zu Beginn eines Wahlkampfes vorgelegten Regierungsprogramme verschiedenster Struktur; 4. vom Typ der fachlichen Einzelprogramme oder Leitsätze, die mehr oder weniger detailliert mit hoher Autorität von den Parteitagen beschlossen oder mit geringerer Autorität von Sonderkongressen, Ausschüssen und anderen Parteigremien erarbeitet wurden. Während die Grundsatzprogramme den Versuch unternahmen, ein Bild der von den Sozialdemokraten gewollten zukünftigen Gesellschaft zu zeichnen und die wichtigsten Wege und Instrumente aufzuzeigen, die zu diesem Ziel führen sollten, bieten Aktionsprogramme eine Fülle von Einzelvorhaben dar, die in der näheren Zukunft in Angriff genommen werden sollen. Ebenso wie die Grundsatzprogramme waren jedoch bisher Aktionsprogramme weitgehend verbal bestimmt. Sie machten kaum Aussagen darüber, welche finanziellen Mittel und welche Arbeitskräfte für welche

* *Aus: „Die Neue Gesellschaft", November 1971, S. 816—821.*

Zwecke einzusetzen und in welcher Zeitfolge die einzelnen Maßnahmen zu realisieren seien. Während diese beiden Programmtypen aber doch eine weitgehende sachliche Konsistenz der zu entwickelnden Politik in den verschiedenen gesellschaftlichen Bereichen wahrten oder zu wahren versuchten, sind die vielerlei fachlich begrenzten Einzelprogramme häufig weder sachlich noch finanziell aufeinander abgestimmt, sie überfordern bisweilen die knappen Ressourcen oder widersprechen sich sogar im Inhalt.

## *Eine neue Programmkomponente*

Ich habe den Gedanken, quantifizierendes Planungsdenken in die programmatischen Äußerungen der Sozialdemokratischen Partei einzuführen, seit dem Dortmunder Aktionsprogramm 1952 als notwendig empfunden, das Wort „notwendig" ist dabei ganz wörtlich zu nehmen. Wir müssen zumindest die gravierenden Mängel der bisherigen Programmatik ausgleichen: Es fehlen bisher fast alle Angaben darüber, welche Ressourcen zur Realisierung der angestrebten Ziele zur Verfügung stehen, wie diese Ressourcen für die Realisierung dieser Ziele verwendet werden sollen und in welcher zeitlichen Folge die Verwirklichung der angestrebten Maßnahmen erreicht werden soll. Das heißt also auch: in welchem politischen Rang- und Vorrangverhältnis die beabsichtigten Maßnahmen untereinander bewertet werden. Ferner stehen bisher viele Forderungen insofern isoliert, als über die direkten und indirekten Nebenwirkungen der Verwirklichung auf andere Bereiche keine Aussagen gemacht werden und die real unvermeidliche wechselseitige Verschränkung der Verwirklichung verschiedener Maßnahmen bei ihrer Konzeption ungenügend berücksichtigt wurde.
Zweifellos ist deshalb die Vorstellung richtig, daß durch Übertragung ökonomischen Planungsdenkens auf die politische Programmatik einer Partei einige dieser Mängel vermieden werden könnten. Andererseits ergeben sich notwendig erhebliche Modifikationen des bisher bekannten und erprobten administrativen oder industriellen Planungsdenkens, wenn es in den Prozeß der Willensbildung und Artikulation einer politischen Partei eingeführt wird.
Zunächst einmal ist klar, daß die längerfristige politische Planung das Grundsatzprogramm der SPD nicht ersetzen kann und soll. Das Grundsatzprogramm legt die politische Ethik der Partei fest und gibt ihr die politischen Maximen; es hat auch die Funktion, diese Partei von anderen abzugrenzen, und mehr noch: die Partei als Ganzes und die einzelnen Mitglieder in die Partei zu integrieren. Es läßt andererseits innerhalb eines breiten Rahmens Raum für verschiedene Meinungen und Interpretationen. Es ist wünschenswert, daß wir die seit Godesberg kodifizierten Grundwerte des demokratischen Sozialismus vertiefen, daß wir ihren Urgrund – das Humanum – sichtbar machen, ihre Verflechtung untereinander und ihre gegenseitige Bedingung ausleuchten und daß wir ihre beherrschende Bedeutung für die konkrete Lösung aktueller wie langfristiger politischer Probleme ins Bewußtsein heben.
Dies sind vorwiegend geistige Aufgabenstellungen – sie sind ökonomischer Planung nicht zugänglich. Ökonomische Planung vollzieht sich ein Stock-

werk niedriger – oder eine Station später, was nicht heißt, daß dazu ein geringeres Maß an politischer Klugheit benötigt würde. Tatsächlich muß der im Grundsatzprogramm freibleibende Entscheidungsraum für jeden Zeitabschnitt erneut ausgefüllt werden! Eine politische Partei in der Opposition mag es sich leisten (genauer: den Wählern zumuten) können, diesen Raum je nach Opportunität zu füllen oder offen zu lassen oder in illusionärer Weise zu überfüllen. Eine den Staat regierende und seine Gesetze gebende Partei, auch eine Partei, die erst die Schwelle dieser Macht erreicht hätte, muß sich dagegen zum konkreten, realistischen Planen zwingen, wenn sie nicht sich selbst (und danach ihre Wähler) späteren Fehlschlägen und entsprechenden Vorwürfen und politischen Konsequenzen aussetzen will.

### *Planung erfordert Quantifizierung, Quantifizierung erfordert Konkretisierung*

Ein konkretisierter und quantifizierter Gesamtplan würde, wenn zum Beschluß des Parteitages erhoben, ein so hohes Ausmaß an Information und Übereinstimmung unter den Delegierten erfordern, wie es realistischerweise kaum zu erwarten ist. Es sei denn, man nähme in Kauf, daß es sich praktisch um einen Plan nur des Apparates handeln würde, wobei die demokratischen Funktionen der Mitgliedschaft auf Akklamation oder Mißbilligung reduziert wären. Jedenfalls könnte ein Parteitag ein langfristiges, detailliertes, totales Plankonzept nicht mit einer realistischen Chance wesentlicher Beeinflussung diskutieren, selbst wenn zu wichtigen Teilen alternative Lösungsentwürfe vorgelegt würden. Der Parteitag hätte nur beschränkte Chancen zur sachgerechten Eigeninitiative, zumal er nicht überwiegend aus Fachleuten der politischen Planung besteht.
Die Einführung des Planungsdenkens in die politische Programmatik der Partei darf also schon aus demokratischen Gründen nicht in dem Sinne mißverstanden werden, als ob dies nun zur Verabschiedung eines langfristigen, detaillierten, quantifizierten Totalplanes führen könne, welcher in der „beschlossenen Fassung" für eine „Langzeit" in Geltung bleiben könnte. Ein Totalplan bedürfte aber außerdem alljährlich schmerzvoller Anpassungen an die seither gemachten Erfahrungen und an die abweichend von den im Plan unterstellten Daten verlaufenen Prozesse. Die Erfahrung mit der alljährlichen Umplanung der mittelfristigen Finanzplanung zeigt, daß ein Totalplan sich kaum ernsthaft auf mehr als vier Jahre erstrecken dürfte.
Ein Totalplan entspräche aber auch nicht den politischen Notwendigkeiten. Im Gegenteil: Er würde gerade jene entscheidenden Funktionen, die eine politische Partei von der tatsächlichen Gesetzgebung, Regierung und Verwaltung unterscheiden, negieren und die Wahrnehmung der eigentlichen Parteiaufgaben erschweren. Es würde sich bestenfalls – oder schlimmstenfalls – um ein Programm des Parteiapparates handeln, der vorgibt, alles zu wissen und alles zu können, und der nicht nur die Parteimitglieder (und die Wähler!), sondern auch die Mitglieder der gesetzgebenden Körperschaften und der Regierungen in eine weitgehend passive

oder lediglich gehorchende, ausführende Rolle abdrängt. Mit unserer Forderung nach mehr Demokratie wäre das nicht vereinbar. Mehr Demokratie, das heißt: mehr Diskussion mit dem Ziel der Innovation und neuer Initiativen; heißt: mehr „Kontrolle von unten nach oben"; heißt: intensivierter Meinungs- und Informationsaustausch; heißt: Beteiligung der Betroffenen an den Entscheidungen. Heißt auch: mehr Führung der öffentlichen Diskussion durch die eigene Partei, die eigene Fraktion und durch die eigene Regierung zu wagen. Deshalb ist die im Anschluß an den Saarbrükkener Parteitag vielfältig aufgekommene Vorstellung von einem „Langzeitprogramm", das für einen längeren Zeitraum unverändert gültig zu sein hätte, eine abwegige Vorstellung, sie könnte weder auf ökonomische noch auf demokratische Notwendigkeiten ausreichend Rücksicht nehmen. Was wir statt dessen brauchen, ist ein politischer und ökonomischer Orientierungsrahmen für den Zeitabschnitt der nächsten zwei oder drei Legislatur- und Regierungsperioden. Ein ökonomisch die Anforderungen und Ressourcen aufzeigender Orientierungsrahmen erlaubt der Partei, programmatische Ideen und Initiativen auf ihre ökonomische Realisierbarkeit zu überprüfen, er liefert ökonomisches Augenmaß für programmatische Initiativen und ökonomische Kriterien für deren demokratische Kontrolle. Es bleibt allerdings notwendig, die ökonomischen Daten des Orientierungsrahmens nach einiger Zeit dem Stand der tatsächlichen Entwicklung anzupassen. Es bleibt ständig notwendig, Detailinitiativen zur Ausführung des Planes zu prüfen, für die politische Entscheidung vorzubereiten und ins Werk zu setzen.

Eine solche offene und behutsame Art zu planen, kann die praktischen Schwierigkeiten überwinden, denen eine langfristige Totalplanung rasch erliegen müßte. Das Tempo der Innovation erhöht sich fortgesetzt; Technologien, Methoden, aber auch Erkenntnisse, Ansichten *und Bedürfnisse* ändern sich mit zunehmender Beschleunigung. Deshalb ist die Zahl der „Konstanten" wie auch der extrapolierbaren „unabhängigen Variablen" nur sehr klein, innerhalb derer Daten programmierende Linien der gewollten Veränderungen gezogen werden können. Mit anderen Worten: Die Zahl der zu berücksichtigenden und schon absehbaren, aber auch die Zahl der noch nicht erkennbaren Variablen wächst in einem Maße, das eine programmierende Arbeit zunehmend erschwert. Selbst im Bereich der Planung durch die staatliche Administration, der an jedem Tag des Jahres die Erkenntnisse und die Möglichkeiten der gesamten Verwaltung zur Verfügung stehen, ist es nur sehr begrenzt möglich, die längerfristige Beanspruchung von Ressourcen durch die wichtigsten Bereiche der öffentlichen Tätigkeit im Vorwege festzustellen oder gar die längerfristigen politisch-gesellschaftlichen Auswirkungen der längerfristigen Fachplanungen abzuschätzen. Diese Einsicht in die Begrenzung planungstechnischer Exaktheit erhöht jedoch zugleich die Chancen für die wiederholte, regelmäßige Überprüfung, Anpassung, Umschreibung und Reorientierung durch Diskussion und demokratischen Beschluß.

## *Nicht nur Prognose, sondern Zielsetzung*

Es zeichnen sich die Konturen ab, die unsere politische Planung charakterisieren. Da wäre zunächst ein langfristiger Orientierungsrahmen, der Auskunft über die wahrscheinlich nutzbaren Ressourcen gibt: wie entwikkeln sich voraussichtlich das Sozialprodukt, Zahl und Qualifikationen der Arbeitskräfte, wie entwickeln sich die einzelnen Wirtschaftszweige, wie entwickelt sich der öffentliche Haushalt? Danach wird Auskunft darüber zu geben sein, welche Bedingungen diesem Ressourcenangebot zugrunde liegen. Wir haben vorzuschlagen, auf welche Zwecke und in welchen Zeitabschnitten die Ressourcen nach den gesellschaftspolitischen Prioritäten unseres Godesberger Grundsatzprogramms in die verschiedenen Verwendungsbereiche gelenkt werden sollten.

Die Daten der Ressourcen ändern sich aber! Vor allem: Sie können bewußt verändert werden. Wir können – innerhalb von Grenzen – das Sozialprodukt schneller oder langsamer steigern. Dies kann eine wichtige Aufgabe sein, die an Hand des Orientierungsrahmens lösbar wird. Je nachdem bemißt sich sodann der Spielraum für die Entscheidung der eigentlichen Hauptfrage anders; die Hauptfrage ist nämlich: Wieviel vom Sozialprodukt soll für das öffentliche Wohl aufgewendet und wie soll dieser Anteil auf die Gemeinschaftsaufgaben aufgeteilt werden? Wende ich rechtzeitig genügend Mittel auf und verteile ich sie richtig, erweitert und verbessert sich auch das Ressourcenangebot. Ein Beispiel: Wird zweckentsprechend und rechtzeitig in Bildung und Ausbildung investiert, verfügen wir in der nächsten Phase über die benötigten Fachleute, die ihrerseits wieder das Sozialprodukt erweitern? Gleiches gilt für fast die gesamte Infrastruktur. Hier sind besonders viele Versäumnisse nachzuholen; kostspielige langfristige und langlebige Sachinvestitionen werden nötig. Diese Vorhaben sind auf ihren Mittelbedarf sorgsam zu quantifizieren und nach Prioritäten und Posterioritäten in Angriff zu nehmen. Hier kann man mit globalen Zahlen über lange Zeiträume hinweg rechnen. Man gewinnt Größenordnungen und schärft den Blick für das Mögliche. Wichtig ist vor allem, auch mit den für neue Aufgaben benötigten Arbeitskräften zu rechnen und nicht nur mit dem in Geld ausgedrückten staatlichen Verbrauch oder den öffentlichen Investitionen.

## *Im Mittelpunkt des politischen Interesses: der öffentliche Korridor*

Sowohl bei der Betrachtung der Arbeitskräfte und ihrer Qualifikationsstruktur (Beispiel: zuwenig ausgebildete Lehrer) als auch bei der Betrachtung des in Geld ausgedrückten Bruttosozialproduktes und seiner Branchen- und Regionalstruktur ergibt sich eines ganz gewiß: Der „öffentliche Korridor“ zwischen dem Hauptbereich des privaten Konsums einerseits und dem Hauptbereich der privaten Investitionen andererseits muß stetig wachsen, wenn der Staat mehr leisten soll als bisher – sei es in Gestalt von Kindertagesstätten, Gesamtschulen, Vorsorgeuntersuchungen oder öffentlichen Nahverkehrsunternehmen. Natürlich besteht auch der öffentliche

Korridor seinerseits aus Verbrauch und Investition; solange Lehrer und Krankenschwestern nicht durch wartungsfreie Computer ersetzbar sind, muß bei zunehmendem Trend zum Dienstleistungsstaat sogar ein relativ stark wachsender Staatsverbrauch angenommen werden – und nicht nur wachsende Staatsinvestitionen. Es ist leicht einzusehen, daß jede auf längere Sicht berechnete Analyse der Notwendigkeiten gesellschaftlicher und staatlicher Reformen jedenfalls zur Forderung gelangt, den Staat finanziell und auch hinsichtlich der von ihm beschäftigten Arbeitskräfte zunehmend stärker auszustatten. Die Konsequenzen für die Steuerpolitik sind evident und unausweichlich.

Es bleibt zu prüfen, in welchem Zeitmaß und zu wessen Lasten der Korridor der öffentlichen Dienstleistungen zu erweitern ist. Es bleibt innerhalb des Korridors stets erneut die Prioritätenfrage zu entscheiden: Nicht nur, ob X zeitlich vor Y kommt, sondern vor allem wieviel X und wieviel Y und wieviel Z gleichzeitig geleistet werden sollen und ob diese Relation auch im nächsten Zeitabschnitt gleichbleiben soll.

Es bleibt ebenso zu prüfen, welche Sparten im privaten Konsumbereich gedämpft, welche dagegen ermutigt werden sollen – und erst recht stellt sich diese Frage für die verschiedenen Sparten der privaten Investitionen. Man wird weder im gemeinwirtschaftlichen Sektor der staatlichen Leistungen und des staatlichen Verbrauches noch im privatwirtschaftlichen Sektor davon ausgehen dürfen, daß *„alles, was gegenwärtig läuft, auch in Zukunft ebenso zu laufen habe“ (Joachim Steffen)*, wonach dann jede zusätzliche staatliche Leistung allein aus dem Zuwachs des Sozialproduktes zu kommen hätte. Daß zum Beispiel das Aggregat unserer Landwirtschaft einschließlich ihrer Subventionen unverändert zu bleiben habe, wird kaum jemand annehmen wollen. Ähnlich wird aber auch unsere Energieversorgung ihre Struktur ändern müssen, unser Bildungswesen, unser Verkehrswesen. Man darf nicht glauben, daß alles nur deshalb unverändert bleiben kann, weil es heute funktionsfähig erscheint. Selbst wenn kein Planer eingreift, werden weite Bereiche unserer Produktions-, Dienstleistungs- und Konsumstruktur sich genauso schnell ändern wie die Technik des Menschen fortschreitet. Mit anderen Worten: Das Sozialprodukt wird nicht nur wachsen, es wird sich auch – auf der Entstehungsseite wie auf der Verwendungsseite – in seiner Zusammensetzung verändern. Sowohl Wachstum als auch Veränderung zu beeinflussen ist nötig, wenn wir der Verwirklichung des Godesberger Grundsatzprogrammes dienen wollen.

## *Optimum statt Maximum*

Bei alledem wird jeder Sozialdemokrat davon ausgehen, daß *„die besinnungslose Maximierung des Sozialproduktes als Leistung weniger wert ist als die Maximierung der menschlichen Rücksichten und gegenseitigen Hilfen“ (Willi Eichler)*. Deshalb sollten wir nie nach dem Maximum suchen, sondern vielmehr nach dem jeweiligen Optimum. Zum Beispiel stellt sich die kardinale Frage nach dem Optimum von individueller Arbeitszeit und gesellschaftlichem Gesamtertrag. Und über das jeweilige Optimum kann man streiten. Auch innerhalb der eigenen Partei. Sogar innerhalb kleiner

Ausschnitte aus dem staatlichen Dienstleistungsangebot ist ein Prioritäten-Posterioritäten-Streit unvermeidlich; zum Beispiel: Wieviel Straßenbau in Gemeinden und Städten – wieviel Bundesstraßen? Wieviel Straßenbau und wieviel Schieneninvestitionen? Wieviel private Pkw und wieviel öffentlicher Nahverkehr?

Es liegt auf der Hand, daß insbesondere der allererste Entwurf zu einem ökonomischen Orientierungsrahmen für die Verwirklichung unseres Grundsatzprogramms mit Alternativen arbeiten muß. Sie betreffen zunächst das Wachstum des Sozialproduktes und damit die Anforderung an die Arbeitskraft und Arbeitszeit des einzelnen Menschen. Sie betreffen sodann einzelne Verwendungsbereiche – zuvörderst das öffentliche Schul- und Bildungswesen und die öffentliche Infrastruktur.

Der ordentliche Parteitag, dem der erste Entwurf vorgelegt wird, wird diese Alternativen zu diskutieren und – soweit er will – zu entscheiden haben. Er kann damit Weichenstellungen für diejenigen geben, die in Kommunal- und Landesparlamenten, in Rathäusern und Landesregierungen, im Bundestag und in der Bundesregierung arbeiten. Der nächste Parteitag wird zwei Jahre später in kritischer Analyse das tatsächlich Bewirkte prüfen wollen. Er wird insbesondere einige Schwerpunkte verschieben und andere Schwerpunkte – vor allem für einen zusätzlichen Zeitraum – hinzusetzen wollen. Ein Vorteil wird ihm gegenüber früheren Parteitagen stets zur Verfügung stehen: Er wird jede neu auftretende, aktuelle politische Forderung an seinem auf dem laufenden gehaltenen ökonomischen Gesamtrahmen messen und entscheiden können, ob das neue Teilziel in den Rahmen hineinpaßt oder ob der Rahmen seinetwegen verändert werden kann und soll oder ob das neue Teilziel zeitlich zu verschieben ist.

## *Qualitätsprobleme ohne ökonomische Relevanz*

Die meisten Marxisten würden zustimmen, daß alle wesentlichen gesellschaftlichen Tatbestände aus bestimmten ökonomischen Wurzeln zu erklären seien. Ohne hierüber streiten zu wollen, will ich an dieser Stelle zweierlei bemerken: 1. daß politisches Handeln ohne ökonomische Einsicht Dilettantismus bleibt und 2. daß man durch Veränderung ökonomischer Tatbestände nicht schon alle gesellschaftliche Innovation erreichen kann, wie wir konkret ansteuern. Es gibt gesellschaftliche und politische Bereiche, die primär der ökonomischen Beeinflussung, ja sogar der ökonomischen Analyse entzogen sind, die auch in einem gesamtökonomischen Orientierungsrahmen kaum zu Buche schlagen können. Ich nenne einige Beispiele aus der Gegenwart: Strafrechtsreform, Medienpolitik, Wahlrecht, Ostpolitik, Mitbestimmung. Zugleich bezeichnen diese wenigen beispielsweise angeführten Stichworte jedoch politische Spannungs- und Entscheidungsfelder von kardinaler Bedeutung. Aus den Beispielen ist deshalb zu lernen: Ein gesamtökonomischer Rahmen reicht als Leitfaden zur gesellschaftlichen und staatlichen Innovation, als Leitfaden für die Politik insgesamt keineswegs aus.

Da aber der ökonomische Orientierungsrahmen in Zeitabschnitte gegliedert sein muß, bietet sich diese zeitliche Gliederung an, auch diejenigen

nicht ökonomisch relevanten Teilziele einzutragen, die in den einzelnen Zeitabschnitten verwirklicht werden sollen.
Eine politische Partei kann sich – das ist hier zu wiederholen – mit einer quantitativen Programmierung nicht begnügen. Sie muß auch die Antworten auf die qualitativen Fragen geben, die das Schicksal der Gesellschaft entscheiden können. Wir erkennen eine Reihe bedenklicher Tendenzen, die zu irreversiblen Schäden führen müssen, wenn wir nicht rechtzeitig und energisch reagieren. Und es gibt manifeste Probleme, die aktuell zu unseren großen Aufgaben gehören, mißt man sie an den Grundwerten der Gerechtigkeit, der Freiheit und der Solidarität – von der Bodenspekulation bis zur Steuerflucht und bis zur Wehrungerechtigkeit. Die Lösung von praktischen Problemen an Hand unserer sozialdemokratischen gesellschaftlichen oder der politischen Ethik nimmt nicht notwendig in allen Fällen in wesentlichem Umfang materielle und humane Ressourcen in Anspruch. Die Förderung bahnbrechender Innovationen kann allerdings in einigen Fällen sogar Reserven freisetzen und kostspielige Investitionen erübrigen.
Das Bedeutsame, das wir sehen und kommen sehen, wollen wir so benennen, auch wenn es uns nicht gelingen kann, *alles* quantitativ zu erfassen. Auch werden wir die Probleme unterschiedlich behandeln: In manchen Fällen können wir entsprechend den vorangegangenen Beschlüssen unserer Partei definitive Lösungen einsetzen, in anderen nur alternative Lösungen vorschlagen; und in wieder anderen Fällen können wir nur auf die Existenz eines Problems und vielleicht noch auf seine wahrscheinliche Entwicklung hinweisen.

## *Permanenter Dialog*

Gerade aber dort, wo die Partei bisher nicht mit definitiven Beschlüssen aufwartet, bedeutet die Orientierungshilfe eines Planungsrahmens eine Aufforderung an die Mitglieder, die Probleme und die Alternativen als die ihren zu erkennen und aus ihrer Einsicht und nach ihren Interessen Lösungen vorzuschlagen. So wird unser stetig fortgeschriebener Langzeit-Orientierungsrahmen eine permanente „Tagesordnung" für die demokratische Diskussion und für die Entscheidungen kommender Dekaden. Es wird fortgesetzt neu zu entscheiden sein, wie die einzelnen Tagesordnungspunkte zu erledigen und welche Punkte neu auf die Tagesordnung zu setzen sind.
Ein so verstandenes „Langzeitprogramm" ist in erster Linie ein Instrumentarium, langfristige Entwicklungen nach realistischen ökonomischen Maßstäben zu beeinflussen und diese in den Willensbildungsprozeß der politischen Partei einzubeziehen. Es kann kein einmaliges Resultat sein, das anschließend versteinert, sondern es ist ein lebendiges, dynamisches Hilfsmittel für den fortgesetzten Entscheidungs- und Entwicklungsprozeß. Autonome Initiativen werden nicht getötet, sondern ermuntert; eine orientierte Partei und aktive Mitglieder können sich entscheiden.
Dem diesjährigen Außerordentlichen Parteitag werden Mitglieder der „Langzeit-Kommission" in einem Zwischenbericht eine Vorstellung von

der Struktur und den Größenordnungen des ökonomischen Orientierungsrahmens geben. Der Zwischenbericht soll und kann noch keine Entscheidungen, er mag möglicherweise aber eine methodische Diskusion auslösen; er soll vor allem auf die materielle Diskussion vorbereiten. Diese materielle Diskussion wird im Jahre 1972 einige Monate dauern müssen und können; sie erhält ihre Ausgangsbasis dadurch, daß die Langzeit-Kommission ihren Entwurf öffentlich vorlegen wird. Später wird der nächste Ordentliche Parteitag im Lichte der innerparteilichen und auch der öffentlichen Diskussion seine eigene Diskussion führen und seine Beschlüsse zu den Alternativen des im Entwurf vorgelegten Orientierungsrahmens fassen.
Keine politische Partei in Deutschland hat bisher einen solchen Weg beschritten. Gewiß wird die Sozialdemokratie mit diesem neuen Weg auch einige Anfangsmißverständnisse, einige „Kinderkrankheiten" und wohl auch einige sachliche Fehler in Kauf zu nehmen haben – auch routinierte Planer irren sich schließlich des öfteren. Gleichwohl: Es ist an der Zeit, daß wir den neuen Weg versuchen. Er wird uns nützen.

# Der Auftrag von Saarbrücken*

*I.*

Die Entscheidung der Delegierten des Bundesparteitages der SPD in Saarbrücken im Mai 1970 forderte den Entwurf eines Programms, das von den bisher bekannten Typen Grundsatzprogramm, Aktionsprogramm, Regierungsprogramm oder fachliches Einzelprogramm abweicht. Die Kommission war sich von Anfang an darin einig, daß die Forderung, „auf der Grundlage des Godesberger Programms ein langfristiges gesellschaftspolitisches Programm" zu erarbeiten, das „konkretisiert und quantifiziert sein muß", die für die Parteiprogrammatik völlig neue Aufgabe darstellte, ökonomische Planung über festgelegte Zeithorizonte in die Programmaussagen unserer Partei einzuführen. Der einstweilen noch unsichere, weil vorher noch nie betretene Boden solcher Art von Programmarbeit ließ uns denn auch von dem sogenannten „Langzeitprogramm" sprechen. Tatsächlich handelt es sich um den Entwurf zu einem ökonomisch-politischen Orientierungsrahmen, der sich nicht auf verbale Aussagen beschränkt, sondern für drei Bundestags-Legislaturperioden – die voraussichtlich verfügbar zu machenden volkswirtschaftlichen Ressourcen in den Blick fassend – quantifiziert eine Verschiebung der Schwerpunkte in der Verwendung des Sozialproduktes zum Ziele nimmt.
Die Grundsätze des Godesberger Programms und seine Grundwerte – Freiheit, Gerechtigkeit und Solidarität – sind für diesen Entwurf Richtlinien gewesen –, im Sinne von vorgegebenen Parametern. Gleichwohl ist durchaus zu begrüßen, daß eine vertiefende Auseinandersetzung über die Grundwerte und die theoretischen Ansätze des parlamentarisch-demokratischen Sozialismus in Gang gekommen ist, dessen Ort im politisch-philosophischen Spektrum durch das Godesberger Programm – das bleibende Grundsatzprogramm der Sozialdemokratischen Partei Deutschlands – bestimmt worden ist.
Der hier vorgelegte Entwurf wird zu einer Erweiterung der Programmdiskussion und zur eigenen politischen und geistigen Standortbestimmung vieler beitragen. Er ist als erster Versuch natürlich nicht ohne Wagnis, er ist in den Anforderungen, welche die ökonomisch-theoretische Fragestellung an die Diskussionsteilnehmer stellt, erstmalig; dabei ist er selbst ein erster, unvollkommener Schritt, ein Lernprozeß in sich, welcher der Weiterentwicklung, der Fortschreibung und zu diesem Zweck der Diskussion bedarf.

* *Aus: Langzeitprogramm 1, Texte. Bonn-Bad Godesberg 1972, S. 11—19. (Einführung zum Entwurf des Orientierungsrahmens vom 1. Juni 1972.)*

Ich habe den Gedanken, quantifizierendes Planungsdenken in programmatische Aussagen der Sozialdemokratischen Partei Deutschlands einzuführen, schon seit meiner Mitarbeit am Dortmunder Aktienprogramm des Jahres 1952 als nötig empfunden, heute wird er von vielen als eine Notwendigkeit gesehen. Diese Entwicklung hängt mit dem Erfahrungsprozeß zusammen, den wir seit 1966 als mittragende und seit 1969 als führende Regierungspartei erlebt hatten, nicht zuletzt mit unserer konkreten Erfahrung, Finanzkrise und Rezession – aus Durchwurstelei entstanden – aufräumen zu müssen, sodann mit unserem ersten Versuch zu mittelfristiger Finanzplanung – mit allen Unvollkommenheiten und Kinderkrankheiten. Auch der heutige Entwurf und die Diskussion darüber wird zunächst mit Unvollkommenheiten und vielleicht auch Kinderkrankheiten behaftet sein.
Um Grenzen und Möglichkeiten längerfristiger politischer Planung im Rahmen einer demokratisch verfaßten Mitgliederpartei darzutun, will ich im folgenden den Weg der Kommissionsarbeit in der gebotenen Kürze aufzeichnen. Nicht um zu zeigen, daß oder wieviel Fleiß und Intelligenz investiert wurden, sondern um den kritischen Leser des Entwurfs die Methodik der Kommission durchsichtig zu machen.

## *II.*

Zunächst einmal war der Entwurf nicht im luftleeren Raum, sondern auf der Basis der artikulierten politischen Meinungen und Beschlüsse unserer Partei zu entwickeln. Wir haben also damit begonnen, im ersten Arbeitsgang alle wichtigen Aussagen der Partei und ihrer Fachgremien zu sammeln und zu sichten und danach aus einem auf weit über 1000 Seiten angewachsenen Kompendium die noch interesanten und noch aktuellen Programmaussagen in einem auch noch sehr dicken Wälzer katalogartig zusammenzustellen. Schon diese Systematisierung bisheriger Programmaussagen ergab interessante Aufschlüsse: Sie zeigte, daß die verschiedenen Aktionsfelder der Politik mit sehr verschiedener Intensität behandelt worden waren, daß sich der Grad der Konkretheit der Aussagen von Feld zu Feld sehr unterschied, daß ebenso die innere Konsistenz der Aussagen durchaus unterschiedlich war und – last, not least: daß nur in den allerseltensten Fällen Kostenüberlegungen angestellt worden waren.
Wir haben dann in einem zweiten Schritt die katalogisierten Aussagen auf ihre Kostenrelevanz (volkswirtschaftlich und einzelwirtschaftlich) je einzeln geprüft und haben diesen Kostenüberlegungen Nutzen- bzw. Ertragsüberlegungen gegenübergestellt. Dabei zeigte sich aber, daß viele Aussagen auch in ihrer verbalen Form nicht hinreichend präzise waren, um Kostenüberlegungen von auch nur halbwegs befriedigender Größenordnungsgenauigkeit zuzulassen.
Wir haben deshalb diesen Weg nicht weiter verfolgt, sondern sind nunmehr, im dritten Schritt, auf der Basis der katalogisierten Programmaussagen darangegangen, den gesamten gesellschaftspolitisch relevanten Themenbereich „flächendeckend“ auf fünf Arbeitsgruppen aufzuteilen, die nun ihrerseits auf der Grundlage der katalogisierten Beschlüsse und Äußerungen der Partei, aber unter Einbeziehung von wissenschaftlichen Bedarfs-

projektionen und Problemanalysen programmatische Konzepte zu entwickeln hatten, die hinreichend präzise waren, um quantifizierende Überlegungen zuzulassen. Analytische bzw. beschreibende Aussagen sind allerdings später in den Entwurf nur in dem Maße eingegangen, als es zur Begründung spezifischer Forderungen notwendig war. Hier wird durch gründlichere wissenschaftliche Einzelanalysen in Zukunft noch viel Arbeit zu leisten sein. Vor geschichtsphilosophisch orientierten, nur scheinbar analytischen Globalbetrachtungen sollten wir uns jedoch hüten.
Neben den fünf nach Sachgebieten orientierten Arbeitsgruppen erarbeitete gleichzeitig im vierten Schritt eine nach entscheidender Vorarbeit von K.-D. Arndt und Rudi Arndt ihre Arbeit aufnehmende „Ressourcengruppe" gesamtwirtschaftliche Prognosen und legte auf der Basis von Plausibilitätsüberlegungen und in Anlehnung an die Gliederung des sogenanten „Funktionenhaushalts" erste finanzwirtschaftliche Prioritäten fest. Der damit in Gang kommende ständige Rückkopplungsprozeß zwischen den Berechnungen der einzelnen, fachlich orientierten Arbeitsgruppen und der sogenannten „Ressourcengruppe" erwies sich als eine der wichtigsten und nützlichsten Aufgaben unserer Planungsarbeit. Mit dem Beginn dieses Rückkopplungsprozesses begann zugleich ein kontinuierlich fortschreitender fünfter Arbeitsgang. Der Zwischenbericht, den wir auf dem außerordentlichen Parteitag im November 1971 erstattet haben, entstammt diesem Beginn. Er mußte verständlicherweise die meisten Fragen noch offen lassen. Die Diskussion, die vom Parteitag auf gutem Niveau geführt wurde, hat wichtige Hinweise für die weitere Arbeit gegeben.
Bereits an dieser Stelle sei erwähnt, daß unser Arbeitspensum – später sollte sich das noch weit mehr erweisen – mit den üblichen Arbeitstechniken sozialdemokratischer Kommissionsarbeit nicht zu bewältigen war. Ein hauptamtliches Sekretariat mit drei wissenschaftlichen Mitarbeitern und ausreichender technischer Assistenz hat die Arbeit der Kommission von Anfang an bis zu ihrem Abschluß vorbereitet, begleitet und ausgewertet.
Hinzu kam, daß wir auf die Unterstützung von wissenschaftlichen Instituten bei der Behandlung von Einzelfragen zurückgegriffen haben, wenngleich die Zeit nicht ausreichte, manche wichtige Frage noch durch weitere wissenschaftliche Gutachten zu erhellen. Kurz: Ohne das Sekretariat und Verwaltung des Bundes und der Länder hätte die Arbeit nicht geleistet werden können. An die zukünftige Fortschreibung werden höhere Ansprüche als an den ersten Entwurf zu stellen sein. Der wissenschaftliche und technische Apparat wird entsprechend gut ausgebaut werden müssen.
Im weiteren Verlauf spielte eine methodische Frage eine wichtige Rolle: Wir haben sie als das „Von-oben"- oder „Von-unten"-Rechnen bezeichnet. Jede Arbeitsgruppe hatte die Aufgabe, zu den von ihr erarbeiteten Programmteilen einen Zeitplan und einen Kostenplan (in der Zeit) zu erstellen. Kostenpläne konnten später in einer ganzen Reihe von Planungsbereichen relativ exakt aufgestellt werden. Schwieriger war die Zeitplanung, weil diese ja in der Tat weitgehend von politischen Faktoren abhängig ist. In anderen Fällen stieß aber auch die Kostenplanung in der Einzelberechnung auf bleibende Schwierigkeiten statistischer Art. Außerordentlich problematisch bleiben die unumgänglichen Bemühungen, neben der Beanspruchung der finanziellen Ressourcen auch die Beanspruchung des Arbeitskräftepotentials in den einzelnen Planungsbereichen und die zeitlichen

Möglichkeiten zur Deckung der Ansprüche durch spezifisch ausgebildete Arbeitskräfte festzustellen. Es erwies sich in manchen Bereichen als notwendig, zunächst von einer Extrapolation der gegenwärtigen Trends auszugehen. Dann wurde versucht, die so ermittelten Werte zu berichtigen, d. h. notwendige zusätzliche Ausgaben auf Grund von Programmforderungen wurden hinzugerechnet, Einsparungen abgezogen. Diese Rechnung von oben wurde dort, wo es möglich war, mit der Einzelberechnung der Kosten von unten verglichen und abgestimmt.

Diese Abstimmung erwies sich vor allem bei der Feststellung der Prioritäten als wichtig und notwendig. In der Bestimmung der zentralen volkswirtschaftlichen Daten bis 1985 haben wir keine eigenen Berechnungen angestellt, sondern sind von vornherein von den offiziellen Zahlen der Bundesregierung ausgegangen. Wir haben uns für die mittlere Variante dieser Berechnungen entschieden. Aus diesen volkswirtschaftlichen Daten ergab sich ein unter bestimmten Voraussetzungen erreichbarer Anteil der öffentlichen Hände an der Verwendung des Bruttosozialprodukts. Im Rahmen dieses Anteils waren im sechsten Abschnitt der Arbeit Prioritäten festzusetzen und rechnerisch mit den Kostenberechnungen für einzelne Programmteile abzustimmen. Dieser sehr komplizierte Vorgang, der sich in einem iterativen Verfahren vollzog, wurde zunächst nur für die Endwerte des Jahres 1985 durchgeführt. Für 1985 allerdings wurden im Rahmen des Anteils der öffentlichen Hände am Bruttosozialprodukt quantifizierte Prioritäten festgelegt und durch Vergleichsrechnungen mit den einzelnen Programmteilen abgestimmt. Auf diese Weise gelang es, aus der Plausibilitätsrechnung (Trendberechnung) von oben und der Einzelberechnung von unten quantifizierte Prioritäten festzulegen. Hinzugefügt sei aber gleich, was uns beim augenblicklichen Stand der Dinge nicht möglich war: Es war nicht möglich, für die einzelnen Jahre von 1973 bis 1985 Zwischenwerte festzulegen. Dabei ist ja keineswegs selbstverständlich, daß alle Positionen sich jeweils pro rata temporis gleichmäßig entwickeln. Ein Schwerpunkt im Bereich A kann für eine bestimmte Zeit durch Entlastung im Bereich B ausgeglichen werden. Diese zeitliche Differenzierung durchzuführen, erlaubten die uns zur Verfügung stehenden statistischen Berechnungen nicht. Hinzu kommt aber auch die gewichtige Frage, ob diese Schwerpunktsetzung nicht eine Aufgabe der *jeweils* zu einem bestimmten Zeitpunkt zu treffenden politischen Entscheidung ist. Ich komme darauf gleich zurück.

Die Festlegung von Prioritäten in den Kategorien des sogenannten „Funktionenhaushalts“ ist natürlich eine sehr grobe Einteilung. Viele vorhersehbarerweise politisch umstrittenen Entscheidungen bleiben noch *innerhalb* der Kategorien des Funktionenhaushalts zu treffen. Außerdem ist uns eine Aufteilung der zu erwartenden Ausgaben auf die verschiedenen Gebietskörperschaften – Bund, Länder und Gemeinden – nicht möglich gewesen. Hier sind Notwendigkeiten der Verbesserung für zukünftige Arbeit gegeben. Gleichzeitig muß allerdings vor einer Planungsperfektion gewarnt werden. Wir wollen keine Scheinexaktheit, die wir in der politischen Wirklichkeit und im Vollzug dann doch um Größenordnungen verfehlen würden.

Was hier als ein technisches Problem des Planungsprozesses dargestellt wurde, ist natürlich und zuallererst ein eminent politisches Problem. Der Vorschlag für die Festlegung der Prioritäten bis 1985 muß später gar nicht bis auf die Stelle hinter dem Komma zutreffen; die Prioritäten sind aber in jedem Fall Ausdruck einer heutigen politischen Entscheidung, Ausdruck dessen, was wir *heute* im Hinblick auf die Zukunft so und nicht anders wollen.

Die Kommission war sich der Problematik solcher Festlegungen bewußt. Sie betrachtet sie nicht als unumstößlich und unveränderbar, im Gegenteil. Sie betrachtet sie aber andererseits als einen Zwang, einen heilsamen Zwang, sich heute so oder so zu entscheiden und nicht etwa heute Entscheidungen zu treffen, die von allem und jedem zugleich das beste und das meiste erreichen wollen, ohne dies zu können.

In diesem Zusammenhang hat uns das Problem der Alternativen lange beschäftigt. Wir haben es aber nicht lösen können. Im Beschluß von Saarbrücken hatte es geheißen, daß Alternativen erkennbar zu machen seien. Wir haben uns redlich bemüht, diesem Petitum Rechnung zu tragen. Diesem Bemühen standen mehrere Faktoren entgegen. Zum einen sei es deutlich und klar gesagt: Für eine sozialdemokratische Politik gibt es nicht beliebige Alternativen, vielmehr war der Entwurf auf der Basis von Godesberg zu entwickeln; der Entwurf hatte die erklärten Beschlußfassungen der Partei, nicht nur die jüngsten z. B. zu Fragen der Medienpolitik oder zu Steuerfragen, zu berücksichtigen. Insofern war der Spielraum – völlig zu Recht – politisch begrenzt. Er war aber auch sachlich begrenzt. In vielen Fachbereichen waren begründete *alternative* Programme (immer gesehen im politischen Rahmen der SPD) gar nicht vorhanden; es ging eher um ein Mehr oder Weniger.

Der Spielraum war und ist zuletzt auch ökonomisch begrenzt. In der Kommission – und ich bin sicher: auch in der Mitgliedschaft dieser Partei und in der Öffentlichkeit – fand sich niemand von Urteilskraft bereit, etwa einen höheren Anteil der öffentlichen Hände am Bruttosozialprodukt als von uns angestrebt zu postulieren. Ein niedrigerer Anteil wurde von allen als unzureichend angesehen.

Politische Alternativen im Sinne einer in sich geschlossenen Variante sozialdemokratischer Politik haben ihre Grenze auch im Zeithorizont des Programms. Bis 1985 sind viele Dinge bereits heute festgelegt. Wir sprachen deshalb in der Kommission lieber von mittelfristiger Rahmenplanung oder von dem ökonomisch-politischen Orientierungsrahmen (und haben immer die Fristbezeichnung „bis 1985“ hinzugefügt) als von einem „Langzeitprogramm“.

Schließlich aber: diese Kommision war sich in den wesentlichen Punkten der sachlichen Programmatik, der ökonomischen Berechnung und der Festlegung der Prioritäten einig. Sicherlich gab es hier und da Nuancen. Nuancen allerdings, die viel mehr in der verbalen als etwa in der ökonomisch-quantitativen Darstellung berücksichtigt werden mußten. Wir haben es am Ende unserer Arbeit nicht als unsere Aufgabe betrachtet, Alternativen in dem von uns vorgelegten ökonomisch-politischen Orientierungsrahmen sozusagen „künstlich“ zu produzieren und unseren eigenen Arbeitsergebnissen anzuhängen. Außerdem führen formale Alternativen schon rein mathematisch sehr schnell zu einer Vielzahl von Fällen. So erhalten wir bei je 3 verschiedenen Ziffern pro Position des Funktionenhaushalts, d. h. also 3 möglichen Ausgabehöhen für 1985 für jeden Bereich, schon kombinatorisch insgesamt mehr als 1000 mögliche Alternativen. Der im vorlie-

genden Entwurf offenbleibende Spielraum für Alternativen folgt im wesentlichen aus den Perspektiven für die internationale Entwicklung, aus der Aussicht auf eine friedliche oder unfriedliche Welt.
Die Arbeit der Kommission „Langzeitprogramm" wurde in sechs Plenarsitzungen und im wesentlichen und abschließend in einer zweitägigen Klausurtagung in Bad Münstereifel geleistet; an letzterer waren auch Willy Brandt und Herbert Wehner beteiligt. Daneben haben etwa 40 Sitzungen von Arbeitsgruppen und Arbeitskreisen stattgefunden. Neben den Mitgliedern der Kommission haben mehr als 50 Mitglieder aus Politik, Wissenschaft und Verwaltung zu diesem Entwurf beigetragen. Die Klausurtagung hat als siebten Schritt die Prioritätenentscheidungen getroffen und die schriftliche Darstellung des Erarbeiteten einer Redaktionsgruppe übertragen, die Hans Apel, Jochen Steffen und mich sowie Klaus-Dieter Arndt, Rudi Arndt, Holger Börner und das Sekretariat umfaßte.

## *III.*

Soviel zur Darstellung unseres Arbeitsprozesses. Wir sind bei verschiedenen Gelegenheiten gefragt worden, wie es denn mit der Verwirklichung dieses Programms sei, was für die sogenannte „Implementation" vorgeschlagen werde. Auch mit diesem Thema hat sich eine besondere Arbeitsgruppe befaßt. Dazu ist zunächst einmal zu sagen, daß auch hier das Godesberger Programm gilt. Sozialdemokratische Programme setzen zu ihrer Verwirklichung voraus, daß die Partei ausreichende Mehrheiten in den Parlamenten des Bundes und der Länder erringt. Das ist die wesentliche Vorbedingung. Auf welche Weise oder mit welchen Strategien man eine solche Mehrheit erringen kann, darüber kann es Meinungsverschiedenheiten geben. Nicht aber über das Prinzip. Man braucht Verbündete – die demokratischen Gewerkschaften der Bundesrepublik gehören dazu. Bündnisse mit Feinden der Demokratie kommen für Sozialdemokraten nicht in Frage.
Daneben aber gibt es die Implementation – ich möchte einmal sagen – technischer Art: mit welchen Instrumenten will man ein gewünschtes, gewolltes Ziel erreichen? Mittel sind nicht unabhängig von Zielen. Wer Freiheit will, kann sie nicht durch Diktatur erreichen; wer politisch denken kann, weiß das spätestens seit den Ergebnissen der russischen Oktoberrevolution. Wer das aus Büchern erfahren möchte, lese z. B. Gunnar Myrdals Aufsatz über das Zweck-Mittel-Denken in der Nationalökonomie. Unsere Mittel liegen im wesentlichen im Bereich der Ökonomie, d. h. der Wirtschafts-, Steuer- und Fiskalpolitik, und im Bereich der unmittelbaren Setzung von Normen durch das Recht. Unser Entwurf enthält in jedem Kapitel Hinweise und Vorschläge, wie das, was wir wollen, realisiert werden kann. Einige wesentliche Grundprinzipien der Verwirklichung haben wir zusammenfassend vorangestellt. Sie sollen aber nicht darüber hinwegtäuschen, daß die wesentliche Voraussetzung für die Implementation die ist, daß wir für unser Programm und für unsere Politik insgesamt in unserem Volke eine Mehrheit gewinnen und bewahren.
Mit diesem Hinweis ist ein Umstand angedeutet, der in der Praxis der

Programmarbeit wie bei kritischen Betrachtern vorliegender Entwürfe leicht übersehen wird. Sicherlich wäre es falsch zu sagen, Programme seien so gut wie die Mehrheit, die sie finden. Andererseits sind Parteiprogramme, die philosophische oder religiöse Utopien auf die Erde herabholen wollen, politisch wirkungslos, wenn ihnen die Zustimmung nur einer kleineren Minderheit unseres Volkes zuteil werden kann. In diesem Sinne ist der Entwurf „pragmatisch" orientiert. Er versucht, einige sehr wesentliche Schritte nach vorn zu tun. Er sagt klar, was wir damit gewinnen, er sagt klar, was das kostet. Unser Programm wendet sich an den urteilskräftigen Bürger; wir wollen seine Mitwirkung und seine Zustimmung.

Wir hatten in der Kommission immer mehr Fragen als Antworten; daraus ergibt sich ein bewegendes Element und ein Aufruf an die Organisationsgliederungen unserer Partei und an die breite Öffentlichkeit, hier mitzuarbeiten. Über die politische Notwendigkeit von Wahlerfolgen für eine Partei und über wissenschaftlich-kritische Zweifel hinweg sehe ich hier die Aufgabe und die Möglichkeit, mehr Rationalität in der Politik durchzusetzen; dafür müssen vor allem auch die ökonomischen Wissenschaften als unerläßliche Berater planungspolitischer Entscheidungen in Anspruch und in Verantwortung genommen werden.

Wir haben uns diesen ersten Anlauf – und auch das Offenlassen von gestellten Fragen! – nicht leichtgemacht, sondern sorgfältig und unter Einbeziehung des greifbaren ökonomisch-wissenschaftlichen Sachverstandes sowie der greifbaren Daten und Erfahrungen gearbeitet. Wir haben nicht in allen Bereichen der Gesellschaft maximale Forderungen aufgestellt, sondern wir haben analysiert, argumentiert, gerechnet und schließlich entschieden – und dabei wieder die Rückkopplung nicht vergessen.

Der Entwurf ist recht umfangreich geworden. Aber rationale Politik, die Veränderungen in dieser Gesellschaft – sie dabei überzeugend – durchsetzen will, läßt sich nicht mit Schlagworten, Überschriften oder auch nur mit bloßen Leitsätzen machen.

Die gewollten Veränderungen tatsächlich zu bewirken, bedarf einer realistischen Konzeption nicht nur der Wünschbarkeit, sondern vor allem der Realisierbarkeit. Die bloße Ankündigung von Veränderungen kann übertriebene Erwartungen erzeugen; deren Enttäuschung führt dann zur Verunsicherung im Vertrauen.

Hinsichtlich der Reihenfolge haben wir in diesem Entwurf mit der wichtigsten Vorbedingung für die Reformbereitschaft begonnen – mit der Sicherheit: Sicherung der Gesundheit, Sicherung der sozialen Existenz, Schutz des Bürgers vor Unrecht und Verbrechen. Darauf bauen wir die wichtigste Veränderung: mehr Chancengleichheit und mehr Leistungsfähigkeit durch die neue Gestaltung des Bildungssystems.

Erst wenn der Bürger weiß, daß seine Existenz gesichert ist, wird er mit uns bereit sein, sich gelassen um neu auftretende Probleme wie z. B. dasjenige des Schutzes unserer Umwelt und damit der Zukunft unserer gemeinsamen Existenz zu kümmern; Umwelt verstehen wir „im weitesten Sinne", wenn von der Verbesserung der Lebensqualität gesprochen wird. Der Entwurfstext zu diesem Problembeispiel mag manchem sehr technokratisch vorkommen; doch ihm sei gesagt, daß es *die* große Reform, den einziggroßen Wurf nicht gibt. Auch in ganz anderen gesellschaftlichen Systemen sind die Probleme der an der Lebensqualität zu messenden Gestaltung von

Städten und ländlichen Räumen äußerst komplex. Hieran zu arbeiten, bedeutet deshalb: systematisch und schrittweise viele einzelne Gesetze und Vorschriften zu ändern, Einzelprobleme anzupacken und zu lösen, die Veränderung eben „Stück für Stück" in konkreten Reformschritten herbeizuführen („piecemeal social engeneering" – wie Karl Popper sagt).
Dies gilt genauso in den weiten Problembereichen der Wirtschafts- und der Staatsordnung. Mehr Anteil der Arbeitnehmer am Zuwachs des Produktionsvermögens, mehr Mitbestimmung im Betrieb, mehr Kontrolle des Staates durch die Bürger – um all dies zu erreichen, gibt es kein Patentrezept. Erst das Gesamtergebnis aller Einzelreformen kann von Zeitabschnitt zu Zeitabschnitt an den großen Zielen „mehr Freiheit" und „mehr Gerechtigkeit" gemessen werden.

## *IV.*

Der Parteivorstand hat das Ergebnis unserer Kommissionsarbeit „Entwurf eines ökonomisch-politischen Orientierungsrahmens 1973–1985" genannt. Er ist zur öffentlichen Diskussion vorgelegt, die von den Verfassern selbst – von ihnen eher noch mehr als von anderen – erhofft wird. Doch von einem, der sich viele Monate – wenn auch immer nur ehrenamtlich – mit diesem Auftrag befaßt hat, kann wohl auch ein Vorschlag für die weitere Behandlung erwartet werden.

1. Ich gehe von einer Erfahrung aus, die die Mitglieder der Kommission auf vielen Gebieten sehr konkret gemacht haben: Planung setzt ein immenses Maß an Information voraus. Sie kann nur von Fachleuten kommen. Die Partei muß sich aber andererseits einen Freiheitsraum der autonomen politischen Entscheidung erhalten, sie darf sich nicht „einwickeln" lassen in die Bevormundung durch die Detailexperten. Deshalb wird unsere Partei einen Totalplan nicht beschließen wollen. Sie muß auch den tatsächlichen (und nicht nur den „geplanten"!) Verlauf der Entstehung und der Verwendung des Sozialprodukts von Zeitabschnitt zu Zeitabschnitt beobachten und ihre Pläne anpassen. Ein quantifiziertes „Langzeitprogramm" kann nicht mit zeitlich weitreichender Verbindlichkeit beschlossen werden; Verbindlichkeit kann nur für aktuell zu treffende Entscheidungen angestrebt werden, d. h. für ein bis zwei Jahre. Aber auch für solch kurzen Zeitraum handelt es sich nur um einen ökonomisch-politischen Orientierungsrahmen, nicht um einen umfassenden Befehlsplan.
2. Die Partei braucht besonders für die Aufgabe der kontinuierlichen Korrektur ihres ökonomischen Planungsrahmens eigenen Zugang zu Informationsquellen und die Fähigkeit zu eigener Analyse.
   Wir müssen deshalb einen eigenen Apparat schaffen, der wissenschaftlichen Maßstäben entspricht, der den Zugang zu wissenschaftlichen Erkenntnisquellen besitzt und zum anderen zum Erkennen der politischen Zusammenhänge fähig ist; das dürfen wir uns nicht „billig" machen. Die schon für diesen Entwurf sehr bewährte Verbindung zum Forschungsinstitut der Friedrich-Ebert-Stiftung liegt auch für die Zukunft nahe, die bisher vorhandenen personalen und materiellen Vorausset-

zungen müssen aber ausgebaut werden, damit den Gliederungen unserer Partei Zugang und Information ermöglicht wird.

3. Wenn eine abschließende Behandlung des Entwurfs schon auf dem Bundesparteitag Ende 1972 möglich sein sollte, so würde mich das angesichts der relativ kurzen Zeit für ihre Vorbereitung überraschen; eine fundierte Auseinandersetzung in unserer Partei, in der interessierten Öffentlichkeit und auch die Zusammenarbeit mit der Wissenschaft braucht Zeit. Der Parteitag kann aber schon Akzente und Gewichtungen setzen und somit Vorentscheidungen für die nächste Wahlkampfplattform treffen. Deshalb sollten wir jedenfalls eine ausführliche Auseinandersetzung auf dem kommenden Parteitag führen, ebenso aber auch die weitere Arbeit institutionalisieren. Dazu gehört auch eine kontinuierlich arbeitende Kommission, die die neuen Entwürfe, Vorschläge, Teilprogramme usw., die aus der Partei kommen werden, aufnimmt, ihre ökonomische Realisierbarkeit und ihre Auswirkungen auf andere Bereiche prüft und ihre Stellungnahme den Organen der Partei zuleitet.
4. Der Parteitag sollte aber den Herausforderungen des Entwurfs nicht ausweichen. Er sollte anstreben, einen „richtungsweisenden Beschluß" zustande zu bringen, der die gesellschaftspolitischen Akzente und die Prioritäten hervorhebt, d. h. einen erstmaligen, auf späteren Parteitagen möglicherweise zu modifizierenden Beschluß zu den Textziffern 29 bis 32, sowie zum ganzen Schlußkapitel „Unsere Prioritäten", insbesondere zu Tz. 265 und Tz. 266.

# Zwischenbilanz*

Von den 108 Jahren des politischen Lebens unserer Partei hat die Sozialdemokratie nicht einmal während eines Zehntels die Reichs- oder Bundesregierung gebildet. Sie war dabei stets auf Koalitionspartner, auf Augenmaß, auf Kompromißfähigkeit und auf *Solidarität* innerhalb der Partei angewiesen. Die Solidarität war in neunundneunzig Jahren der Opposition stets größer als in den wenigen Jahren der Regierungsverantwortung. Deshalb ist die Sozialdemokratische Partei heute mehr denn je zur Solidarität und zur Offenheit im Umgang mit sich selbst aufgerufen. Urteilsfähigkeit, Offenheit und Solidarität sind die Quellen, aus denen wir Glaubwürdigkeit und Führungskraft gegenüber unseren Wählern schöpfen – und Überzeugungskraft nicht nur gegenüber unseren bisherigen Wählern, die wir fest an uns binden müssen, sondern auch gegenüber den bisherigen Wählern anderer Parteien und gegenüber den jungen Wählern, die wir zusätzlich für uns gewinnen wollen.
Unsere Leistungen in der Großen Koalition haben zweierlei bewirkt: Sie haben die F.D.P. unsere Koalitionsfähigkeit erkennen lassen, sie haben vor allem die zusätzlichen Wähler des Jahres 1969 unsere Regierungsfähigkeit erkennen lassen. Die Große Koalition war eine nützliche Trittleiter. Jetzt stehen wir in der Chance, der Bundesrepublik in diesem Jahrzehnt den sozialdemokratischen Stempel aufzuprägen. Wer aber diese Chance wahrnehmen will, der kann die Macht nicht ablehnen. Wir schämen uns der Macht nicht, die wir gegenwärtig in Händen haben. Wir gebrauchen sie mit Selbstbewußtsein, aber auch mit Augenmaß. Wir gebrauchen sie nach dem Geist und den Buchstaben des Grundgesetzes. Wir wissen, daß unsere Macht begrenzt ist. Wir wissen, von wem sie uns gegeben wurde. Und wir wissen, daß wir nach vier Jahren von eben denselben Wählern eine Erneuerung unseres Regierungsauftrages brauchen.
Deswegen weiß sich die SPD ihren Auftraggebern verpflichtet und richtet ihr Tun und Lassen nach diesem Auftrag, d. h.: nach ihrem Regierungsprogramm. Um so weniger darf und kann sie aber dem Publikum nach dem Munde reden. Wer den Wählern und der Öffentlichkeit nur Angenehmes sagen möchte, ist nicht nur ein Schwächling oder ein Opportunist, er wird nach kurzer Zeit auch als solcher erkannt und abgewertet sein. Politiker, Abgeordnete oder Minister, die lediglich ihrem Publikum gefallen wollen, soll man rechtzeitig von der politischen Bühne herunterholen. *Respekt und*

* *Als Broschüre mit diesem Titel im Juli 1971 veröffentlicht.*

*Vertrauen* behält nur, wer erkennbar die Wahrheit ausspricht, auch und gerade die unbequeme und die unerwünschte Wahrheit. Im übrigen ist unser Publikum Demokratie-erfahren genug, um zu wissen, daß ihm keine Partei, kein Bundeskanzler und kein Minister hundertprozentig gefallen können, im Gegenteil: Ein Politiker als hundertprozentiger Publikumsliebling wird schnell als Leichtgewicht oder als Komödiant durchschaut sein.
Wahrheit ist nötig – sie auszusprechen ist nur möglich, wenn man nachgedacht und die Lage und ihre Aussichten bewertet hat. Die Lage zu bewerten, ist der Zweck einer Bilanz. Jede Bilanz besteht aus Aktiva und Passiva gleicherweise. Wer vor den Passiva seine Augen verschließt, ist ein politischer Playboy, wer die Passiva nicht zu erkennen vermag, ist ein Illusionist, wer die Passiva zwar richtig sieht, sie danach aber mit Absicht unterdrückt, kommt dem Roßtäuscher nahe. Jedoch gilt auch die umgekehrte Erkenntnis: Wer gramzerfurcht nur auf die Sorgen starrt, wer weder die eigenen Leistungen und Erfolge darstellen mag noch den Weg zu neuen Leistungen zu entfalten weiß, der ist zur politischen Führung nicht berufen.
Nüchterne Erkenntnis der Lage und ihrer Möglichkeiten muß sich paaren mit der Kraft, der Zukunft den Weg zu weisen. So verstehe ich den Versuch, im Halbzeitjahr der sozial-liberalen Bundesregierung Brandt/Scheel eine Zwischenbilanz zu ziehen.

## *Eckpfeiler der Außenpolitik*

Nur Ignoranten in den Reihen der Opposition und der ihr zugetanen Massenmedien können Zweifel darüber hegen, daß der Teil unserer Außenpolitik, der gemeinhin Ostpolitik genannt wird, in sehr weitgehender Übereinstimmung mit den Regierungen aller der Staaten geführt wird, die im westlichen Bündnis unsere Partner sind. Dafür gibt es seit 1969 fast jede Woche erneut offizielle Zeugnisse unserer Partner. In dem außenpolitischen Bericht des Präsidenten der Vereinigten Staaten von Amerika vom 25. Februar 1971 an den Kongreß heißt es z. B.:
„Deshalb wurden während der Entfaltung der neuen Politik der Bundesrepublik und während der Verhandlungen über ihre neuen Verträge mit der Sowjetunion und Polen umfassende Konsultationsgespräche innerhalb des Bündnisses geführt. Es wurde klar herausgestellt, daß die alliierten Verantwortlichkeiten und Rechte von den Bestimmungen dieser Verträge nicht berührt werden. Ich unterstrich in meinem Gespräch mit Bundeskanzler Brandt in Washington und in eingehenden Konsultationen mit den Verbündeten im Jahre 1970, daß wir Westdeutschlands Ziel einer Normalisierung seiner Beziehungen zu seinen östlichen Nachbarn unterstützen und daß wir für seinen Schmerz über die unnatürliche Teilung der deutschen Nation tiefes Mitgefühl haben."
Den innenpolitischen Gegnern unserer Politik gelang es bisweilen, Zweifel zu säen, und wenn auch nur mit Hilfe von Aussprüchen einiger ehemaliger amerikanischer Diplomaten, die vor ein bis zwei Jahrzehnten ausführende Organe der damaligen amerikanischen Deutschlandpolitik gewesen sind, die noch auf kalten Krieg und auf Konfrontation mit der Sowjetunion

ausgerichtet war. Schon lange aber hat Washington von Konfrontation auf Verhandlungen umgeschaltet – und London und Paris genauso. Zweifel zu säen, kann der CDU/CSU-Opposition im Verein mit der sie unterstützenden Presse nur dann und nur dort gelingen, wenn und wo die Kenntnis von der weitestgehenden Übereinstimmung und Abstimmung unserer Politik mit den Freunden im Westen nicht ausreichend vorhanden ist. Es wird ihr bisweilen von einigen unserer eigenen Parteifreunde erleichtert, wenn sie gegen den taktisch motivierten Zweckpessimismus der CDU/CSU als Gegengewicht eigenen Zweckoptimismus oder gar eine Art von ostpolitischer Euphorie verbreiten, als ob die Erfolge der Entspannungspolitik schon erreicht und konsumiert seien. Euphorie ist irrational und unrealistisch; so wird sie vom Wähler auch empfunden und erschwert infolgedessen unsere eigene Politik.

Wir dürfen über die Eckpfeiler unserer Politik keinen Zweifel lassen, ihre Formulierung bedarf einer verständlichen Sprache:

1. Das Nordatlantische Bündnis ist für unsere Sicherheit und für die Sicherheit aller seiner Partner unerläßlich. Nur durch seine Existenz und Funktionstüchtigkeit wird ein ausreichendes Gegengewicht gegen die gewaltige militärische und politische Macht der Sowjetunion und damit ein ausreichendes *Gleichgewicht in Europa* ermöglicht. Das Gleichgewicht ist die Grundlage für unsere Partner und für uns, gemeinsame Fortschritte in Richtung auf die Verbesserung des Ost/West-Verhältnisses zu versuchen.
2. Das politische und militärische Gleichgewicht in Europa wird durch Verträge mit dem Osten keineswegs überflüssig; sondern die Verträge sichern und befestigen zusätzlich den bisher nur durch das Gleichgewicht der Abschreckung aufrechterhaltenen Friedenszustand. Dies gilt für alle West/Ost-Verträge und -Verhandlungen. Das Gleichgewicht wurde nicht überflüssig durch den Vertrag über die Nichtverbreitung nuklearer Waffen. Es wird nicht überflüssig durch etwa zustande kommende Abmachungen in den SALT-Verhandlungen, die eine beiderseitige und gleichgewichtige Begrenzung der nuklear-strategischen Rüstung der beiden Weltmächte anstreben. Das Gleichgewicht wird ebensowenig überflüssig durch unsere Verträge mit Moskau, mit Warschau und, zukünftig, mit Prag und mit Ost-Berlin. Auch eine Viermächtevereinbarung über eine Berlin-Regelung wird keineswegs das Gleichgewicht überflüssig machen. Im Gegenteil: Alle diese Verträge verlören an Bedeutung, wenn etwa das Gleichgewicht einem sowjetischen Übergewicht Platz machen sollte.
3. Auf das politische und militärische Engagement der USA in Europa kann des Gleichgewichts wegen auch in diesem Jahrzehnt nicht verzichtet werden. Die *Präsenz der Vereinigten Staaten* bleibt erforderlich, weil die westeuropäischen Staaten die amerikanischen Truppen – trotz aller Anstrengungen – weder militärisch, noch politisch, noch psychologisch ersetzen können. Eine wesentliche Verminderung der amerikanischen Truppen darf nur im Zuge beiderseitiger, ausgewogener Truppenverminderungen in West und Ost erfolgen; mit anderen Worten: nur unter Aufrechterhaltung des Gleichgewichts.
4. Der Rückhalt, den wir durch die Stärke wachsender wirtschaftlicher Kraft der Europäischen Wirtschaftsgemeinschaft, durch den Prozeß

ihres politischen Zusammenwachsens sowie insbesondere durch den Freundschaftsvertrag mit Frankreich haben, bleibt die Grundlage unserer Außenpolitik. Erweiterung und Vertiefung der EWG bleiben unsere wichtigsten außenpolitischen Ziele.

5. Es gilt, mit Hilfe der Freunde, die wir im Westen gewonnen haben, nun auch nach Osten Entspannung, Normalisierung, Nachbarschaft und schließlich Versöhnung zu erreichen.
6. Wir wissen, daß diese Bemühungen um Entspannung im Osten die politische Einigung Westeuropas nicht behindern, sondern daß sie vielmehr von allen unseren EWG-Partnern und auch von den zukünftigen EWG-Partnern, insbesondere von Großbritannien, geteilt und unterstützt werden.

Wenn wir so das Feld abstecken und die Grundlage unserer Politik klar abgrenzen, räumen wir zumindest gegenüber einem ehrlichen politischen Gegner alle Mißdeutungen aus; zugleich nehmen wir böswilligen politischen Gegnern die Chance, unsere Ostpolitik als „riskanten Alleingang“ zu verdächtigen.

### *Gemeinsamkeit des Westens*

Gegenüber der eigenen öffentlichen Meinung wie auch derjenigen in den uns verbündeten westlichen Staaten, darüber hinaus aber auch gegenüber den politisch führenden Männern auf östlicher Seite, muß stets deutlich bleiben, daß wir gemeinsam mit den verbündeten Staaten ein ausreichendes Gegengewicht gegen die gewaltige Macht der Sowjetunion aufrechterhalten werden. Die militärische Macht der Sowjetunion ist im Verlauf der letzten Jahre stärker geworden; die Sowjets sind besonders zur See, auf dem Felde der nuklear-strategischen Raketen und im Nahen Osten keineswegs auf der Stelle getreten.

Man darf nicht zulassen, daß der Eindruck entsteht, auch ohne Präsenz der Amerikaner in Europa, im Mittelmeer und in Berlin sei das Erreichen einer befriedigenden Berlin-Regelung und die Ratifizierung der Verträge von Moskau und Warschau denkbar. Diese Präsenz wird von manchen offensichtlich für allzu selbstverständlich gehalten, wieder andere lassen sich aus umgekehrten Gründen dazu hinreißen, gar nicht mehr von ihr zu sprechen. Solche Unterlassungen können dazu beitragen, daß es Angreifern aus dem Lager der CDU/CSU leicht gemacht wird, einen Teil unseres eigenen Publikums zweifeln zu lassen an unserer Fähigkeit oder an unserem Willen, gleichzeitig mit unserer Entspannungsoffensive unsere äußere Sicherheit ungeschmälert zu bewahren; einen Teil der öffentlichen Meinung in den Vereinigten Staaten und in anderen Partnerstaaten gegen Bonn zu verunsichern; und schließlich – wenn vielleicht auch ungewollt – sogar Mißverständnisse bei einigen kommunistischen Führern der östlichen Staaten und Parteien auszulösen und sie damit zu einer falschen Einschätzung der Situation zu verleiten.

In diesem Zusammenhang muß klar bleiben: Wir haben nötig, das Vertrauensverhältnis zwischen den Vereinigten Staaten von Amerika und uns zu erhalten. Das für mich eindrucksvollste Beispiel für die seit 1969 praktizierte Feinabstimmung der Politik unter den westlichen Verbündeten will ich hier nennen; sie war auch auf der deutschen Seite Teamwork, Außenminister Scheel in der Vorbereitung auf diplomatischer, ich auf der sicherheitspolitischen Seite: In der Ministersitzung des NATO-Rats im Dezember 1970 wurde der in unserer innenpolitischen Auseinandersetzung so heiß umstrittene Teil unserer Außenpolitik für die Regierungen der Vereinigten Staaten, Großbritanniens, Frankreichs und Deutschlands *gemeinsam* und durch eine einzige Person vorgetragen; es geschah durch Alec Douglas Home, den britischen Außenminister. Er unterbreitete – für alle vier Staaten sprechend – die gemeinsame Position für die Aussagen des Bündnisses zu unserer Ostpolitik der Entspannung, die Notwendigkeit einer befriedigenden Berlin-Regelung eingeschlossen. Ein solches Maß an Übereinstimmung wie 1969, 1970 und 1971 ist im Bündnis nur selten erreicht worden. Wir sind froh darüber, daß Großbritanniens Weg in die EWG nun endlich geebnet werden konnte. Dies ist weitgehend ein Ergebnis von Willy Brandts Beharrlichkeit und Georges Pompidous politischer Einsicht. Die Erweiterung der EWG von sechs auf zehn Mitgliedsstaaten liegt im deutschen Interesse – wirtschaftlich, aber auch politisch! Die Europäische Wirtschaftsgemeinschaft muß zur Wirtschafts- und Währungsunion und zu noch engerer politischer Kooperation geführt werden. Wir Sozialdemokraten haben dieses Ziel vertreten – um so mehr können wir auf den großen Fortschritt stolz sein, den wir in diesem Jahre erreicht haben.

## *Deutsche Emotionen*

Im Januar haben wir Deutschen der 100jährigen Wiederkehr der Reichsgründung gedacht. Das war für manchen Konservativen vor allem ein Gedenken an Otto von Bismarck; allerdings wurde in den feierlichen Reden meist vergessen, daß dieser Reichskanzler vorher eine Reihe von Kriegen geführt hatte, sogar 1866 einen Bruderkrieg. Gustav Heinemann hat als einer von wenigen auf das innenpolitische Wirken Bismarcks hingewiesen, besonders auf seine Sozialistenverfolgung im Deutschen Reich; sie werden und können wir Sozialdemokraten auch nicht nach 100jähriger Verklärung vergessen.
Doch gleichzeitig sollten wir bei aller Kritik an Bismarck daran erinnern, daß er nach der Reichsgründung begriffen hatte, welch ein enormes Kunststück es für das Deutsche Reich sein würde, mit einem Dutzend unmittelbarer oder mittelbarer Nachbarstaaten in Frieden zu leben. Es gibt ja keine Nation der Welt, die so viele Nachbarn hat wie wir Deutschen im Zentrum Europas. Diese spezifische Situation bestimmt die Bedingungen unserer Außenpolitik: die Finger der beiden Hände reichen nicht aus, die Zahl der benachbarten Völker zu bestimmen, mit denen wir oder die mit uns allein in den letzten beiden Jahrhunderten Krieg geführt haben. Bismarck ging von dieser Gefahr aus, als er neben dem Bündnis in Mitteleuropa einen Rückversicherungsvertrag mit dem auch damals militärisch starken Rußland abschloß. Er konnte den Frieden nach außen wahren, bis dann der unkluge Wilhelm II. kam, der den Vertrag hat verfallen lassen. Zu dieser Zeit liebte man, von der „schimmernden (ursprünglich: schir-

menden) Wehr" zu reden, geprägt von Großmannssucht, „am deutschen Wesen" sollte „die Welt genesen".
Die Folgen sind bekannt. Sie haben nicht verhindert, daß in der nächsten Generation der gleiche Fehler noch größenwahnsinniger wiederholt wurde. Ja, selbst heute gibt es manch einen, der in besserwisserischer Überheblichkeit abermals verlangt, daß unsere Regierung sich zu Pressionen und Verurteilungen gegenüber anderen Regierungen hinreißen läßt; dabei ist die linke Überheblichkeit gegenüber kleinen Diktaturstaaten im Mittelmeerraum keineswegs vernünftiger als die rechte Überheblichkeit gegenüber großen Diktaturstaaten in anderer Himmelsrichtung. Wer das Völkerrecht verwirklichen will, wer fremde Einmischung in unsere inneren Angelegenheiten vermeiden will, der muß von seiner eigenen Regierung gleiche Enthaltsamkeit gegenüber den inneren Angelegenheiten anderer Staaten verlangen. Der muß auch von seiner Regierung verlangen, daß sie normale Beziehungen zu *allen* Staaten pflegt – ungeachtet ihrer Regierungs- und Gesellschaftsformen.
Diese Erkenntnis ist im deutschen Volk 25 Jahre nach dem Ende des Weltkrieges genauso herangereift wie bei den Polen oder den Tschechen, ja selbst bei den Weißrussen, den Russen oder den Ukrainern. Es ist dabei kein leichtes Unterfangen für uns Deutsche, von der Wirklichkeit, wie sie in Europa als Ergebnis des total verlorenen Krieges entstanden ist, auszugehen. Das Wecken von *Hoffnungen* und das Verbreiten von *Illusionen* in den fünfziger Jahren hatte diese Bereitschaft lange genug verzögert, jetzt jedoch haben wir ihr zum Durchbruch verholfen: Unser ostpolitischer Versuch, zur guten Nachbarschaft zu gelangen, wird von einer breiten Mehrheit des Volkes getragen.
Das kann gewiß kein Vergessen des Unrechts auf beiden Seiten bedeuten: nicht des Anzettelns des Krieges, nicht der Unmenschlichkeit in Auschwitz oder Treblinka, nicht des Leides und des Unrechts der Vertreibung aus der Heimat.
Es fällt manchem leicht, der in Hamburg oder an der Ruhr oder in Bayern geboren ist, den älteren Landsleuten aus Ostpreußen, aus Pommern, aus Schlesien oder dem Sudetenland zu sagen: Ihr müßt euch abfinden. Dies zu tun ist aber nicht so einfach, wie sich das manche machen; und dann gibt es ja auch noch andere, die Salz in die Wunden streuen und bösartig von Ausverkauf, Verzicht und Verrat sprechen. Wir müssen Achtung vor den Gefühlen unserer vertriebenen Landsleute erkennen lassen, der bloße Appell an ihre Rationalität hilft ihnen nicht genug. Sie erkennen jedoch allmählich die Realität; nur 18 Prozent der Vertriebenen und Flüchtlinge in der Bundesrepublik wollen – nach einer kürzlichen Meinungsumfrage – heute noch zurückkehren, wenn das in den nächsten Jahren möglich wäre. Politisch unsinnig ist aber, denjenigen als quasi faschistisch abzustempeln, den seine Bindung an die alte Heimat oder sein Vertrauen auf frühere Versprechungen anderer Politiker hindern, unsere Ostpolitik objektiv zu bewerten; wer gegenüber Sprechern der Vertriebenen nicht differenzieren kann oder mag, schadet nicht nur der Vertrauensbasis unserer Ostpolitik, sondern auch den Wahlchancen der Sozialdemokratie.
Wir haben uns auch zu hüten vor der Gefahr, Anhängerschaft und Gegnerschaft zu unserer Ostpolitik gleichbedeutend zu setzen mit gut oder böse. Verteufelung des innenpolitischen Kontrahenten auf außenpoliti-

schem Feld schafft zusätzliche außenpolitische Risiken; große Teile der Opposition scheinen diese Risiken mißachten zu wollen. Wir brauchen keinerlei Zweifel an unserer festen Überzeugung zu lassen, daß unsere Ostpolitik moralisch legitimiert ist; aber wir müssen die Widerstrebenden durch Argumentation, nicht durch Schelte beeindrucken. Niemand von uns sollte auch gestatten – bewußt oder unbewußt –, die Ostpolitik als Vehikel zu einer Generalrevision der bestehenden innenpolitischen Struktur und außenpolitischen Verflechtung der Bundesrepublik Deutschland zu mißdeuten. Im Gegenteil: Wir brauchen klare Distanz zu solchen unerwünschten innenpolitischen Kräften, die sich uns als scheinheilige Verbündete aufdrängen wollen, um mit Hilfe ostpolitischer Illusionen und Emotionen die Bundeswehr und die NATO loszuwerden.

Unsere Ostpolitik darf *nicht* als Messianismus erscheinen; sie muß dargestellt werden als das, was sie wirklich ist: als die moralisch eindeutig begründete und doch sehr rationale Ausnutzung des vorhandenen und aufrechterhaltenen Gleichgewichtes zur Erreichung von *Normalisierung, Nachbarschaft* und *beiderseitiger Rüstungsverminderung.* Wir haben deshalb nötig, die innenpolitischen Einwände rational und nüchtern zu widerlegen. Das wichtigste sind dabei die Antworten auf zwei Fragen: Was sind die sowjetischen Motive für den deutsch-sowjetischen Vertrag, und welche Zugeständnisse muß die Sowjetunion in Kauf geben?

## *Nehmen und Geben*

Es gibt zwei beherrschende sowjetische Motive: erstens die Konsolidierung des sowjetisch-kommunistischen Einflußbereiches in Europa und zweitens der Wunsch nach wesentlicher Verstärkung des technologischen und wirtschaftlichen Austausches mit den fortgeschrittenen Industriegesellschaften des Westens.

Das erste Motiv ist nicht neu, es spielt seit 1945 eine herausragende Rolle in der sowjetischen Außenpolitik. Die Instrumente haben gewechselt: Drohung und Pression; Verlockung und Versprechungen für Wohlverhalten; notfalls – wie in Ungarn und der Tschechoslowakei – Einmarsch und direkter Eingriff; neuerdings ernsthafte Verhandlungen mit dem Westen, insbesondere Vertragspolitik gegenüber der Bundesrepublik.

In den letzten fünf Jahren hat das Motiv der Konsolidierung der europäischen Flanke durch den sich immer mehr vertiefenden Konflikt mit China eine neue Qualität gewonnen. Die Scharmützel am Ussuri sind dabei nur von geringfügiger Bedeutung; nicht ein Schießkrieg zwischen den beiden kommunistischen Weltmächten steht bevor, sondern eine *säkulare Konkurrenz* auf vielen Feldern: ideologisch, ökonomisch, machtpolitisch – über den ganzen Erdball. Die Chinesen sind fast viermal so zahlreich wie die Völker der Sowjetunion – dies ist in dem auf die ferne Zukunft gerichteten Blick des Kremls der wichtigste Aspekt. Er läßt eine Konsolidierung der europäischen Flanke der Sowjetunion immer dringlicher werden.

Das zweite Motiv tritt nur undeutlich hervor. Aber wer die Lebensstandardversprechungen Chruschtschows noch im Ohr hat und sie mit den in den zehn Jahren seither tatsächlich erreichten Fortschritten vergleicht, der weiß, wie sehr sowjetische Wirtschaftsführer auf verstärkten Austausch mit dem Westen setzen müssen. Dies gilt vornehmlich für Ausrüstungsinvestitionen für die sowjetische Industrie; der Westen kann sie in größerem Maße nur verantworten, wenn er nicht die Sorge haben muß, dadurch die sowjetischen militärischen Rüstungsanstrengungen zu fördern. Bisher hat der deutsch-sowjetische Wirtschaftsaustausch nur das geringfügige Volumen des deutsch-luxemburgischen Außenhandels; er ist noch sehr ausbaufähig.

Die Sowjetunion gibt dafür dreierlei, wenn unser Vertrag wirksam wird: Sie verzichtet *erstens* (mindestens für einige Zeit) de facto auf das gegenüber den Osteuropäern seit 15 Jahren erfolgreich verwandte Herrschaftsinstrument der Verängstigung durch die künstlich angeheizte Furcht vor einem angeblich revanchistisch-aggressiven Deutschland. Sie verpflichtet sich *zweitens*, ihre Beziehungen zur Bundesrepublik Deutschland unter die allgemeinen Prinzipien des Völkerrechts und unter Artikel 2 der UN-Charta zu stellen; sie verzichtet in diesem Zusammenhang – ähnlich wie 1955 die Westmächte – auf den bisher propagandistisch erhobenen Anspruch nach einseitiger Intervention, etwa gestützt auf Art. 53 und 107 der UN-Charta. Das entscheidende Zugeständnis liegt aber *drittens* in der noch ausstehenden Berlin-Regelung.

## *Berlin*

Ohne befriedigende Berlin-Regelung wird der Vertrag nicht wirksam werden; das weiß die Sowjetführung von Anfang an. Wenn Berlin potentieller Krisenherd bliebe, so hätte der Gewaltverzichtsvertrag mit Moskau keinen wirklich befriedenden Effekt. Es geht um den ungestörten zivilen Zugang, die wirtschaftliche, währungspolitische und allgemein-gesellschaftliche Zusammengehörigkeit mit der Bundesrepublik, um die Vertretung der Berliner durch uns und schließlich um Erleichterungen für die Menschen in Berlin. Alles dies ist seit einem Vierteljahrhundert ungeregelt, und neue Regelungen für all dies laufen den früheren Erklärungen und Handlungen der DDR-Regierung zuwider – vom Bau der Mauer bis hin zu den Autobahnschikanen des laufenden Jahres. Die DDR ist denn auch derjenige Faktor, der bisher die stärksten Widerstände entfaltet hat. Vom Ausmaß der Rücksichtnahme, die der Kreml Ost-Berlin zu schulden glaubt, hängt das Zustandekommen einer Berlin-Regelung vornehmlich ab. Dies war der Hauptgrund für die bisherige Zähflüssigkeit der Viermächteverhandlungen über Berlin, es ist zugleich der Grund, weshalb Vorauskonzessionen an die DDR durch uns – etwa im Zuge der Bahr-Kohl-Gespräche – keinen Sinn hätten.

Natürlich können die Berlin-Verhandlungen auch von außerhalb negativ oder positiv beeinflußt werden, z. B. durch Entwicklungen im Nahen Osten, im Zuge der amerikanisch-sowjetischen SALT-Verhandlungen (über die beiderseitige Begrenzung der nuklear-strategischen Rüstung) oder durch Konfrontation oder Kooperation auf anderen Feldern. Mit anderen Worten: Die Berlin-Regelung hängt keineswegs allein von den beiden deutschen Seiten ab, sie hängt aber nicht einmal allein von den Berlin-Interessen der vier Mächte plus der beiden deutschen Staaten ab. Deshalb bleibt gegenwärtig ein Rest von Unsicherheit über den Erfolg und über den Zeitpunkt des Erfolges der Berlin-Verhandlungen bestehen. Wenn wir aber die sowjetische Interessenlage richtig analysiert haben, wird es mit erheblicher Wahrscheinlichkeit zu einer Berlin-Regelung kommen. Ein Scheitern der Verhandlungen über Berlin und damit des deutsch-sowjetischen Vertrages ist viel weniger wahrscheinlich; es ist allerdings nicht völlig unmöglich. In jedem Falle bleibt unser vitales Interesse an sorgfältig aufrechterhaltener Gemeinsamkeit mit dem Westen.

### *Den kritischen Wähler nicht vergessen!*

Es gibt zwei Kräfte, die in der Verdächtigung unserer Ostpolitik besonders hervorragen: die SED einerseits und die von einer bestimmten Presse geistig geführten Teile der Bonner CDU/CSU-Opposition andererseits. Von der SED dürfen wir uns nicht provozieren lassen: Wenn wir dies täten, spielten wir uns nur ihrer Durchkreuzungspolitik in die Hände; es liegt allerdings auch kein Grund vor, der SED- und DDR-Führung freundliches Entgegenkommen zu bezeigen. Verbrüderungen mit Ost-Berliner Kommunisten würden in der SED lediglich die Illusion nähren, wir seien bereit, in Berlin schließlich nachzugeben; sie würde zur weiteren Verhärtung der Ost-Berliner Verhandlungsposition führen.
Aber von der aus entgegengesetzten Motiven ebenfalls unsere Entspannungspolitik bekämpfenden CDU/CSU dürfen wir uns auch nicht provozieren lasen, weder zu Beschimpfungen noch zu Emotionen noch zu Prophezeiungen. Eine Außenpolitik, die zu Hause auf das schärfste umstritten wird, wird dadurch mit unnötigen Risiken belastet. Außerdem: die Opposition ist sich nicht einig; viele Christdemokraten möchten im Grunde lieber eine erhebliche außenpolitische Zusammenarbeit mit der Bundesregierung als scharfe gegenseitige Herabsetzung; dies gilt zum Beispiel für die beiden ehemaligen Präsidentschaftsbewerber Gerhard Schröder und Richard von Weizsäcker. Wir sollten diese latente Bereitschaft nicht mißachten. Dies liegt auch in unserem eigenen innenpolitischen Interesse; denn jene Wähler, um deren Stimmen wir uns im Wettstreit mit der CDU/CSU bewerben, halten mit großer Mehrheit gar nichts davon, wenn der Bundestag seine Debatten über Außenpolitik zum Catcher-Zelt umfunktioniert. Heute vor einem Jahrzehnt kam das außenpolitische Gemeinsamkeitsangebot von Herbert Wehner; es kam aus nationaler Verantwortung und hat außerdem uns Sozialdemokraten gut getan. Auch heute wird derjenige am meisten geachtet, der – gelassen über dem täglichen Hickhack in Bonn stehend – seine Hand sichtbar zur Zusammenarbeit anbietet. Hier liegt einer der wichtigsten Gründe für den gleichzeitigen Ansehenszuwachs von Willy Brandt und Gerhard Schröder. Wenn und wo es zur Zusammenarbeit in Fragen unserer nationalen Existenz und Sicherheit nicht kommt, muß jeder Wähler erkennen können, daß die Schuld nicht bei uns liegt, sondern bei Schlamm, Strauß und Kiesinger. Dies ist nicht eine Empfehlung, außenpolitische Substanz preiszugeben. Aber ich empfehle sachliche, ver-

ständliche, einsehbare Argumentation – sowohl im Parlament als auch draußen im Lande. Zank oder Leichtfertigkeit in der Außen- und Sicherheitspolitik führen im Wählervolk zu Ansehensverlusten für Bonn; mit Bonn werden aber heutzutage wir regierenden Sozialdemokraten stärker identifiziert als die CDU/CSU.

Man kann aus den neun Landtagswahlkämpfen seit dem Oktober 1969 – einschließlich Bayerns und Schleswig-Holsteins – kaum herauslesen, daß unsere Außenpolitik uns bisher geschadet habe. Wir haben vielmehr sehr viel Verständnis mobilisieren können – auch bei CDU/CSU-Wählern. Wir sollten dieses Vertrauenskapital sorgfältig hegen, zumal auch außenpolitische Rückschläge noch kommen könnten. Wir sollten dabei nicht vergessen, daß unsere Gesellschaft ein relativ hohes Sicherheitsbedürfnis hat; auch deshalb dürfen z. B. die Bundeswehr und das Bündnis in unseren öffentlichen Darlegungen nicht vernachlässigt werden.

Das Nordatlantische Bündnis hat 1970 besonders stark seine *zweifache Sicherheitsstrategie* herausgearbeitet: einerseits gemeinsame Fähigkeit zur Verteidigung und dadurch Abschreckung, andererseits Entspannungsbereitschaft und Verhandlungswille. Die deutschen Sozialdemokraten haben am Zustandekommen und an der tatkräftigen Befolgung dieser zweispannigen Sicherheitspolitik einen hervorragenden Anteil. Unser positiver Anteil wird noch stärker sichtbar werden, wenn die Sowjetunion – was ich erwarte – auf das von uns herbeigeführte westliche Angebot eingeht, über beiderseitige gleichgewichtige Reduzierung der Rüstungen in Mitteleuropa zu verhandeln. Daß sie darauf eingehen wird, liegt in der Logik ihrer konkreten Situation und ihrer Bemühungen um eine sogenannte Sicherheitskonferenz für Europa.

Unsere Sicherheits- und Bundeswehrpolitik war der Wählerschaft bisher durchaus plausibel und weitgehend unproblematisch. Sie hat in den Meinungsumfragen nach den politisch besonders wichtig genommenen Streitfragen seit 1969 keine Rolle gespielt. Wir müssen dafür sorgen, daß dies so bleibt. Anderthalb Jahrzehnte lang hielt die Mehrheit der Wählerschaft die CDU/CSU für geeigneter als die SPD, die äußere Sicherheit unseres Staates zu gewährleisten. Diese Meinung ändert sich jetzt zu unseren Gunsten; wir müssen dafür sorgen, daß es dabei bleibt. Mit einem Wort: Unsere Außen- und Sicherheitspolitik muß vom Wähler erkannt werden können als das, was sie wirklich ist: nämlich die Verbindung von solider Sicherheit mit dem tatkräftigen Bemühen um Entspannung.

Dies ist uns bisher ganz gut gelungen. *Wenn* es uns auch in den nächsten beiden Jahren gelingen sollte, *so wird sich die Bundestagswahl 1973 an innenpolitischen Maßstäben entscheiden* – selbst dann, wenn bis dahin ein durchschlagender Erfolg der Entspannungspolitik noch ausgeblieben sein sollte. Außenpolitisch und sicherheitspolitisch wird das breite Publikum Europas und der Bundesrepublik mit dem großen Ernst und dem Nachdruck zufrieden sein, mit dem wir Sozialdemokraten uns um Sicherheit und Entspannung und um die Erweiterung und den inneren Ausbau der EWG bemüht haben. Dieser Trend ist schon bei den neun Landtagswahlen abzulesen gewesen, die seit der Bildung der sozial-liberalen Bundesregierung stattgefunden haben (lediglich das Berliner Ergebnis scheint in erwähnenswerter Weise auch von außenpolitischen Faktoren, nämlich von den Autobahn-Schikanen der DDR, mit beeinflußt worden zu sein). Mit anderen Worten: Außen- und sicherheitspolitisch weist unsere Zwischenbilanz ein durchaus positives Bild auf (es könnte allerdings durch eigene öffentliche Interpretationsfehler beeinträchtigt werden).

## *Ökonomie der Reformen*

Auf mehreren Feldern des gesamten Bereiches der inneren Politik ist dagegen der Trend der Wählermeinungen nicht im gleichen Maße positiv. Zwar ist die Politik der „inneren Reformen" durchaus nicht unpopulär; viele Menschen empfinden sie mit Recht als Notwendigkeit, nach einer allzulangen Periode der Restauration und der gesellschaftspolitischen Lethargie. Trotzdem war sie von Anfang an mit Risiken belastet:

1. Jede Reformabsicht trifft auf organisierte Interesen- oder Meinungsgruppen, die den bisherigen Zustand erhalten wollen, weil er ihnen Vorteile bot oder zu bieten schien. So trifft z. B. die Mitbestimmungsforderung – in der Industrie oder in der Universität – selbstverständlich auf Widerstände, welche sich die parlamentarische und publizistische Opposition lautverstärkend zunutze macht. Das gleiche gilt z. B. für die Veränderung des Ehescheidungsrechts oder des Sexualstrafrechts. Reformen, die etwa ohne ausreichende taktische Umsicht und ohne die Voraussicht solchen Widerstandes eingeleitet werden, können unversehens in Schwierigkeiten geraten und dann sogar – jedenfalls vorübergehend – zu politischen Belastungen werden.
2. Die meisten *Reformen kosten Geld.* Ihre Verwirklichung hängt deshalb nicht nur von ausreichenden Gesetzgebungsmehrheiten ab, sondern ebensosehr von ausreichender Leistungsfähigkeit der öffentlichen Finanzwirtschaft. Diese Leistungsfähigkeit ist nur durch Erhöhung der Staatseinnahmen oder durch Abbau bisheriger staatlicher Aufgaben zu erhöhen; das letztere wird ernsthaft niemand wollen. Wer aber beides ablehnt, behält für Reformen keinen Spielraum. Er macht sich damit aber auch unglaubwürdig, denn das Publikum spürt durchaus, daß der Staat nicht mit dem gleichen Geld in Zukunft eine wesentliche höhere Leistung erbringen kann. Es wäre sogar für höhere Steuern zu gewinnen, wenn es die Gewißheit hätte, daß sie einerseits der individuellen Leistungsfähigkeit entsprechend, d. h. *gerecht* wirken und daß sie andererseits zu konkreten Verbesserungen in der Bewältigung der Gemeinschaftsaufgaben führen. Nicht zuletzt unter dem Einfluß der F.D.P. war die Haltung der sozial-liberalen Koalition auf diesem Felde bisher nicht klar genug – infolgedessen sind im Publikum Zweifel hinsichtlich der Realisierbarkeit von Reformen aufgetreten, die sich negativ für die Regierungsparteien ausgewirkt haben.
3. Wir haben uns insgesamt auf dem Felde der inneren Reformen sehr viel vorgenommen und vieles angekündigt. Ich glaube heute noch, daß das Regierungsprogramm der Bundesregierung Brandt/Scheel im wesentlichen bis 1973 verwirklicht werden kann, *wenn* wir die Kraft zur Finanzierung aufbringen und *wenn* wir auf zusätzliche Belastungen der öffentlichen Haushalte verzichten. Gleichwohl müssen wir feststellen, daß die Vielzahl der Reformankündigungen bei einigen eine Reform-

hochstimmung und Erwartungen erzeugt hat, die mindestens hinsichtlich des notwendigen Zeitablaufes unrealistisch waren. Allzu vieles, das jahrelang liegengeblieben oder vernachlässigt worden war, sollte auf einmal und zugleich nachgeholt werden. Daß dies nicht möglich war, ist inzwischen vielen klar geworden – dadurch ist aber bei einigen an die Stelle der Reformeuphorie eine Reformresignation getreten. Beides tut uns Abbruch.

Die Vorarbeiten der vom Parteivorstand eingesetzten *Kommission* für ein – einstweilen so genanntes – *Langzeitprogramm* (es wird einen Zeitraum abdecken, der in die achtziger Jahre hineinreicht) haben zunächst zu einer sorgfältigen Zusammenstellung aller bisherigen sozialdemokratischen Zielsetzungen geführt, die auf Parteitagen, durch Fachkonferenzen usw. konzipiert worden sind. Wir sind gegenwärtig dabei zu berechnen, wieviel öffentliche und private Mittel zu ihrer Finanzierung und wie viele Arbeitskräfte zu ihrer Verwirklichung benötigt werden – von den zusätzlichen Kindergärten oder der vorschulischen Erziehung bis zur Veränderung der Vermögensstruktur unserer Gesellschaft oder der Wehrstruktur unseres Staates. Es zeigte sich schnell, daß sehr vieles nicht gleichzeitig, sondern vielmehr nur schrittweise nacheinander zu verwirklichen ist. Für das Tempo der aufeinanderfolgenden Schritte ist das Ausmaß der Produktivitätszuwächse unserer Volkswirtschaft der beherrschende Schrittmacher. Mit anderen Worten: Es kommt auf die Zahl der insgesamt pro Jahr geleisteten Arbeitsstunden unserer Volkswirtschaft und auf den Zuwachs an Produktivität je Arbeitsstunde an. In diesen beiden Faktoren steckt in Wirklichkeit die Möglichkeit zur realen Steigerung des Sozialproduktes.

Zur Erhöhung der Produktivität jeder Arbeitsstunde sind zusätzliche Ausbildung und zusätzliche Investition unerläßlich. Ohne zusätzliche Investition ist die Produktivität der Arbeit weder in der Landwirtschaft noch in der Industrie noch im privaten oder staatlichen Dienstleistungsbereich zu steigern. Wer aber Investitionen finanzieren will, kann insoweit seinen Ertrag oder sein Einkommen nicht konsumieren. Das gilt für kommunistische Zentral-Verwaltungswirtschaften genauso wie für sozial und demokratisch kontrollierte marktwirtschaftliche Ordnungen: Auf längere Sicht hängt die Möglichkeit zum Reformfortschritt von den Entscheidungen über die Anteile von Investitionen und Konsum am Sozialprodukt ab; man kann nicht die gleiche D Mark zugleich für den Neubau einer Schule *und* für die Erhöhung der Lehrergehälter, nicht zugleich für den sozialen Wohnungsbau *und* als Erhöhung des Wohngeldes ausgeben, nicht zugleich für die Modernisierung einer Fabrik *und* für die Erhöhung der Löhne in dieser Fabrik.

Trotzdem sind sowohl Steigerungen des Konsumeinkommens und der Vermögensbildung der Massen der Unselbständigen als auch Steigerungen der Investitionen zugleich nötig – sie sind tatsächlich auch zugleich möglich, allerdings insgesamt nur im Rahmen von durchschnittlich kaum mehr als 5 Prozent alljährlicher Steigerungen des realen Sozialproduktes.

Die immer neu zu entscheidenden Fragen lauten: Wieviel vom Sozialprodukt soll in den privaten Konsum gehen und wieviel in die privaten Investitionen? Und wieviel soll weder in den einen noch in den anderen Verwendungsbereich fließen, sondern vielmehr in den Korridor der *öffentlichen* Aufgaben, der zwischen beiden Bereichen liegt? Wie breit muß und

kann dieser *öffentliche Korridor* sein? Zu wessen Lasten wollen wir – dürfen wir – ihn verbreitern? Und wieviel des in den öffentlichen Korridor fließenden Anteils dürfen wir für öffentlichen Konsum ausgeben – z. B. für Gehälter im öffentlichen Dienst –, wieviel dagegen müssen wir für öffentliche Investitionen verwenden? Und – wenn diese Grundfragen beantwortet sind: Wie macht man das konkret und praktisch?
Dies sind die entscheidenden Fragen für die Steuer- und Haushaltspolitik einer Reformregierung. Wem sie zu theoretisch erscheinen, der sollte sich daran erinnern, daß die deutsche Sozialdemokratie vor achtzig Jahren ihre ersten theoretischen Vorstellungen auf dem Boden der ökonomischen Geschichtsauffassung entwickelte. Was immer an jenem damaligen Fundament auch heute ungeeignet sein mag – richtig bleibt, daß bewußte Gestaltung der Geschichte (und das ist es doch, was wir *Politik* nennen) *ohne ökonomische Einsicht Dilettantismus* ist.

## *Reform und Konjunktur*

Die letzten beiden Jahre sind in erheblichem Maße zu volkswirtschaftlichen Lehrjahren für unser Volk geworden. Der im großen und ganzen kontinuierlich, wenn auch keineswegs sozial-gerecht verlaufende wirtschaftliche Wiederaufbau der Erhard-Jahre bis in das sechziger Jahrzehnt hinein, ebenso Schillers Leistung bei der Überwindung der Rezession des Jahres 1967 waren in ihren ökonomischen Zusammenhängen vom breiten Publikum nicht verstanden worden. Man arbeitete hart – bis weit in die sechziger Jahre hinein – und hielt es weitgehend für selbstverständlich, daß der Erfolg dieser Arbeit nicht ausblieb. Der hohe Preisanstieg der Jahre 1965/66 und die nachfolgende Rezession wurde in ihren Ursachen kaum begriffen; man reagierte emotional, und viele wählten NPD. Die schnelle Beseitigung der Rezession danach erschien als Selbstverständlichkeit, die politische Dankbarkeit hielt sich in relativ engen Grenzen. Erstmalig die Aufwertungsdebatte des Sommers 1969 schien einigen die Augen für umfassende außen- und binnenwirtschaftliche Zusammenhänge zu öffnen; daß die im Herbst 1969 tatsächlich erfolgende Aufwertung ohne die von Kiesinger und Strauß angekündigten schädlichen Wirkungen verlief, daß 1970 ein Jahr bis dahin nicht vorgekommener Lohn- und Gehaltserhöhungen wurde, erschien jedoch schon wieder als ziemlich selbstverständlich. Erst seit Mitte 1970 führte die Preisdebatte – teilweise auch rückschauend auf das Vorjahr – wieder zu einem stärker in die Tiefe gehenden Interesse des breiten Publikums für die wirtschaftlichen Zusammenhänge.
Wir haben zunächst dieses Interesse und die damit verbundene latente Bereitschaft zu wirtschaftlichem Mitdenken der Wählerschaft nicht genügend ausgeschöpft. Jedoch ist es dafür keineswegs schon zu spät, im Gegenteil: Die außen- und binnenwirtschaftlichen Stabilisierungsmaßnahmen des Frühjahrs 1971 bieten ausgezeichnete Aufhängepunkte für eine volkswirtschaftliche Diskussion, die übrigens auch unserer eigenen Partei in ihrem Verständnis staatlicher und wirtschaftlicher Funktionen guttun wird.
Zunächst ist nötig, den unerhörten, einmaligen ökonomischen Erfolg des Jahres 1970 ins Bewußtsein zu heben. Wir hatten Vollbeschäftigung der

deutschen Arbeitnehmer und setzten außerdem noch zwei Millionen ausländische Arbeitnehmer in Lohn und Brot. Wir hatten von allen Industriestaaten der westlichen Welt beinahe den geringsten Preisanstieg: 3,8 Prozent auf das Jahr gerechnet. Nur die Schweiz und Kanada schnitten geringfügig günstiger ab, Kanada jedoch um den Preis einer sehr erheblichen Arbeitslosigkeit! Dagegen aber: Die tariflichen Stundenverdienste in unserer Industrie stiegen um 13,7 Prozent, die Nettolöhne und -gehälter insgesamt um 14,5 Prozent! Während die Einkommen aus Kapitalvermögen und Unternehmertätigkeit um 7,5 Prozent stiegen, sind die Bruttoeinkommen der Unselbständigen um mehr als das Doppelte, nämlich um 17,2 Prozent angewachsen. Als Konsequenz dessen hat sich der Anteil der Löhne am Sozialprodukt, also die sogenannte Lohnquote, von 65,2 Prozent auf 67,4 Prozent erhöht; sie betrug 1960 nur 60,6 Prozent. Dies sind einmalige Fortschritte, welche unsere Wirtschaftspolitik ermöglichte. *Netto und real ist die Position des Arbeitnehmers noch nie so stark verbessert worden wie gerade im Jahre 1970.*

Dazu kommen die großen sozialpolitischen Fortschritte: die Dynamisierung der Kriegsopferrenten und zugleich ihre drastische Anhebung; die Verdoppelung des 312-DM-Gesetzes auf 624 DM (inzwischen haben beinahe zwei Drittel aller Arbeitnehmer einen Vermögensbildungsvertrag abgeschlossen; wer als Vater von zwei Kindern das Gesetz voll ausnutzen kann, kommt in 10 Jahren auf 13 000 DM!), die Umstellung der Sparförderung von dem ungerechten System der Steuervergünstigungen auf das gerechtere System gleicher staatlicher Zulagen sowie die Einführung von Einkommensgrenzen; die Beseitigung der nur noch klassenpolitisch zu verstehenden Ungerechtigkeit hinsichtlich der Arbeitgeberanteile zu den Krankenversicherungsbeiträgen der meisten Angestellten; die Erhöhung des Kindergeldes für einen vergrößerten Kreis von Anspruchsberechtigten; das Ausbildungsförderungsgesetz; enorme Steigerung der Bundesausgaben für Bildung und Forschung; Erhöhung und Erweiterung der Landabgaberente; Aufhebung des Beitrags der Sozialrentner zur Krankenversicherung; Erhöhung des Wohngeldes – und schließlich, wie selbstverständlich, die Erhöhung der Sozialrenten am 1. Januar 1970 um 6,3 Prozent und am 1. Januar 1971 abermals um 5,5 Prozent.

Ich habe soeben die wichtigsten *gesellschaftspolitischen Veränderungen* des ersten Jahres aufgezählt, die bereits verwirklicht sind. Nicht enthalten sind die noch vor dem Abschluß stehenden Gesetzgebungsverfahren – vom Städtebauförderungsgesetz bis zur Reform des Betriebsverfassungsgesetzes. Gleichwohl ist die sozial- und gesellschaftspolitische Liste des Jahres 1970 ein bedeutendes Aktivkapital in unserer Zwischenbilanz, das außer uns selbst niemand so umfassend und so schnell vorhergesehen hatte. Für mich persönlich bekenne ich, daß das Jahr 1970 meine eigenen Erwartungen übertroffen hat. Manchmal bedauere ich aber auch ein wenig, daß wir in den allerersten Monaten unserer Koalition so sehr in die Vollen gegangen sind; denn gewiß gibt es genug Leute, die das Ausmaß dieser Leistung gar nicht in sich aufnehmen konnten, weil eine Novelle ohne Abstand auf die andere folgte.

Das *Tempo der Leistungen* hatte aber auch noch einen zweiten Haken. Wir haben mit diesem Tempo die finanzielle Leistungsfähigkeit unseres Gemeinwesens bis an ihre Grenze ausgeschöpft. Dies allein wäre gewiß noch kein Schaden. Immerhin hat es uns gezwungen, die Aufhebung der Ergänzungsabgabe zur Einkommensteuer wie auch die Erhöhung des Arbeitnehmerfreibetrages bei der Lohnsteuer zu vertagen. Das kann mit sehr gutem Gewissen verantwortet werden, wenn man die volkswirtschaftliche und die sozialpolitische Leistung dagegenhält. Inzwischen sind aber zwei neue Faktoren hinzugekommen, die uns vorübergehend ein langsameres Tempo auferlegen:

1. Die Konjunktur begann überzuschäumen, zugleich strömten infolge der wirtschaftlichen Instabilität in den USA zu viele Dollars in die Bundesrepublik, infolgedessen stiegen die Preise schon 1970 stärker als erwünscht, 1971 in einem gewiß unerwünschten Maße.
2. Die großen Lohnsteigerungen in der Privatwirtschaft haben für 1971 auch bei den Löhnen und Gehältern des Staates einen ungewöhnlichen Anstieg zur Folge gehabt. Im öffentlichen Korridor ist damit eine Beengung eingetreten, die zusätzlich noch durch die auch in den öffentlichen Haushaltungen nötigen Stabilitätsmaßnahmen (d. h. Steuerstillegungen) verschärft wird.

Der Verlauf der Konjunktur hat seit Sommer 1970 zu einer Bremsung im Tempo der Reformen geführt; er zwingt jetzt noch stärker zu vorübergehender Zurückhaltung bei den Staatsausgaben und damit zur Konzentration auf jene Reformen unseres Regierungsprogramms, die keine weiteren Erhöhungen der Staatsausgaben zur Folge haben. Das Feld dafür ist nicht klein, das Betriebsverfassungsgesetz steht dabei obenan.

Zugleich mag es heilsam sein, zukünftig mit noch spitzerem Bleistift rechnen zu müssen. Dazu ist aber auch nötig, daß wir selbst öffentlich vorrechnen – insbesondere gegenüber solchen Gruppen, die drauf und dran sind, den *Staat* zu einem *Selbstbedienungsladen* umzufunktionieren. Der Ruf nach mehr Lehrern ist berechtigt; ebenso der Ruf nach mehr Kindergärtnerinnen und Krankenschwestern, Polizisten und Kriminalbeamten, Fluglotsen und Feuerwehrbeamten, Unteroffizieren und Offizieren der Bundeswehr, Steuerbeamten und so weiter. Verständlich ist auch, daß solche Gruppen den Mangel an qualifizierten Arbeitskräften zu höheren Gehaltsforderungen ausnutzen. Regierungen und Gesetzgeber müssen aber auch die finanzwirtschaftliche Leistungsfähigkeit des Staates bedenken – und nicht nur Gruppeninteressen.

Unzulässig ist es jedoch, wenn kleine Gruppen des öffentlichen Dienstes unter Ausnutzung ihrer Monopolposition den Staat unter Druck und Nötigung zu setzen versuchen. Weder kann die Bundesregierung dem nachgeben, wenn sie nicht den Erfolg ihrer Stabilitätsanstrengungen von vornherein torpedieren will, noch sollten Sozialdemokraten im Lande den in solchen Pressionen zum Ausdruck kommenden Mangel an Gemeinsinn und an Solidarität honorieren. Wer von der Unkündbarkeit über die Beihilfen bis zur 75prozentigen Pension alle die großen Vorteile des Beamtenstatus behalten will, darf nicht gleichzeitig die wenigen Vorteile auch noch erlangen wollen, die unser Arbeits- und Tarifrecht dem Arbeiter sichert. Damit sind angemessene Gehaltserhöhungen im öffentlichen Dienst nicht ausgeschlossen. Aber jeder muß wissen und auch vertreten: Bildungsreform ist nicht so sehr eine Sache der Lehrergehälter als vielmehr eine Sache zugunsten der Schüler; der Ausbau der öffentlichen Sicherheit ist primär eine Sache zugunsten der Gesamtgesellschaft und nicht zugunsten der Stellen-

pläne oder Laufbahnbestimmungen für Polizisten oder Soldaten, Staatsanwälte oder Richter; Bahn, Post und fast alle Staatsbetriebe werden des Dienstes an der Allgemeinheit wegen betrieben, sie können weder Spitzenlöhne und -gehälter zahlen noch sollen sie Gewinn erwirtschaften.
Diese *Kernfunktionen des Staates* sind nach meiner Einsicht kein geeignetes Feld für Arbeitskämpfe. Den großen Gewerkschaften, welche die Arbeitnehmer, Beamten und Soldaten des öffentlichen Dienstes vertreten, und ihren Vorständen ist allerdings kein Vorwurf zu machen — einige wenige Ausnahmen bestätigen nur die Regel. Sie befinden sich damit in Übereinstimmung mit der großen Mehrzahl der Wählerschaft, die auch der Bundesregierung kaum zustimmen würde, wenn sie dem Druck einzelner Staatsdiener nachgäbe. Im Gegenteil: Willy Brandts Bereitschaft, notfalls auch eine *Auseinandersetzung* mit einer Gruppe von Staatsdienern *hart auszufechten,* stimmt genau mit der öffentlichen Meinung überein.

## *Wirtschaftspolitik als Arena der innenpolitischen Entscheidung*

Es scheint nach den Landtagswahlen der letzten Monate wie auch nach den Meinungsbefragungen gleicherweise festzustehen: die Unzufriedenheit über die Entwicklung der Preise und Mieten spielt gegenwärtig bei der politischen Entscheidung der Wählerschaft eine große Rolle. Deshalb muß offen darüber reden, wer sich das Vertrauen der Wähler erhalten will. Das Publikum wäre wohl auch schon vor dem Sommer 1970 bereit gewesen, die vorübergehenden Konjunkturzuschläge zur Lohn- und Einkommensteuer zu ertragen — es wäre bei kraftvoller Begründung vielleicht sogar bereit gewesen, echte Steuererhöhungen hinzunehmen (für die ich selbst seit anderthalb Jahren eintrete, ohne deshalb nun alle Weisheit für mich in Anspruch nehmen zu wollen). Natürlich macht uns die bevorstehende Rückzahlung des Konjunkturzuschlages noch erhebliche Sorge: Zwar liegt das Geld bereit, aber seine Auszahlung kann zu einem zusätzlichen Nachfragestoß auf den Binnenmärkten führen. Die Rückzahlung ist allerdings unerläßlich: Die Nichtinnehaltung eines gesetzlichen Versprechens könnte ungemein viel Vertrauen kosten. Sie ist auch nötig, um die steuerpolitische Handlungsfreiheit der Bundesregierung zurückzugewinnen.
Auf die Dauer geht es nämlich nicht ohne echte Steuererhöhung. Das Jahr 1972 bietet sich dafür an. Natürlich wird es Kritik und Unzufriedenheit geben. Viele werden dagegen auftreten, manche bloß mit dem Argument, Steuererhöhungen seien unpopulär. Von diesem Argument halte ich ziemlich wenig. Wenn das Publikum sieht, daß eine an sich unpopuläre Maßnahme wirklich not tut, so ist es bereit, sie zu ertragen; man muß allerdings den Stier bei den Hörnern packen, auch die eigenen Parteigenossen müssen wissen: Wer immer nur populär sein will, der kann sich auf die Dauer das ihm geschenkte Vertrauen nicht erhalten. Entscheidend ist, daß Steuererhöhungen mit einleuchtenden und fühlbaren Verbesserungen in Richtung auf größere Steuergerechtigkeit Hand in Hand gehen. Man darf nicht alle gleichmäßig belasten – vielmehr müssen die Ansätze zur *Steuergerechtigkeitsreform* und zur weiteren Vermögensbildungspolitik klar verwirklicht werden: Soviel wie möglich von jenen Plänen, die zu größerer

Steuergerechtigkeit führen sollen, zeitlich nach vorne ziehen – zugleich allerdings vermeiden, Millionen von Steuerzahlern durch unnötiges Gerede über „konfiskatorische Steuern“ unnötig zu erschrecken.

Der steuerpolitische Sonderparteitag der SPD im Herbst 1971 kann durchaus eine Vorentscheidung des Wahlkampfes 1973 mit sich bringen – positiv wie negativ. Er bedarf deshalb ganz besonders des Augenmaßes für das Mögliche und das Zumutbare. Die Delegierten müssen wissen, daß es falsch wäre, für alle öffentlichen Aufgaben einer weiteren Zukunft die Finanzierung auf einen Schlag sichern zu wollen. Im Gegenteil: Jede finanzwirtschaftliche Opulenz verführt zur Sorglosigkeit in der Verwendung öffentlicher Mittel; es ist besser, am Rande des Defizits zu operieren als im Überfluß.

Von Überfluß der öffentlichen Haushalte kann allerdings im Sommer 1971 keine Rede sein; das Bundeskabinett und der Bundestag stehen im Herbst, wenn es an die Fortschreibung der mittelfristigen Finanzplanung und an den Haushaltsentwurf für 1972 geht, vor erheblichen Deckungslücken; das gilt für die Länder und Kommunen ähnlich. Die öffentlichen Investitionen werden daher insgesamt etwas zurückgenommen werden müssen. Da auch im Bereich der privaten Wirtschaft die Investitionen gedämpft werden, wird die Investitionstätigkeit insgesamt abgeflacht werden. Dies ist eine unvermeidliche Konsequenz der Stabilitätspolitik. Je besser wir aber im Herbst 1971 und im Winter die Konjunktur und die Preise in den Griff bekommen, um so größer wird ein Jahr später unsere Handlungsfreiheit sein. *Der Blick auf das Wahljahr 1973 ist einer regierenden demokratischen Partei keineswegs verboten!*

Wir dürfen in diesen Jahren 1971 und 1972, die wir vom Prinzip der wirtschaftlichen Stabilität her akzentuieren, allerdings keine unerfüllbaren Stabilitätsversprechen machen. Die wortreiche Inflationshysterie von Strauß darf uns nicht – umgekehrt – in eine Stabilitätshysterie treiben. *Völlige* Stabilität aller Preise bleibt ein lebensfremder Wunschtraum, zumal in einer Umwelt, in der fast alle Industrieländer, mit denen wir durch die gemeinsamen Märkte der EWG und durch den Welthandel auf das engste verflochten sind, weiterhin inflatorische Politik treiben. Wir können uns zwar vor den unerwünschten inflationierten Dollars weitgehend schützen, aber wir wollen auch die von uns mit großem Ernst angestrebte Wirtschafts- und Währungsgemeinschaft in der EWG nicht gefährden. Deshalb bleibt unsere Stabilitätspolitik auf ein erhebliches Maß internationaler Solidarität unter den Partnerstaaten angewiesen. Soweit diese nicht erreicht werden sollte, können wir sie auf die Dauer kaum durch eine auf den Kopf gestellte deutsche Autarkiewirtschaft der Stabilität ersetzen. Mit anderen Worten: Es wird auch weiterhin einige Preiserhöhungen geben, es darf deren aber nicht zu viele geben! Oppositionsredner oder industrielle Sprecher, die „absolute Stabilität“ verlangen, sind Schwätzer.

*Ohne die Tarifpartner geht es nicht*

Es hat keinen Sinn, wenn in diesem Frühjahr Vorstände großer Aktiengesellschaften das Schrumpfen ihrer Erträge beklagen und in der gleichen Sitzung unverändert 18 Prozent Dividende zu zahlen vorschlagen. Wenn sie wollen, daß die Gewerkschaften ihre Darlegungen der Kosten-Preis-Schere, der abnehmenden Erträge und Eigenmittel für Investitionen ernst nehmen sollen, dann müssen sie auch ihre Aktionäre die Lage spüren lassen. Daß hierin die Großunternehmen und besonders die Großbanken als erste voranzugehen hätten, liegt auf der Hand. Von ihnen ist beispielhaftes Handeln zu verlangen, auch bei den Preisen. Die Gewerkschaften spüren selbst, daß die Lohnerhöhungen der letzten zwölf Monate nicht wiederholbar sind – aber es wäre wenig sinnvoll, allein an sie Appelle zu richten. Die sogenannte Konzertierte Aktion war bisher im ganzen recht erfolgreich. Die stabilitätspolitischen Entschlüsse der Bundesregierung geben ihr die Legitimation, den Versuch zu unternehmen, in diesem Jahre die Konzertierte Aktion zu einem abgestimmten Verhalten der Tarifpartner bei Löhnen und Preisen zu führen. Gewiß kann ein „Stabilitätspakt" nicht für die Ewigkeit geschlossen werden. Aber er wäre jetzt von Nutzen für alle. Er könnte auch in noch höherem Maße als bisher Lohnsteigerungen in die Vermögensbildung der Arbeitnehmer lenken.

Dies zu erreichen, ist ohne Kompromißbereitschaft nicht möglich. Gerade Gewerkschaften kennen das Wesen und die Notwendigkeit des Kompromisses aus all ihrer Arbeitskampf- und Tarifverhandlungserfahrung. Konflikte müssen ausgetragen werden — gewiß! Aber irgendwann kommt im Prozeß des Konfliktes der Augenblick, in dem ein tragfähiger Kompromiß möglich wird. Wer solche Möglichkeit grundsätzlich nicht nutzen will, wer jeden Kompromiß grundsätzlich ablehnt, der mag ein guter Prinzipienreiter sein, aber er ist zur Tarifpolitik nicht zu gebrauchen. Er wäre übrigens auch nicht zu einer friedlichen Außenpolitik zu gebrauchen, auch nicht zu einer demokratischen Innenpolitik. Wer zum Kompromiß nicht fähig ist, ist überhaupt zur Demokratie wenig geeignet.

Der Wille zum fairen Kompromiß ist auch zwischen Gewerkschaften und Bundesregierung immer aufs neue nötig. *Gewerkschaften und Sozialdemokratie stammen aus der gleichen gesellschaftlichen und historischen Wurzel der alten Arbeiterbewegung.* Es ist weitgehende Identität der Personen gegeben; beide stützen sich weit über ihre Mitgliedschaft hinaus auf die gleichen Millionen von Arbeitern und Angestellten, von Rentnern und Hausfrauen, auf Hunderttausende von Beamten. Es kann nicht bezweifelt werden, daß sie in ihren Grundtendenzen übereinstimmen. Trotzdem kann es auch Meinungsverschiedenheiten zwischen einer regierenden Sozialdemokratischen Partei und von Sozialdemokraten geführten Gewerkschaften geben: Beispiele dafür hatten wir unter Harold Wilson in England, aber auch unter Olof Palme in Schweden deutlich vor Augen. Schließlich ist es überall und zu jeder Zeit die Aufgabe der Gewerkschaften, den gesellschaftlichen Prozeß voranzutreiben, für den Fortschritt zu plädieren – und das bedeutet dann auch: gegen den bisher erreichten Zustand zu opponieren. Insoweit sind Gewerkschaften ihrer Natur nach zugleich immer eigenständige außerparlamentarische Opposition – wobei sie durchaus, wie

ohne Zweifel z. B. in der Bundesrepublik, fest auf dem Boden parlamentarisch-demokratischer Gesinnung stehen können.
Enge Tuchfühlung zwischen den Gewerkschaften und einer regierenden Sozialdemokratischen Partei ist deshalb unabweisbar nötig, vom Ortsverein bis zum Bundesvorstand. Zwar werden dadurch die Interessenkonflikte – z. B. wegen der Preise und Löhne, wegen der Konjunkturpolitik insgesamt – nicht grundsätzlich vermieden, wohl aber bleiben sie in eine Atmosphäre eingebettet, in der Einvernehmen grundsätzlich gewollt wird. Eine sozialdemokratisch geführte Bundesregierung kann grundsätzlich nicht gegen die Gewerkschaften regieren, sie kann dies auch nicht wollen. Dies gilt umgekehrt ebenso: Jeder Gewerkschaftsvorstand weiß, daß der Fortschritt in der sozialpolitischen Gesetzgebung der Sozialdemokratischen Partei bedarf. Keine Seite wird ihre Mitglieder und Anhänger in Loyalitätskonflikte stürzen wollen.
Das grundsätzliche Einvernehmen der sozial-liberalen Koalition mit den Gewerkschaften – unbeschadet der vielen offenen Forderungen – ist einer der Aktivposten in unserer Zwischenbilanz. Er schlägt jetzt deutlicher für die SPD zu Buch als während der vorangegangenen Zeit der Großen Koalition. Daß diese Verbindung auch in Zukunft besonders gepflegt werden muß, versteht sich im Interesse beider Seiten von selbst. Anders wären auch die wirtschaftspolitischen Aufgaben dieser Bundesregierung kaum lösbar.

## *Preise als Unruhefaktor*

Es ist zutreffend, wenn wir sagen, noch niemals zuvor sei es der großen Mehrzahl unseres Volkes materiell so gut gegangen wie 1971. Es ist gerechtfertigt, wenn wir uns an diesem Sachverhalt ein entscheidendes Verdienst zumessen. Trotzdem machen die Landtagswahlen hierzu klar: Es gibt tatsächlich wirtschaftliche Unsicherheit, ja Unzufriedenheit im Bewußtsein mancher Wähler. Sie hat uns Stimmen gekostet, die wir sonst vielleicht bekommen hätten, und sie hat uns auch Arbeitnehmerstimmen gekostet, die früher für uns abgegeben worden waren. Die Preisdiskussion hat eine zu große Rolle gespielt, *obgleich* die CDU/CSU außer starker Polemik und teilweise hysterischer Angstmacherei kein zusammenhängendes wirtschaftspolitisches Konzept als Alternative in der Sache anzubieten hatte. Das hat der Wirtschaftstag der CDU erneut erkennen lassen.
Stoltenberg als wirtschaftspolitischer Sprecher bot ein Paradebeispiel für wirtschaftspolitische Konzeptlosigkeit. Innerhalb eines dreiviertel Jahres änderte er zweimal seine Grundposition: im Sommer 1970 fürchtete er die Inflation, im Spätjahr die Rezession, im April 1971 wieder die Inflation – und alle drei Male trat er infolgedessen für eine andere Wirtschaftspolitik ein. Trotzdem gewann er mit unerfreulicher Mehrheit die Kieler Landtagswahl. Ich glaube nicht, daß er allzu viele seiner Wähler mit seiner wirtschaftspolitischen Argumentation überzeugt hat; aber sie hat solche Wähler unsicher gemacht, die von *unserer* Argumentation nicht erreicht wurden. Die schleswig-holsteinische CDU führte ihren Wahlkampf gegen die Wirtschafts-, Finanz- und Agrarpolitik der Bonner Regierung (und au-

ßerdem noch gegen Jochen Steffen) — die schleswig-holsteinische SPD führte ihren Wahlkampf für eine schleswig-holsteinische Wirtschaftsstrukturpolitik (und außerdem — im Effekt — gegen die Landwirte); bei dieser Gegenüberstellung schlug für die wahlentscheidenden wenigen Prozente der Wählerschaft die wirtschaftspolitische Verunsicherung durch. Ganz gewiß ist aus der Kieler Landtagswahl wie aus allen neun Landtagswahlen noch wesentlich mehr zu lernen; an dieser Stelle aber müssen zwei deutliche Negativfaktoren unserer Zwischenbilanz festgehalten werden:

1. Preispolitische Unsicherheit wirkt zu unserem Nachteil.
2. Die Tatsache, daß eine sehr große Zahl unserer Sprecher, Mitglieder und Anhänger bisher keinen ausreichenden Überblick über die wirtschaftliche Gesamtentwicklung besitzt, daß sie dem Preisanstieg nicht die Reallohnentwicklung wirksam gegenüberstellen, daß sie internationale Vergleiche der Beschäftigungsquoten und des Anstiegs der Lebenshaltungskosten nicht anzustellen vermag, daß viele die Dollarinflation nicht als Hauptursache für unsere binnenwirtschaftliche Überliquidität erkannten und daß die stark expansive Lohnpolitik preispolitisch zur gleichen Tendenz führen mußte: All dies zusammen verstärkte die der SPD nachteiligen Folgen der preispolitischen Unsicherheit.

Wenn dies richtig ist, so ist für unsere Partei aus diesem Aspekt der Zwischenbilanz eine wichtige Konsequenz zu ziehen: Wir müssen lernen, unsere eigene Wirtschaftspolitik zu verstehen und damit zu argumentieren! Wahlentscheidende Teile des Publikums sind nicht bereit, sich von uns angesichts aktueller wirtschaftlicher Probleme mit grundsätzlicher, programmatischer, zukunftsorientierter Kritik an der geltenden Wirtschaftsordnung abspeisen zu lassen, da sie uns doch mit Recht verantwortlich wissen für deren *gegenwärtiges* sicheres Funktionieren!

## *Fazit der Landtagswahlen*

*Wahlen werden in der Mitte entschieden,* genauer gesagt: von demjenigen Teil der Wählerschaft, der nicht weltanschaulich für eine Stimmabgabe links oder rechts festgelegt ist, der sich von Fall zu Fall für die SPD oder für die CDU/CSU entscheiden kann – sei es unter dem Eindruck schwankender Stimmungen oder als Folge rationaler Abwägung. Wer die neun Landtagswahlen seit dem Herbst 1969 in ihrem Gesamtergebnis betrachtet, wird auf den ersten Blick sehen, daß es der sozial-liberalen Koalition nicht gelungen ist, aus der Mitte des Wählerspektrums zusätzliche Wähler heranzuziehen. Noch im März 1969 – bei der Wahl Gustav Heinemanns – verfügten SPD und F.D.P. zusammen über 532 Wahlmännerstimmen in der Bundesversammlung; CDU/CSU und NPD hatten damals zusammen 504 Wahlmänner. Bundestagswahl und Landtagswahl haben nun dieses Bild verschoben: Nach den Wahlen in Rheinland-Pfalz und Schleswig-Holstein würden SPD und F.D.P. zusammen heute nur noch 518 Wahlmänner in die Bundesversammlung entsenden. Ihnen stünden genau 518 Wahlmänner der CDU/CSU und NPD gegenüber.

Ein ähnliches Bild ergibt sich, wenn man die Wahlergebnisse der neun Landtagswahlen oder besser der acht – Berlin würde ja zum Bundestag

nicht mitwählen – auf eine theoretische Bundestagswahl umrechnet. Es ergibt sich das Bild, daß SPD und F.D.P. zusammen von 1969, als sie 48,5 Prozent aller Stimmen auf sich vereinigten, auf 48,3 Prozent zurückgefallen sind, also um 0,2 Prozent. Das ist nicht sehr schlimm, es ist nicht sehr viel, aber immerhin. CDU und CSU zusammen sind dagegen im gleichen Zeitraum von 46,1 Prozent auf 48,2 Prozent angestiegen, d. h. um 2,1 Prozent. Ergebnis: Regierungskoalition und Oppositionskoalition liegen ganz nahe beieinander. Bei den anderen jedoch ein aufsteigender Trend, insbesondere durch das Aufsaugen der NPD-Wähler; auf unserer Seite ein leicht abflachender Trend, und zwar unabhängig von dem Hin und Her vieler Wähler von der CDU/CSU zu uns oder von uns zur CDU/CSU.
Für 1973 würde es nicht genügen, wenn Sozialdemokraten und Freie Demokraten ihren bisherigen Stimmenanteil hielten, weil durch die Abwanderung der NPD-Wähler zur CDU und CSU für die CDU/CSU eine günstigere d'Hondtsche Verrechnung einträte. Das heißt, daß wir und die F.D.P. in der nächsten Bundestagswahl mehr Stimmen als 1969 gebrauchen, um die alte Zahl der Mandate zu erringen. Anders ausgedrückt: Die Fortsetzung der sozialdemokratischen Regierungstätigkeit in Bonn hängt – von heute aus gesehen – ganz wesentlich von der weiteren Entwicklung der F.D.P. ab, von der Einschätzung unseres Koalitionspartners F.D.P. durch die Wähler. Es hat keinen Zweck, daran vorbeizusehen.
Wenn man dagegen die Wahlergebnisse der Sozialdemokraten und der Freien Demokraten als Einheit betrachtet, so könnte man zwar sagen, daß die Bürgerschaftswahl in Hamburg, die Landtagswahl in Niedersachsen, auch die Landtagswahl in Hessen für die sozial-liberale Koalition als erfolgreich angesehen werden dürfen; in Bayern und in Rheinland-Pfalz hat der Stand immerhin gehalten werden können. Aber man soll nicht übersehen, daß die CDU/CSU in sieben Ländern Zuwächse erreicht hat, und in Schleswig-Holstein hat sie sogar mit Abstand das beste Ergebnis für sich erzielen können.
Wenn man nun dieselben Zahlen noch einmal aus einem anderen Blickwinkel betrachtet, dann sind sie nicht ganz so alarmierend wie es oben schien. Wenn man sich noch einmal die Landtagswahlen der vorigen Bundestagslegislaturperiode ansieht und ebenso die Landtagswahlen der vorvorigen Periode (in der ersten Hälfte der 60er Jahre), dann zeigt sich: derjenige, der in Bonn regierte, hat immer bei den zwischenzeitlichen Landtagswahlen Stimmen verloren. Dies hat sich früher für die CDU/CSU bei den Landtagswahlen immer negativ ausgewirkt, sie haben sich dann jedoch bei der jeweils nachfolgenden Bundestagswahl wieder hochgerissen. Es könnte sein – ich will niemand vorzeitig beruhigen –, daß diese Erscheinung gegenwärtig in ähnlicher Weise nur *bis* zur Bundestagswahl 1973, aber nicht *bei* der Bundestagswahl zu unseren Ungunsten wirkt.
Allerdings muß man deutlich sehen, daß CDU und CSU an einigen Orten auch auf unsere Kosten Gewinne erzielen konnten, und nicht nur zu Lasten der NPD. In manchen städtisch beeinflußten Gebieten haben Angehörige des sogenannten neuen Mittelstandes oder, wie die Meinungsforscher sie wohl auch nennen, „soziale Aufsteiger", ihre Stimmen der CDU/CSU gegeben. Ein Journalist hat dazu neulich gemeint, sie hätten zwar 1969 in Karl Schiller ihren besten Sachwalter gesehen und deswegen damals SPD gewählt, jetzt aber hätten sie angesichts steigender Preise und Lebenshal-

tungskosten Gerhard Stoltenberg mit seinem Slogan von den „maßvollen Reformen“ sozusagen als „besseren Schiller“ gewählt. Diese Interpretation mag richtig oder falsch sein, jedenfalls ist die Gesamtbilanz der Landtagswahlen keineswegs zutiefst erschreckend. Wohl aber müssen die Wahlergebnisse insgesamt für die Sozialdemokratie ein erheblicher Grund zum Nachdenken sein.

Die Wählerbewegungen sind in ihren Größenordnungen zwar nicht dramatisch verlaufen, aber einige unserer Erwartungen haben sich nicht erfüllt, zum Beispiel auch jene Hoffnungen nicht, die manche in hohem Maße auf die Herabsetzung des Wahlalters gesetzt hatten (manche haben ja damals sogar mit der Wurst nach dem Schinken geworfen). Es hat sich im übrigen kein einheitlicher Trend zwischen Stadt und Land gezeigt. Es haben sich in einigen Gegenden lokal und regional personenbedingte Besonderheiten stark ausgeprägt; denken wir an München, denken wir an Frankfurt. Es hat sich gezeigt, daß CDU und CSU ihre besten Chancen in protestantischen Gebieten hatten, die Sozialdemokraten dagegen in katholischen. Mindestens das erste aber hängt damit zusammen, daß in protestantischen Gebieten der NPD-Anteil relativ hoch war, der jetzt zugunsten der CDU zurückgeht; es hat jedenfalls kaum etwas zu tun mit irgendeinem besonderen Verhältnis zwischen den Kirchen und den Parteien.

Gegenwärtig scheinen Sozialdemokraten und Freie Demokraten aus dem gleichen Wählerpotential zu schöpfen. Wenn es dabei bliebe, könnten wir die nächste Bundestagswahl nicht eindeutig gewinnen, wie oben geschildert. Der SPD ist 1973 nicht gedient, wenn wir der F.D.P. jene Stimmen abnähmen, die sie zur Überspringung der 5-Prozent-Grenze benötigt. Und der sozial-liberalen Koalition insgesamt wäre nicht gedient, wenn die F.D.P. versuchen sollte, uns Stimmen abzunehmen. Statt dessen müssen diese beiden Parteien – Sozialdemokraten und F.D.P. –, die auch in einigen Ländern zusammenwirken, in das bisherige Wählerpotential der CDU und CSU hineingreifen; dabei wird der Hauptanteil der Last sicher bei uns liegen! Dies ist die entscheidende Aufgabe, die gegenüber der Wählerschaft bewältigt werden muß. Man muß sich klarmachen, welche politische Gesinnung insgesamt und welche Vorstellungen und Erwartungen an eine Bundesregierung jene Leute haben, die zwar das letzte Mal CDU/CSU gewählt haben, gleichwohl aber für uns zu gewinnen sind. Diese Gruppe müssen wir zusätzlich politisieren und politisch überzeugen! Sie entscheiden die Bundestagswahl 1973!

## *Die Arbeitnehmer im Zentrum*

Einen Punkt aber müssen wir hier ganz deutlich sehen – und das ist derjenige, der mich am meisten besorgt macht: Die Sozialdemokratie hat, wenn man alle Landtagswahlen zusammennimmt, Stimmenverluste in der Gruppe der berufstätigen Männer zwischen 30 und 60 Jahren erlitten. Diese Wählergruppe repräsentiert die Masse der Arbeitnehmer; sie allein stellt ein Viertel der gesamten Wählerbevölkerung. Mir scheint, daß insbesondere dieser Aspekt der Landtagswahlen uns dringend nahelegt zu überlegen: Was sind dort die Gründe gewesen? Waren es zum Teil typische Oppositionswähler? Ich kann das nur als Frage in den Raum stellen. War es Unzufriedenheit mit der Wirtschaftspolitik, mit der Preisentwicklung? War es so, daß sich manche von den Reformen schneller Vorteile für sich versprochen hatten? Jedenfalls scheint mir eine der Konsequenzen zu sein, die man aus dieser spezifischen Erscheinung ziehen muß: Wir müssen noch mehr Schwergewicht auf die Arbeit in den Betrieben legen, auf die direkte Arbeit für die Arbeitnehmer! *Unsere Zielgruppen Arbeiter und Angestellte müssen ihre Priorität behalten.* Dabei wissen wir, daß Arbeiter nicht gleich Arbeiter ist und schon gar nicht Angestellter gleich Angestellter. Es gibt sehr verschiedene Gruppen in sehr verschiedenen psychologischen Situationen und mit sehr verschiedenen Interessen und politischen Erwartungen. Auf sie und auf ihre Ehefrauen müssen wir unsere Politik und unsere Argumentation besonders sorgfältig einstellen. Und hier ist eine deutliche Warnung nötig: Es gibt ein paar junge intellektuelle Genossinnen und Genossen in unserer Partei, die öffentlich von sich behaupten, sie seien die SPD der 80er Jahre. Daran mag etwas Richtiges sein; es mag durchaus so sein, daß einige von denen, die öffentlich so auftreten, 1980 in den Vorständen unserer Partei im Lande oder in Bonn arbeiten, daß vielleicht sogar einer von ihnen Parteivorsitzender oder sozialdemokratischer Bundeskanzler wird. Aber es darf keinen Irrtum geben: Auch 1980 wird die Sozialdemokratische Partei zwar durchaus Lehrer, Ärzte, Anwälte, Geistliche und Angehörige freier Berufe in sich bergen; aber wenn sie noch eine gewichtige politische Kraft ist, dann wird sie vornehmlich eine Partei der Arbeitnehmer, der Angestellten und der Arbeiter sein! Wenn sie das nicht bliebe, dann würde sie von einer Volkspartei zu einer Sekte. Auch innerhalb unserer Parteiarbeit müssen wir Verständnis für jene Genossen verlangen, die als Arbeiter in den Betrieben, als Betriebsgruppenfunktionäre, als Betriebsräte und Gewerkschafter auf vielen „Schlachtfeldern" kämpfen müssen und deshalb nicht zugleich zu jedem Ortsvereins- und Distriktabend anwesend sein können, insbesondere nicht bei Abstimmungen, die erst in später Nachtstunde stattfinden.

## *Die Lage der CDU/CSU*

Manche Politiker des anderen Lagers haben einige Landtagswahlen enthusiastisch gefeiert. Bei einer Bundestagswahl sähe das Ganze natürlich erheblich anders aus. Wenn man in Bayern mit einem Mann wie Goppel, in Rheinland-Pfalz mit einem Mann wie Kohl, wenn man in Schleswig-Holstein mit einem Mann wie Stoltenberg auf einen großen Teil des Publikums einen ganz guten Eindruck machen konnte, so wäre es doch noch sehr eine Frage, wie man in einer Bundestagswahl gegen Brandt etwa mit einem Mann wie Barzel antreten will. Ganz abgesehen davon, daß es innerhalb der christlich-demokratisch/christlich-sozialen Koalition einstweilen noch schwere Kämpfe um die personelle Führung gibt und weiter geben wird. Wenn sich CDU und CSU über ihre Führungsspitze und ihren Kanzlerkandidaten zu spät entscheiden sollten, wird das ihre Chancen für 1973 erheblich beeinträchtigen. Ihre *Führungslosigkeit* hat dazu geführt, daß ihre Entscheidungen zur Sache, daß ihre sachliche Opposition auf den meisten Feldern außerordentlich leidet; so auf dem Felde der Außenpolitik – man bedenke die völlig verschiedenen Einlassungen von Schröder auf der einen Seite (Schröder ist übrigens der einzige, der einigermaßen in Übereinstimmung mit den Beschlüssen des Nordatlantischen Bündnisses bleibt) oder von Strauß auf der anderen Seite; so auf dem Felde der Wirtschaftspolitik; so auf den Feldern der Haushalts- und Steuerpolitik, der Gesellschafts- und Sozialpolitik; ebenso auf den Feldern der Bildung, der Betriebsverfassung, der Bundeswehr usw.

Besonders deutlich ist die Führungslosigkeit der CDU auf ihrem Düsseldorfer Parteitag geworden, als sie sich in der Frage der Mitbestimmung auf die extrem-konservative Linie ihres Wirtschaftsrates zurückzog. Hans Katzer und der sogenannte Arbeitnehmerflügel wurden isoliert; in Düsseldorf war Herr Dregger der Wortführer dieses Rückfalls, der gleichzeitig in Frankfurt seine „Gewerkschaft Adel und Banken“ zum Machtkampf beflügelte.

Die Gesamtsituation der Opposition, die man auf neuhochdeutsch als Frustration bezeichnen würde, verführt sie im Parlament wie draußen im Lande immer wieder zum Ausbruch in die bloß-polemische Herabsetzung derjenigen, die die Regierungsverantwortung tragen, ihre Frustration verführt sie auch vielfältig zu grober Verzerrung von Tatsachen. Ich will aber in diesem Zusammenhang auf eines hinweisen: Nach meinem Urteil führt eine lediglich polemische Polarisierung in der öffentlichen Auseinandersetzung zwischen den Sozialdemokraten und der christlich-sozialen/christlich-demokratischen Koalition zu einem allgemeinen Vertrauensverlust bei den Bürgern unseres Landes, egal, was sie das letzte Mal gewählt haben. Sie führt zu einem allgemeinen Verlust des Vertrauens in die Kontinuität des demokratischen Prozesses, des demokratischen Staates, und kann damit auch zum Verlust von Vertrauen in unsere sozialdemokratische Führungskraft führen. Ich will daraus keineswegs die Schlußfolgerung ziehen, daß wir nötig hätten, in der Auseinandersetzung mit der CDU/CSU zurückzustecken, ich bin für solch Zurückstecken meinerseits auch wohl nicht bekannt. Ich meine aber, daß wir als die regierende Partei die Auseinandersetzung in innerer Gelassenheit führen müssen, damit bei jeder Gelegenheit jedermann draußen sehen kann, wer mit der Stänkerei anfängt, und wer im Einzelfall die Verantwortung dafür trägt, wenn immer wieder eine dieser im Grunde fruchtlosen, eher zerstörerischen polemischen Debatten im Bundestag geführt werden.

Die CDU/CSU hat alle Hoffnungen aufgegeben, vor 1973 in Bonn etwas zu verändern. Deswegen sind auch viele ihrer Abgeordneten häufig im Parlament nicht anwesend. Wir haben zwar theoretisch nur sechs Stimmen Mehrheit im Deutschen Bundestag, bei den meisten Abstimmungen sind es jedoch 20, 30 oder 40, weil viele Leute der Opposition ihre Hoffnung auf ein erfolgreiches Überraschungsmanöver längst aufgegeben haben.

*Faire Partnerschaft*

Was unseren Koalitionspartner F.D.P. angeht: der ist in einer besseren Verfassung, als man es der F.D.P. früher je zugetraut hat; nachdem sie ihre Mendes und Zoglmänner – und wie sie alle hießen – losgeworden ist, sind die Freien Demokraten ein zuverlässigerer Koalitionspartner, als wir früher in der Großen Koalition die CDU/CSU erlebt haben. Es liegt in unserem eigenen Interesse, die Glaubwürdigkeit der Freien Demokraten nicht durch unser eigenes Verhalten zu gefährden. Mit anderen Worten: Wir müssen gegenüber dem Koalitionspartner bei unserem *Grundsatz des fairen Kompromisses* bleiben. Die F.D.P. selbst weiß unser Verhalten sehr zu schätzen; nie zuvor hat sie in Bonn einen so fairen Koalitionspartner gehabt. Die sozial-liberale Koalition funktioniert im Alltag, im Kabinett und Parlament sehr viel besser, als früher die Große Koalition funktioniert hat; das kann ich als ehemaliger Fraktionsvorsitzender gut beurteilen.

Andererseits ist sicher, daß wir auch mit dem Koalitionspartner F.D.P. immer nur *einen Teil* unserer Ziele verwirklichen können. Das haben wir beim Eintritt in diese Koalition gewußt, daß der Partner z. B. die paritätische Mitbestimmung für die Studenten zwar fordert, jedoch immer noch nicht für den viel bedeutsameren Bereich der Großunternehmen. Da hat es dann auch wenig Sinn, dies immer wieder und aufs neue zu beklagen; ähnliches gilt auf dem Felde der Steuerreform und anderswo.

*Zur Selbstdarstellung unserer Partei*

Ich habe für Wahrhaftigkeit unserer politischen Aussage plädiert und dafür, auch unangenehme Dinge realistisch auszusprechen. Die letzten beiden Jahre haben uns auch gelehrt, daß es nicht gut tut, höhere Erwartungen entstehen zu lassen, als realistisch gerechtfertigt sind. Ich plädiere auch dafür, daß wir uns unserem Publikum so weitgehend wie nur möglich einheitlich darstellen. Es kann kaum nützen, wenn neuerdings sogar schon die Plakate der SPD den einheitlichen Stil aufgegeben haben. Schädlich ist in den meisten Fällen auch öffentlich sichtbar werdendes Gegeneinander von hervorragenden Sprechern der Partei und besonders: von Exponenten der SPD, die zwar in Wahrheit gar nicht repräsentativ sind, wohl aber mit Fleiß von unseren Gegnern mit öffentlicher Wirksamkeit gegen uns ausgespielt werden. Es sind nicht nur Minister, die für die gleiche Partei sprechen und bei verschiedener Gelegenheit Verschiedenes reden. Es sind vor allem viele, die angeblich im Namen der SPD sprechen und ganz anders reden, als es Willy Brandt oder Karl Schiller gerade gestern in Bonn gesagt haben. Es sind viele, die sich hier an die eigene Brust klopfen müssen, weil sie sich ein billiges Vergnügen daraus machen, in den Zeitungen und den Medien zwei- und dreispaltig mit ihrer von der beschlossenen Meinung der Partei abweichenden Sondermeldung oder sogar mit ihrer Provokation der eigenen Partei gebracht zu werden.

Manche der jüngeren Kritiker in unserer Partei wollen uns auf eine sogenannte reine Lehre des Sozialismus festlegen; andere auf einen Katalog „systemüberwindender“ Reformen. Einige dieser gedanklichen Ansätze könnten fruchtbar werden. Aber sie sollten der Sozialdemokratie nicht handstreichartig oktroyiert werden. *Und sie dürfen auch den Weg unserer Partei nicht verengen.*

Der Weg von Ferdinand Lassalle und August Bebel, von Wilhelm Liebknecht über Friedrich Ebert und Karl Legien, über Kurt Schumacher, Erich Ollenhauer und Fritz Erler, über die großen Bürgermeister Reuter, Kaisen, Bauer, über Wilhelm Högner und Hinrich Kopf bis hin zu Willy Brandt: das war doch immer ein Weg, der die Partei breiter machte. Niemand darf zulassen, daß einige unsere Partei wieder verengen wollen — sie kosten uns Vertrauen bei der Wählerschaft. Zweifellos wollen wir bisherige CDU/CSU-Wähler wegen ihrer Stimmabgabe verunsichern, zur selbstkritischen Fragestellung bewegen. Holzhammer und Beschimpfung sind dafür in aller Regel nicht geeignet; wir sollten diese Instrumente niemandem gestatten, der in unserem Namen auftritt. Und niemand darf sich damit durchsetzen, den seit Generationen immer breiter werdenden Weg der Partei, der uns für immer größere Teile der Gesellschaft wählbar gemacht hat, wieder zu verengen, diesen Weg wieder schmal zu machen und uns auf eine sozialistische Minderheitssekte hinzuführen.

Diese Bitte um Solidarität gilt zum Beispiel auch für die Abgrenzungsbeschlüsse gegenüber kommunistischen Gruppierungen und der DKP! Parteimitglieder, die diese Beschlüsse nicht verstehen oder für falsch halten, die auch nicht verstehen, wieviel Vertrauen jedes andere Verhalten gerade bei jenen Wählergruppen im Zentrum kostet, von denen ich mehrfach gesprochen habe, die sollten wenigstens jene Disziplin aufbringen, die sie selbst von den gewählten Führern dieser Partei gegenüber den Beschlüssen der ordentlichen Gremien der Partei verlangen.

Wenn man aber den Beschlüssen der ordentlichen Gremien der Partei gegenüber Respekt und Disziplin verlangt, dann setzt das voraus, daß auch alle Organe der Partei ihre Beschlüsse sorgfältig wägen müssen, ehe sie sie treffen. Zum sorgfältigen Wägen gehört in der Mehrzahl aller Fälle, daß sich die Delegiertentage auf prinzipielle, wegweisende Beschlüsse konzentrieren, und daß sie nicht im Handumdrehen Details beschließen, die so weit gehen, daß sie normalerweise in einem Parlament monatelanger Ausschußarbeit bedürfen. Auf sozialdemokratischen Delegiertentagen ist eine Tendenz dahin festzustellen, detaillierte Festlegungen zu treffen, die sich dann später in vielen Fällen als sehr schwer realisierbar, zum Teil auch als nicht verantwortbar herausstellen.

Dies muß auch für den außerordentlichen Steuerparteitag der SPD am Ende des Jahres gelten. Wir hatten 1969 ein oder zwei Steuersenkungen versprochen: das ist wahr. Ich bin dafür, in diesem Punkt öffentlich und klar zu widerrufen und das auch ganz öffentlich zu begründen. Ich bin dafür, daß der außerordentliche Parteitag im Herbst dies tut; das will ich deutlich aussprechen. Er muß aber neben der Einsicht in die Notwendigkeit höherer Staats- und Kommunaleinnahmen mit der gleichen Kraft Richtlinien für zukünftige Steuergerechtigkeit aussprechen. Und er muß unter beiden Aspekten mit Augenmaß für das Mögliche, für das Nötige, aber auch für das Zumutbare vorgehen. Es wäre falsch, dabei zu versprechen, daß wesentliche steuerpolitische Entlastungen bei allen Arbeitnehmern eintreten. Realistischer wäre es, sich klarzumachen, daß es für die

Arbeitnehmer im wesentlichen bleibt wie es ist, daß aber die mittleren und die höheren Einkommensschichten mit höheren Steuern belastet werden.

*Zum Schluß eine Bitte an unsere Mitglieder und Freunde.* Viele von den 820 000 organisierten Sozialdemokraten sitzen zu Hause vor dem Fernsehschirm und sagen sich in aller Ruhe: Na, jetzt will ich doch mal sehen, was meine Genossen da in Bonn leisten, und ob sie überhaupt was leisten; in Ruhe zurückgelehnt, eher zur Kritik als zur Propaganda geneigt. Die Kritik den eigenen Führern gegenüber darf nicht verstummen – zu diesem Thema gibt es geflügelte Worte, zum Beispiel von August Bebel. Aber wer es allein dabei belassen wollte, der versäumt für seinen Teil die Aufgabe, die ihm zur Unterstützung einer sozialdemokratischen Regierung gestellt ist.

Ich erinnere mich immer mit Dankbarkeit an eine Idee – sie ist damals von Heinrich Braune gekommen – für einen zurückliegenden hamburgischen Bürgerschaftswahlkampf. Da haben wir auf sehr einfache und übrigens sehr erfolgreiche Weise dem hamburgischen Wählerpublikum vorgestellt, was wir vier Jahre früher gesagt hatten und was wir davon im Laufe von vier Jahren wirklich getan hatten, nach dem Motto „Gesagt – Getan!“ – oder auch nach dem Bilanzschema von Soll und Haben. Dieses Gegenüberstellen von dem, was die eigenen Genossen im Bundestag und in der Bundesregierung und auf dem Bundesparteitag gesagt haben, und dem, was sie davon inzwischen wirklich gemacht haben – das kann eigentlich jeder von uns. Je mehr von uns das aber tun und zu ihrer eigenen Aufgabe machen, um so weniger brauchen wir uns um das gute oder schlechte „Verkaufen“ unserer Politik zu sorgen.

Ich wiederhole: Die Solidarität innerhalb der Sozialdemokratischen Partei war in den 108 Jahren immer dann am größten, wenn wir in der Opposition waren. In den fast 100 Jahren war sie größer, in den mehr als neun Jahren der Regierungsverantwortung war sie kleiner. Da gibt es manche, die, wenn sie noch lebten, Bitteres berichten könnten; Friedrich Ebert gehört dazu, Hermann Müller-Franken, auch Otto Braun. Es gibt viele, die man hier noch nennen müßte. Und es wird bisweilen gesagt, die Menschen lernten nichts aus der Geschichte. Ich glaube nicht, daß das richtig ist. Ich glaube vielmehr, daß unsere Partei mehr als jede andere Gemeinschaft in dieser Gesellschaft geeignet, aber auch bereit ist, aus der Geschichte zu lernen. Meine Bitte: Laßt uns aus der Geschichte des Weimarer Demokratieversuchs zwei Dinge lernen:

1. Es ist wirklich nicht egal, ob wir nur vier Jahre regieren oder vielmehr acht oder zwölf, weil es für den Frieden tödlich darauf ankommen kann, ob wir die Hebel in der Hand behalten oder ob wir sie in andere Hände geraten lassen.
2. Bei allen Fehlern, die die eigenen Abgeordneten, die eigenen Führer, die eigene Regierung machen können, kommt es darauf an, den Frauen und Männern, die man selbst gewählt hat, zu helfen und ihnen nicht bloß am Fernsehschirm zuzuschauen, wie sie sich abrackern, mal Siege erringen und mal Niederlagen erleiden. Sie sind mehr, als die Genossen im Lande vielleicht erkennen können, auf Zustimmung, Zuspruch und Hilfe angewiesen.

# Die große demokratische Kraft im Lande*

Meine sehr verehrten Damen und Herren! Liebe Genossinnen und Genossen! Zu Beginn des Parteitags sei ein Wort des Grußes an die gastgebende Stadt Dortmund und an den Rat dieser Stadt gesagt. Herr Oberbürgermeister Sondermann, wir danken Ihnen für Ihre Gastfreundschaft.

(Beifall)

Die Sozialdemokratische Partei kommt jedesmal wieder gern in der für uns schon traditionell gewordenen Westfalenhalle zusammen, weil eben Dortmund zu den Nährböden gehört, aus denen wir unsere Kraft schöpfen.

(Beifall)

Wir begrüßen vor allem das diplomatische Korps. Wir freuen uns über Ihre Teilnahme, meine Damen und Herren. Wir wissen, daß es sich bei Ihnen nicht nur um private Neugier handelt, sondern daß vor allem die Interessen Ihrer Staaten vom Wahlkampf in Deutschland berührt werden.

(Beifall)

Wir begrüßen die Berichterstatter und Kommentatoren der Presse, des Rundfunks und des Fernsehens und ihre Aufnahmeteams. Wir wissen ihre Anwesenheit zu schätzen; denn wir wissen, daß unser Erfolg ein wenig auch von der Qualität ihrer Arbeit und von der Unmittelbarkeit der Information abhängt, die sie weitergeben.

Für ungezählte Gäste will ich sodann nur noch einen einzigen nennen: den Vorsitzenden des Deutschen Gewerkschaftsbundes, unseren Freund Heinz-Oskar Vetter.

(Beifall)

Lieber Heinz-Oskar, deine Anwesenheit empfinden wir dankbar als äußeren Ausdruck jener Gemeinsamkeit im Kampf um die Rechte und Lebensbedingungen der Arbeitnehmer, welche die deutschen Gewerkschaften insgesamt und die Sozialdemokratie nicht nur in der Geschichte und in der Gegenwart ausgezeichnet hat, sondern die uns beiden auch für die Zukunft selbstverständlich sein wird.

(Beifall)

Sodann ein Wort des Grußes und des Dankes, das der Parteivorstand den mehr als 800 000 Sozialdemokraten in der Bundesrepublik und ihren heute hier in Dortmund versammelten Delegierten und Gastdelegierten sagen

* *Rede zur Eröffnung des außerordentlichen Parteitages der SPD in Dortmund am 12. Oktober 1972, (aus dem unkorrigierten Protokoll des Parteitages, S. 1—32).*

möchte. Wir wissen, daß weder Parteiführung noch Bundestagsfraktion noch Bundesregierung ohne eure stetige Arbeit etwas ausrichten könnten.
Liebe Freunde, wir haben zwei gedrängte Arbeitstage vor uns, und ich will deshalb an Stelle einer Begrüßungsrede für den Parteivorstand sogleich zur Sache reden.
Der Friede nach außen ist die erste Sache, um die es jetzt geht.

(Beifall)

Millionen und aber Millionen von Arbeitnehmern und ihren Frauen und ihren Kindern waren von innerer Empörung erfüllt, als in diesem Frühjahr die Opposition den Versuch machte, mit Hilfe des sogenannten konstruktiven Mißtrauensvotums den Bundeskanzler zu stürzen, um unserer Friedenspolitik den Boden unter den Füßen wegzuziehen. Die Opposition scheiterte bei diesem Versuch, weil ihr zwei Stimmen fehlten. Die Deutschen haben aber inzwischen ihre tiefempfundene Zustimmung zu unserer Friedenspolitik nicht geändert. Ganz im Gegenteil! Deshalb müssen der Opposition beim nächsten Versuch 22 Stimmen fehlen; 32 wären noch besser.

(Beifall)

Im April waren die Arbeitnehmer mit Recht empört. Man hat sich in vielen Betrieben zusammengetan, die Arbeit niedergelegt, Protestaktionen unternommen und Protestresolutionen gegen den Dr. Barzel verfaßt. Es ist gut, an all das zu erinnern. Denn es handelt sich ja bei der Wahl am 19. November um ganz genau dieselbe Entscheidung wie damals am 27. April. Es handelt sich genau wie damals um die entscheidende Frage, ob die Politik des fairen Ausgleichs mit den Nachbarn, ob die Politik des Friedens fortgesetzt werden soll oder ob man dem Vorsitzenden der CSU erlauben soll, sie zu torpedieren.

(Beifall)

Jener Mann will den Frieden gewißlich auch; aber er ist einer von jenen unglückseligen Deutschen, vor denen unsere Nachbarn immer wieder Sorge haben müssen. Am letzten Wochenende hat er wörtlich gesagt, er werde notfalls auch eine Konfrontation in Europa wagen. „Konfrontation" heißt auf deutsch „feindselige Gegenüberstellung". Damit kann man weder Frieden noch Partnerschaft, noch Freundschaft gewinnen.
Wir Deutschen können keine Regierung gebrauchen, die mit dickem Kopf durch die Wand will. Wir können auch keine Regierung gebrauchen, die einen Stiernacken einsetzt, um andere zu vermeintlichem Glück zu zwingen.

(Beifall)

Wir wären am Schluß doch alle nur von allen unseren Freunden isoliert. Frieden bewahren heißt, aufeinander zugehen wollen. Wenn heute in der ganzen Welt, bei unseren Freunden im Westen und bei den Nachbarn im Osten, unser Friedenswille geglaubt wird, und wenn es darauf positive Antworten und positive Handlungen gibt, dann ist dies das Verdienst von Männern wie Egon Bahr und Herbert Wehner und Walter Scheel, es ist zumal das Verdienst der Sozialdemokratischen Partei, und es ist in erster Linie der Erfolg Willy Brandts.

(Beifall)

Es hat in der Zwischenzeit niemand vergessen, welch klägliche Rolle der Rainer Candidatus Barzel bei unserer Politik der Verständigung gespielt hat. Zwei Jahre lang hat er gesagt: „So nicht!“ Aber dann, in diesem Frühjahr, als er merkte, daß alle Regierungen der ganzen Welt für diese Politik und für diese Verträge waren, da fing er an, sich über seine Selbstisolierung zu grämen und nachzudenken. Und wir hatten ja doch unsere Verträge und unsere Politik gemeinsam mit den USA gemacht, gemeinsam mit England und mit Frankreich, und wir werden sie auch weiterhin gemeinsam mit unseren Partnern in der EWG und im Nordatlantischen Bündnis machen.

Und als der Oppositionsführer die gefährliche Selbstisolierung der CDU/CSU begriffen hatte, da machte er sich auf den Weg zum Ja. Aber nun wachten die Mende und Hupka und die übrigen Wanderer auf. Die waren doch zur CDU gegangen, weil sie auf deren Nein vertraut hatten. Jetzt ging auch der so gern als distanzierter Staatsmann auftretende Dr. Schröder von seinem bisherigen Ja-Kurs auf Nein-Kurs; schließlich hat er noch nie mit seinem Fraktionsführer im selben Boot sitzen gemocht. Und da verstand der Kandidat Barzel die Welt nicht mehr und mußte erst einmal schlafen gehen. Als er am nächsten Morgen wieder da war, sprach der Chef der CSU sein Machtwort, und dann mußten sich alle der Stimme enthalten – übrigens auch Herr Schröder.

Wer sich in einer Existenzfrage – zum Beispiel in einer Existenzfrage Berlins –, in einer Existenzfrage unseres Volkes und seines Friedens nicht mit Ja und nicht mit Nein entscheiden kann, der taugt weder zur Regierung noch zur Opposition.

(Beifall)

Man kann aus seinem Gewissen zu einem Nein gelangen. Man mußte sich in dieser Frage in seinem Gewissen zum Ja durchringen. Wer aber statt dessen jein sagt, der hat nicht nach dem Gewissen, sondern nach dem Opportunismus gehandelt.

(Beifall)

Keiner von diesen Gewissensakrobaten hatte noch wenige Tage vorher auch bloß geahnt, daß er sich so vor der Entscheidung würde drücken müssen. Sie haben ihre eigene Entscheidung nicht vorhersehen können, und ich gebe zu, auch wir haben das Jein der CDU/CSU nicht vorhergesehen. Die Außenpolitik jener Partei war tatsächlich unkalkulierbar, für uns, und für unsere Nachbarn und sogar unkalkulierbar für die CDU selbst.

Auf dem Parteitag in Wiesbaden hat der Kandidat jetzt eine neue Version ausgegeben. Er sagte wörtlich: „Wir konnten die Unterschriften unter die Verträge nicht verhindern und mußten zur Vermeidung fundamentaler und irreparabler Schäden regulierend und verändernd eingreifen.“ Die Wahrheit ist aber: Nichts an den Verträgen hat er verändert oder verändern können, die irreparablen Schäden, von denen er spricht, hat er sich bloß selbst zugefügt.

Der Kandidat hat in Wiesbaden groß getönt und vor einem halbgeleerten Saal seinen Parteitag einen Meilenstein auf dem Wege zur politischen Erneuerung Deutschlands genannt. Die Wahrheit ist: 20 Jahre lang hätte die CDU Zeit gehabt, unser Land politisch zu erneuern. Sie hat die Spanne nicht genutzt, ihre Meilensteine stehen an einer Straße von Versäumnissen, und am Rande stehen Trauerweiden.

(Beifall)

Wir dürfen uns auf jene Straße nicht zurückführen lassen. Inzwischen will das nicht einmal die Opposition selbst mehr. Ihr Außenministerkandidat hat sich nämlich schon wieder umgestellt. Er ist jetzt auf dem Boden der von uns geschaffenen Tatsachen, und seine neuen Themata in Wiesbaden hießen: Sicherheitskonferenz in Ost und West. Aber auch dies sind ja in Wahrheit unsere Themen. Herr Schröder hat gesagt, der Westen müßte zu diesen Themen eine geschlossene Meinung haben. Das ist auch richtig, aber dafür haben wir ja schon gesorgt. Ich habe die hämischen Reden der Opposition noch im Ohr, 1959 und 1967 und 1969 und 1970 und 1971, als wir Zug um Zug daran gegangen sind, zunächst innerhalb des westlichen Bündnisses eine gemeinsame Position für Verhandlungen über beiderseitige Truppenverminderungen zu schaffen. Das ist uns gelungen, und inzwischen haben wir darüber hinaus auch das Interesse der sowjetischen Führung geweckt.

Und wir werden in zähen Verhandlungen auch auf diesem Gebiet zu Verträgen gelangen – genau wie wir ein Vierteljahrhundert nach dem Potsdamer Abkommen aus dem Weltkrisenherd Berlin endlich einen friedlichen Ort gemacht haben.

(Beifall)

Aber man darf solche Verhandlungen nicht Gerhard Schröder überlassen, denn der würde sich schon mit den Franzosen nicht einigen können, geschweige denn mit den Sowjets.

(Erneuter Beifall)

Friede und Abrüstung sind ernste und schwierige Probleme, viel zu ernst und viel zu schwierig, um sie einer Regierung Barzel zu überlassen.

Denn: Wer Barzel wählt, der wählt in Wahrheit Strauß. Und wer Strauß wählt, der wählt das Unberechenbare. Ich füge hinzu: er wählt das Unzumutbare.

(Lebhafter Beifall)

Bei allen diesen Verhandlungen hat das deutsche Volk nichts zu verschenken. Aber wir haben viel zu gewinnen, wenn es uns auch in Zukunft gelingt, mit all unseren Nachbarn in friedlichem Ausgleich und Austausch zusammenzuarbeiten. Daß dies für weitere vier Jahre ermöglicht werde, das ist eines der Hauptziele dieses Wahlkampfes.

Obschon wir heute unsere Plattform für diese Wahl noch erst diskutieren und morgen verabschieden, sind wir im Wahlkampf doch schon mittendrin. Wir brauchen dazu keine Denkpause. Wir wußten schon lange, was wir wollen. Es ist uns aber bei unserer Gesetzgebungsarbeit und bei der Regierungsarbeit jemand in den Arm gefallen, weil er Angst hatte, angesichts der Leistungen, die wir bereits nach drei Jahren vorzuweisen hatten, würden der Opposition die letzten Felle wegschwimmen.

Und so beginnt denn dieser Kurzwahlkampf schon unmittelbar mit dem Endspurt. Endspurt heißt: Zusammenreißen aller Kraft, aller Energie, aller taktischen Mittel und Reserven, um am 19. November, 18 Uhr, als erster dazustehen. Und wir wollen alle dafür sorgen, daß das nicht etwa ein Foto-Finish wird.

(Beifall)

So plastisch dieses letzte Bild aus dem Sport sein mag: Worum es wirklich geht, da hört der Sport auf, denn nicht nur einige Läufer sollen die Zielli-

nie passieren, sondern gleichzeitig mit Millionen Wählerinnen und Wählern wollen wir dieses Ziel erreichen.
Machen wir uns nichts vor: Die Mobilisierung dieser Millionen in nicht mehr als einem Monat ist kein Pappenstiel. Noch nie allerdings waren wir für den Start so gut placiert wie heute. Ein Wahlkampf von der Regierungsbank aus bringt natürlich Vorteile. Er bringt diese Vorteile vor allem dann, wenn erstens der Bundeskanzler angesehen ist und wenn sich zweitens die Leistungen dieser Regierung sehen lassen können. Aber wir haben diesen Bundeskanzler. Willy Brandt ist heute nicht nur in unserem Volke, sondern in der ganzen Welt der angesehenste Deutsche.

(Anhaltender lebhafter Beifall)

Und wir haben in diesen drei Jahren auf vielen Gebieten mehr geleistet als die CDU in zwanzig. Wenn einige dieser Leistungen nicht so deutlich und nicht so nachdrücklich ins Bewußtsein unserer Bürger gerückt worden sind, wie es vielleicht möglich, wie es vielleicht nötig gewesen wäre: Jetzt ist die Zeit, das nachzuholen!
Noch nie wurde aber auch ein Wahlkampf so hart und so erbittert geführt wie der heutige. Die Opposition weiß, was sie verloren hat, als sie auf die Bänke der Opposition verwiesen wurde. Und da es ihr an Argumenten fehlt, arbeitet sie mit Unwahrheiten, mit Verdrehungen, mit Einschüchterungen, mit Hilfe von hundert Millionen Mark. Und das alles nur mit dem Ziel, um jeden Preis wieder an die Macht zu kommen.
Für *ein* Kriterium der Staatspolitik hat die CDU/CSU einen geradezu animalischen Instinkt: Das ist die Macht.
Wir müssen uns fragen: Haben auch wir einen Instinkt für die Macht in der Demokratie? Oder gibt es bei uns welche, bei denen er verkümmert ist? Sind wir bereit, die Macht, die wir in den Händen halten, zu verteidigen? Wenn ich an manche Äußerungen aus unserem Kreise denke, dann sehe ich doch hier und da manchmal ein gestörtes, ein träumerisches Verhältnis zur Macht. Dabei braucht sich doch kein Demokrat der Macht zu schämen, die ihm das Volk auf Zeit verliehen hat.
Ein großer französischer Geist, André Malraux, hat gesagt: „Mit der Macht flirtet man nicht, die Macht heiratet man." Ich würde hinzufügen: Wir lassen uns von ihr auch nicht scheiden,

(Beifall)

und zwar deshalb nicht, weil wir aus der Weimarer Erfahrung gelernt haben. Wir lassen die Macht nicht ein zweites Mal in die Hände eines Brüning oder eines Papen gehen. Wir lassen sie auch nicht in die Hände eines Barzel oder eines Strauß gehen.

(Beifall)

Wir wollen die Gesetzgebungsmacht und die Regierungsmacht selbst gebrauchen, nach Geist und Buchstaben unseres Grundgesetzes und zu den Zwecken des Friedens und der Freiheit nach außen und der Solidarität und der Gerechtigkeit nach innen.
Am 19. November wird auch über die Sicherheit der Arbeitsplätze entschieden. Es wird darüber entschieden, ob Vollbeschäftigung oder aber die Disziplinierung der Arbeitnehmer – um einen Ausdruck zu gebrauchen, der auf seiten der Opposition heute modern geworden ist – an der Spitze stehen soll. Ich muß sagen: In beinahe drei Jahren habe ich im Kreise der bewaffneten Streitkräfte diesen Ausdruck „Disziplinierung" nie gehört. Er

stammt nicht aus dem Vokabular der Bundeswehr, er stammt aus einem militaristischen Vokabular.

Kürzlich gab es eine Tagung unter der Leitung eines der stellvertretenden Vorsitzenden der CDU/CSU-Fraktion. Da hat einer von deren Professoren davon gesprochen – wörtlich –, das Beschäftigungsrisiko müsse wieder reprivatisiert werden. Als der Herr Bundeskanzler den Oppositionsführer im Bundestag darauf stellte, behauptete Dr. Barzel, man habe sofort dagegen protestiert. Aber die Augen- und Ohrenzeugen sagen aus: Kein CDU-Mann hat dagegen protestiert. Das wäre ja auch komisch gewesen; denn dieser Professor drückte auf wissenschaftliche Weise doch nur genau das aus, was die Politiker der CDU auf hochdeutsch nicht gern sagen mögen.

(Beifall)

Wenn die nämlich deutsch geredet hätten, dann hätten sie sagen müssen: Wir wollen ein wenig Arbeitslosigkeit, damit die Gewerkschaften nicht soviel Macht in Deutschland haben. Das ist es, was wirklich dahintersteckt. Das kann jedermann auch in der vorgestrigen Rede des Führers der CSU wiederfinden.

Das hat ja auch damals dahintergesteckt, als im Jahre 1966 der damalige Kanzler Professor Erhard um vermeintlicher Stabilität willen eine Rezession herbeiführte, von der dann einer seiner Minister gesagt hatte, es sei eine gewollte Rezession gewesen. Sie hat zur Arbeitslosigkeit und zu Kurzarbeit und Angst geführt. Und die Angst hat zur NPD geführt, genau wie 1930 bis 1933 die Angst zur KPD und zur NSDAP geführt hat. Heute, in Wiesbaden, sagte die Opposition, sie habe die Rezession und die Arbeitslosigkeit gar nicht gewollt. Da kann man nur sagen: Um so schlimmer! Denn das heißt doch nur, daß ihnen die Arbeitslosigkeit aus Versehen passiert ist, eben weil sie die Notwendigkeit der Vollbeschäftigung niemals ernst genommen haben.

(Beifall)

Dann gibt es bei denen aber auch wieder welche, die machen Reklame gegen uns damit, daß ausgerechnet jetzt – unter unserer Verantwortung – angeblich eine Rezession und Arbeitslosigkeit bevorstünden.

Vor 12 Monaten gab es da große Zeitungsanzeigen, aufgegeben von einer Reihe von Industriellen, deren unternehmerische Qualitäten ich gar nicht abqualifizieren möchte. Einige von ihnen sind sehr tüchtig. Tüchtige Unternehmer sind auch notwendig, ebenso wie tüchtige Ingenieure und tüchtige Facharbeiter. Aber diese Unternehmer wären noch viel besser, wenn sie ebensoviel politischen Instinkt hätten wie die Facharbeiter in ihren Unternehmungen.

(Beifall)

Sie hatten in ihren Anzeigen geschrieben, die Rezession stehe bevor, sie könnten deshalb nicht länger schweigen. Einer hat noch hinzugefügt, der deutschen Industrie gehe es schlechter, als es ihr je seit 1931 gegangen sei.

Natürlich ist von all dieser Schwarzmalerei nichts eingetroffen. Im Gegenteil, wir befinden uns in einem gleichmäßigen Aufschwung unserer Wirtschaft. Manche Industrielle finanzieren heute den Wahlkampf der CDU/CSU. Warum tun sie das? Ich denke, die Sache ist ganz einfach: weil wir Sozialdemokraten den Arbeitnehmern mehr Rechte schaffen, weil wir die Mieter vor Willkür schützen, weil wir gegen die Bodenspekulation

kämpfen, aber für gerechtere Steuern: zusätzliche Steuerlasten gehören gerecht verteilt, vor allem auf die starken und auf die breiten Schultern gelegt und nicht, wie es die Opposition will, die Mehrwertsteuer auf 17 Prozent heraufgesetzt.
Mancher Privilegierte sieht daher — mit Recht, würde ich sagen — seine Pfründen durch uns bedroht oder seine Vorrechte gefährdet. Und nun kann er über Geld verfügen, also zahlt er Millionen als Wahlspende an die CDU/CSU, und sei es zur Finanzierung von Anzeigen mit dem Bild und mit den Namen von zwei Professoren, deren marktwirtschaftliche Kartellgesetzgebung der gleiche Privilegierte damals wütend bekämpft hat, als jene Professoren noch Wirtschaftsminister waren.
Aber die Herren Geldgeber verrechnen sich. Zwar kann man Millionen verschenken, aber man kann nicht Millionen für dumm verkaufen.

(Beifall)

Es ist anzumerken, daß die Opposition derlei Wahlhilfen von Wirtschaftskapitänen ganz in Ordnung findet; aber andererseits ist der Kandidat immer ganz enttäuscht, wenn er auf Gewerkschaftskongressen erleben muß, daß er die Sympathie der Arbeitnehmer nicht findet. Da redet er dann von der Notwendigkeit parteipolitischer Neutralität. Wann je hätte er von der notwendigen Neutralität der Wirtschaftsverbände öffentlich geredet?

(Beifall)

Ich bin kein Anhänger des allzu vieles vereinfachenden Klassenkampfschemas. Ich kenne viele Gewerkschafter, die ähnlich denken. Ich kenne auch Unternehmer, die ähnlich denken. Ich füge aber hinzu: Wer die Unternehmerschaft insgesamt für die CDU/CSU in Anspruch nehmen will, wer die Unternehmerschaft insgesamt der CDU/CSU zuführen will, der muß allerdings damit rechnen, daß über 20 Millionen Arbeitnehmer und ihre Frauen und ihre Söhne und Töchter daraus die Konsequenzen ziehen und die Sozialdemokratie wählen, weil sie nämlich Vollbeschäftigung brauchen

(Beifall)

und weil sie stetigen sozialen Fortschritt brauchen.

(Beifall)

Seit einigen Tagen tut die Opposition so, als ob auch sie die Vollbeschäftigung wahren wolle; aber einer ihrer bisherigen Abgeordneten hat in einem unkontrollierten Moment in Pinneberg, das ja bekannt ist für seine Zwerge, sich die Wahrheit entschlüpfen lassen. – Ich hoffe, die Pinneberger sind mir nicht böse, sondern kennen das Gedicht von August Kobisch, an das ich gedacht habe. – Dieser Abgeordnete hat in einem unkontrollierten Augenblick sich die Wahrheit entschlüpfen lassen und gesagt, im Interesse der Stabilität will die CDU sogar $1^1/_2$ bis 2 Prozent Arbeitslosigkeit in Kauf nehmen. Das heißt auf deutsch, liebe Freunde, 500 000 Arbeitslose wären der CDU ganz nützlich.
Ich stelle dazu fest: Wer Unsicherheit der Arbeitsplätze schaffen will, um sie als Instrument zur Einschüchterung der Arbeitnehmer zu gebrauchen, der muß am 19. November die Quittung erhalten.

(Beifall)

Stabilität heißt zuallererst Stabilität der Arbeitsplätze.
Wir sind stolz auf die Vollbeschäftigung, um die wir von Arbeitnehmern und Regierungen auf der ganzen Welt beneidet werden. Diese Vollbeschäf-

tigung zu erhalten, ist der zweite Hauptgrund, die Regierung Brandt fortzusetzen.
Ich will mich dabei um das Thema der Preisentwicklung nicht herumdrükken. Die Preisentwicklung besorgt viele von uns. Ich muß an dieser Stelle ein bißchen komplizierter sprechen, als es mir eigentlich lieb ist, aber ökonomische Zusammenhänge sind nicht immer ganz einfach, und man darf sie auch nicht versimpeln. Es ist eine bösartige Versimpelung, zu behaupten, die Bundesregierung trüge an den Preissteigerungen die Schuld. Dann müßten ja auch die Regierungen in Frankreich, in England, in Holland usw. die gleiche Schuld tragen. In allen Ländern Europas gibt es nämlich die gleichen Preissteigerungen. In manchen Ländern sind sie noch viel höher als bei uns. Es ist übrigens überhaupt eine schlimme Versimpelung, so zu tun, als ob Regierungen die Preise machten. Sie werden ja wohl anderswo gemacht.

(Beifall)

Wir alle können uns erinnern: Vor 20 Jahren hat der Korea-Krieg bei uns Europäern sogar noch viel größere Preissteigerungen ausgelöst, und keine Regierung in Europa konnte für ihr Land die Folgen abwehren – genau wie heute. Der damalige Wirtschaftsminister Erhard hat 1951 im Jahresdurchschnitt 7,7 Prozent Preissteigerung und in einigen Monaten jenes Jahres sogar Steigerungsraten von 10,7 Prozent, 11,4 Prozent, 11,5 Prozent bei den Lebenshaltungskosten auch nicht abwenden können.
Heute befinden wir uns in einer ganz ähnlichen Weltlage. Wir gehören deshalb nicht zu denen, die versprechen, wir könnten den Preisanstieg im nächsten Jahr auf 4 Prozent herunterbringen, dann auf 3 Prozent, dann auf 2 Prozent usw. Wir wissen, daß dies nicht geht. Es hat übrigens auch von der Opposition niemand gesagt, wie das wohl gehen sollte, denn der in allen Ländern gemeinsame Hauptgrund, die Hauptursache der Preissteigerungen entzieht sich der Kontrolle jeder europäischen Regierung: Es ist die Tatsache einer inflatorischen Aufblähung der Geldmengen und der Kreditmengen der ganzen Welt als Folge des Vietnam-Krieges.

(Beifall)

Der Vietnam-Krieg dauert sehr viel länger an, als der Korea-Krieg gedauert hat, und die Folgen sind entsprechend sehr viel schwerer.
Die Grundlage des Ende des letzten Weltkrieges geschaffenen Weltwährungssystems war der amerikanische Dollar. Dieses System hat 25 Jahre lang gut funktioniert, bis es durch den Krieg in Südostasien zerstört wurde. Die Folgen dieses Krieges waren nämlich — von all dem menschlichen Elend ganz abgesehen – nicht nur jahrelange amerikanische Staatsdefizite, sondern auch ein dickes Loch in der amerikanischen Zahlungsbilanz. Durch dieses Loch ist die ganze Welt mit Dollars überschwemmt worden, mit Dollars, die nicht mehr in Gold eingelöst wurden. Die meisten dieser Dollars gingen nach Europa. Hier entstand etwas völlig Neues, was es früher nie gegeben hatte: der sogenannte Euro-Dollar-Markt. Viele Dollars suchten Anlage in der zuverlässigsten Währung Europas, nämlich in der Deutschen Mark. So ist der Dollar längst nicht mehr die härteste Währung der Welt. Jeder von uns weiß: Die härteste Währung ist gegenwärtig und schon seit einiger Zeit – und das wird auch für absehbare Zeit so bleiben – die Deutsche Mark, auch wenn Strauß das Gegenteil behauptet.

(Beifall)

Herr Strauß soll uns doch einmal sagen, welche Währung er für härter hält. Der Umtauschprozeß von Dollars in D-Mark – so war das auch in Frankreich mit dem Franc, in Italien oder in der Schweiz mit dem Schweizer Franken – führte dazu, daß auch unsere Geld- und Kreditmenge zu groß geworden ist. Und wo es zuviel Geld und zuviel Kredit gibt, da steigen die Preise – und es steigen übrigens auch die Löhne. Wenn wir aber diese Umtauschbarkeit von Dollars in D-Mark generell abschaffen wollten, so würde dies ja heißen, daß wir Mauern, daß wir Maschendraht um unser Land herumzögen, daß wir uns auf unsere Binnenwirtschaft zurückziehen müßten. Das aber können wir nicht, und das wollen wir auch nicht, weil wir zu sehr export- und importabhängig sind, und zwar als Arbeitnehmer und als Produzenten genauso wie als Konsumenten, weil wir zu sehr abhängig sind von diesem Wirtschaftsaustausch mit der ganzen Welt.

Das bedeutet, daß neben verschiedenen nationalen Ursachen die entscheidende allgemeine, internationale Ursache aller Preissteigerungen in Europa nur dann beseitigt werden kann, wenn die USA in die Lage kommen, ihre Inflation zu überwinden, das heißt, wenn sie den Krieg in Vietnam beenden, wenn sie ihre Zahlungsbilanz in Ordnung bringen können.

Dabei können wir den Amerikanern ein bißchen helfen.

Die EWG muß handelspolitisch mehr Möglichkeiten für den Absatz amerikanischer Güter in Europa schaffen, damit die amerikanische Handelsbilanz sich erholen kann. Solange das alles aber nicht eingetreten ist, so lange können wir keine „Insel der Stabilität in einem Weltozean der Inflation" sein. Das ist nicht von mir, das ist von Pompidou; der hat das vor drei Wochen für Frankreich gesagt, und es gilt nicht nur für Frankreich, es gilt für die Bundesrepublik, es gilt für alle europäischen Staaten in gleicher Weise.

Die Bundesrepublik kann jedenfalls auch nicht ein drittes Mal die Mark aufwerten; denn dadurch würden nun allerdings die deutschen Exportwaren auf den Märkten der Welt draußen zu teuer werden, wir würden sie nicht mehr alle absetzen können, wir würden erhebliche Risiken für die Beschäftigung unserer Exportindustrien und für die Beschäftigung der Arbeitnehmer in diesen Exportindustrien auf uns laden. Das wollen wir nicht. Sogar die CDU hat das vorgestern in Wiesbaden endlich auch eingesehen und öffentlich zugestanden. Gestern jedoch hat sie sich in ihrem Wahlprogramm wieder eine Tür für die Aufwertung geöffnet.

Wir haben statt dessen gehandelt. Wir haben in Anwendung des berühmten § 23 des Außenwirtschaftsgesetzes eine der Hauptzuflußquellen für die Schwemme ausländischen Geldes geschlossen und den Verkauf festverzinslicher Wertpapiere ins Ausland der Pflicht zur Genehmigung unterworfen. Übrigens wurde dieser Paragraph zu Zeiten des Wirtschaftsministers Erhard geschaffen. Wir wenden ihn an – so lange hat er geschlummert –, wir wenden ihn an in voller Übereinstimmung mit der Bundesbank.

Wenn daraufhin nun neuerdings zwei Professoren in Zeitungsanzeigen davon reden, diese Anwendung gefährde die Marktwirtschaft, so möchte ich einmal fragen, wer von euch überhaupt gemerkt hat, daß der Verkauf von Wertpapieren ins Ausland der Genehmigung unterworfen ist, auf welchem Markt man das eigentlich gemerkt hat. Und außerdem: Diese beiden stehen damit zwischen allen Fronten. Denn vorgestern in Wiesbaden hat sich zum erstenmal auch der Chef der CSU öffentlich zur Anwendung dieses Paragraphen bekannt. Er hat uns sogar noch überbieten wollen und angedeutet, vielleicht würde er ihn noch schärfer anwenden.

Wir haben nicht nur in unserem eigenen Land eine scharfe Liquiditätspolitik durch die Bundesbank betrieben, wir haben zweitens auch den EWG-Partnern den Vorschlag gemacht, gemeinsam in unseren Ländern die Zunahme der Geld- und Kreditmengen zu kontrollieren. Seit vorgestern hat sich auch die Opposition – auf ihrem Parteitag – diesem Vorschlag angeschlossen. Die lernen nicht nur, die schreiben jetzt auch schon bei uns ab, und zwar schreiben sie fleißig ab. Man muß nur einmal das Regierungsprogramm, das die dort vorgelegt haben, Punkt für Punkt mit unseren Forderungen vergleichen. Die schreiben nicht nur unsere Papiere ab; die schreiben das ab, was wir schon getan haben, und geben es als ihr Programm aus.

(Beifall)

Wir haben drittens den Vorschlag gemacht, daß die Zentralbanken in den EWG-Staaten den Euro-Dollar-Markt in Zukunft nicht mehr durch die Anlage ihrer Dollar-Reserven füttern sollen. Anders als die Deutsche Bundesbank haben nämlich bisher andere zwar an ihrer Vordertür die Dollars 'reingenommen, durch die Hintertür die Dollars aber wieder in den Euro-Dollar-Markt hinausgeschleust, von wo sie dann alsbald, nach wenigen Tagen, wieder durch die Vordertür zurückgekehrt sind. Wir wollen also gemeinsam daran arbeiten, daß dieser Euro-Dollar-Markt verkleinert wird. Alle diese deutschen Initiativen sind auf der Konferenz in Rom im Kreise der EWG-Partner positiv aufgenommen worden. Seit zwei Tagen findet auch die Opposition unsere Initiativen vernünftig; sie gibt sie als ihre eigenen Vorschläge aus.

Viertens werden wir nächste Woche auf der europäischen Gipfelkonferenz einen Fonds für die währungspolitische Zusammenarbeit unter den EWG-Staaten schaffen, aber einen Fonds nach deutschem Vorschlag, das heißt, ohne daß dabei Türen oder Tore eingebaut werden, durch die etwa dieser Fonds inflatorische Kreditpolitik betreiben könnte.

All dies kann nur gemeinsam in Europa zustande gebracht werden, und was uns angeht, so drängen wir darauf. Europa muß, und, ich bin ganz sicher, Europa wird sich gemeinsam zur Stabilität bekennen. Aber wir kriegen das nur hin, wenn jeder sich mit den Partnern einigen will. Wir kriegen das nicht hin mit der Holzhammermethode von jemandem, der öffentlich ankündigt, im Falle seines Wahlsieges werde er eine Konfrontation oder auch – so wörtlich – eine Krise innerhalb Europas nicht scheuen. Das wäre genau die Art, wie man Europa kaputtmachen könnte. Unsere Partner in Holland oder in Italien, in Dänemark oder in Belgien sollten vor diesem bajuwarischen Kraftprotz bewahrt werden.

(Beifall)

Es gilt für ihn der Satz, den ich vor ein paar Tagen in einem jüngst erschienenen Büchlein von Ludwig Rosenberg gefunden habe – ich weiß nicht, auf wen der Ludwig den Satz gemünzt hat, aber so lautet er –: „Er ist ein gottbegnadeter Politiker, Gott schütze uns vor ihm!“

(Heiterkeit und Beifall)

Und dann habe ich gleich noch eine weitere Kostprobe Ludwig Rosenbergs: „Jeder Idiot kann Fensterscheiben einschlagen, aber nur ein Fachmann kann sie wieder einsetzen.“

(Beifall)

Vor kurzem wurde in der Appel-Runde im Fernsehen der Landesgruppenvorsitzende der CSU gefragt, welche Vorschläge zur Stabilität er bzw. seine Partei habe. Er hat nur zu antworten gewußt, seine Partei nehme die Stabilität ernst. Viele von euch haben das im Fernsehen verfolgt. Neben ihm saß der Ministerpräsident von Mainz; der wußte auch keine Vorschläge. Beide waren wahrscheinlich keine Fachleute im Sinne von Rosenberg.

Inzwischen haben die Herren in Wiesbaden alle unsere Initiativen abgeschrieben, natürlich ohne auch nur ein einziges Mal die sozialdemokratische Quelle zu nennen. Manchmal allerdings sind sie auch ehrlich. Ministerpräsident Kohl hat vor ein paar Tagen in einem Interview gesagt: „Für die Stabilität haben wir natürlich kein Patentrezept.“ – Und Herr Barzel hat zur „Bild-Zeitung“ gesagt, er verspreche nicht Stabilität in wenigen Monaten. In einem „NRZ“-Interview hat er gemeint: „Es wäre unaufrichtig von mir, für 1973 ein ruckartiges Absacken der Preise für den Fall der neuen Regierung vorauszusagen.“ – Sie wissen das also alles ganz genau.

Um so niederträchtiger ist deren Versuch zum Geschäft mit der Angst. Herr Kraske hat in Wiesbaden den Ton angeschlagen mit dem Slogan, wer die SPD wählt, der wähle die Inflation. Ich habe eben über die gemeinsame Hauptursache der Preissteigerungen in ganz Europa gesprochen. Will Herr Kraske auch Herrn Pompidou anklagen oder Edward Heath oder den italienischen Regierungschef Andreotti oder den Schweizer Bundesrat? Sind das etwa auch alles böse Sozialisten, die angeblich mit Geld nicht umgehen können?

Es bleibt offenbar ein Vorrecht der sich „christlich“ nennenden Partei, scheinheilig und verleumderisch aufzutreten und dort, wo die eigenen Argumente fehlen, dann jedenfalls den Gegner zu verteufeln.

(Beifall)

Derselbe Herr wollte angeblich einen Wahlkampf der Argumente führen. Wo bleiben denn aber die Argumente?

Ich will hierzu einen intelligenten Autor zitieren:

„Man kann einem Volke, auch wenn es ihm gutgeht, die Gegenwart als schwer erträglich und durch düstere Prophezeiungen die Zukunft als gefährdet und katastrophengeladen vorgaukeln, bis sogar Anwandlungen von Hysterie auftreten und durch Angstreaktionen erst die Gefahren heraufbeschworen werden, vor denen angeblich nur gewarnt werden soll. Dazu gehört auch der leichtfertige, das Gesetz der Dimension verletzende Gebrauch der Begriffe ‚Krise‘, ‚Depression‘, ‚Inflation‘ u. ä.“

Wer das geschrieben hat, hat völlig recht gehabt.

Es war übrigens Franz Josef Strauß

(Heiterkeit)

1969 in einem Buch über Theorie und Wirklichkeit der Finanzpolitik. Dieser Mann ist intelligent genug, in der Theorie Leichtfertigkeit und Hysterie abzulehnen. In der Wirklichkeit fehlt es ihm an Klugheit und an Selbstkontrolle. Niemand anders als er selbst ist der größte Hysteriker auf den politischen Bühnen unseres Landes.

(Beifall)

Aber wir müssen nun, nachdem über die uns alle bedrängende Höhe des Preisanstiegs in der ganzen Welt und über eine ganze Reihe unserer stabilitätsfördernden Maßnahmen gesprochen worden ist, eines deutlich in den Mittelpunkt stellen: Es gibt kein Land in der ganzen Welt, das genau wie wir Vollbeschäftigung hat und doch gleichzeitig einen niedrigeren Preisanstieg hätte als die Bundesrepublik. Jeder Staat, jede Regierung kämpfen auf ihre eigene Weise mit dem Preisanstieg. Aber es gibt dabei eine ganze Reihe von Ländern, die beträchtliche Arbeitslosigkeiten in Kauf nehmen, und es gibt in der ganzen westlichen Welt auch kaum ein Beispiel für die Reallohnsteigerungen, die wir in den letzten Jahren erreicht haben. Zwar sind die Preise gestiegen, aber die Löhne und Gehälter und Renten sind in den letzten drei, in den letzten fünf Jahren wesentlich schneller gestiegen, so daß dabei eine wesentliche Steigerung des Realeinkommens herauskam.

Nun mag es hier vorne in der ersten Reihe Gewerkschafter geben, die das gar nicht so gern hören, weil es ja euer notwendiges Geschäft ist, immer erneut vorzurechnen, daß das Erreichte nicht genug sei. Aber ihr werdet mir nachsehen, wenn ich doch ein paar Beispiele nenne. Ich finde mich dabei in Übereinstimmung mit der Oktober-Ausgabe der Gewerkschaftszeitung der IG Textil – Bekleidung, wo die unwiderlegbaren Tatsachen in einem bemerkenswerten Aufsatz dargestellt werden. Ich will meinerseits ein paar Beispiele hinzufügen.

Da hat etwa in einem Automobilwerk 1967 – das war der Tiefpunkt der Rezession, und mit dem Tiefpunkt müssen wir bei dem Vergleich anfangen – ein verheirateter Facharbeiter mit zwei Kindern im Monat brutto 956 DM gehabt; da gingen dann die Lohnsteuer herunter, der Rentenversicherungsbeitrag, die Krankenversicherung und die Arbeitslosenversicherung, und netto blieben es 794 DM, die er ausgezahlt bekam. 1972 kriegt derselbe Facharbeiter 1247 DM netto ausgezahlt. Sein Nettolohn ist von damals zu heute um 57 Prozent gestiegen. Natürlich müssen davon nun die Steigerungen bei den Lebensmitteln, bei der Miete, die Preissteigerungen insgesamt abgezogen werden. Wenn man das abzieht, dann hat er immerhin in diesen fünf Jahren einen Zuwachs seines Nettoreallohns von 32 Prozent gehabt. In fünf Jahren netto und real 32 Prozent mehr – eine gewaltige Einkommenssteigerung, die es früher in solch kurzer Zeit niemals gegeben hat!

Ein zweites Beispiel: Ein Hamburger Hafenarbeiter, ledig, bekam 1967 monatlich netto 676 DM ausgezahlt. Heute sind es 961 DM, und der Zuwachs des Nettolohns beträgt nominal 42 Prozent. Wenn man dann die Preissteigerungen, Mietsteigerungen, die Erhöhung der Straßenbahntarife usw. abzieht, ergibt sich ein realer Nettozuwachs für ihn von 20 Prozent.

Ein drittes Beispiel: Ein ungelernter Arbeiter, bei der Stadt beschäftigt, bei der Müllabfuhr, hat 1967 netto 516 DM gehabt. Heute sind es netto 797 DM. Wenn davon die Preissteigerungen abgezogen werden, so hat er heute real 30 Prozent mehr als 1967.

Ich will nicht alle meine Beispiele vorlesen. Eines vielleicht noch: ein Posthauptsekretär, ledig, der 1967 netto 723 ausgezahlt bekam, hat heute 1195 DM netto. Minus Preisanstieg ist das real ein stolzer Zuwachs von 39 Prozent netto und real.

Bei diesem Beispiel wirkt sich aus, daß die Gehaltspolitik vor allem in den unteren Stufen und im mittleren Dienst eine sehr viel stärkere Anhebung herbeigeführt hat als in den gehobenen und höheren Stufen.
Liebe Genossinnen und Genossen, diese enormen Realeinkommenssteigerungen kann jeder selbst prüfen. Ich empfehle den Delegierten, sich für die Zwecke ihres Wahlkampfes mit den Kollegen und den Genossen aus den Betriebsräten der wichtigsten Fabriken ihres Ortes oder mit den Kollegen aus dem Personalrat der städtischen Behörden zusammenzusetzen und selber Beispiele auszurechnen, Beispiele, wie sie in der jeweiligen Stadt, in dem jeweiligen Landkreis aussehen, und sie dann allerdings im Wahlkampf auch öffentlich vorzurechnen und zu verwenden. Ihr werdet beim Nachrechnen sehen: Es gibt niemanden, der nicht dank unserer Politik und dank seiner Gewerkschaften einen ganz gewaltigen Sprung nach vorn gemacht hat, niemanden, es sei denn, eine Familie hat Unglück gehabt, der Vater ist verstorben oder krank gewesen. Ich empfehle diese Rechnungen sehr. Sie überzeugen, weil sie von jedermann, der zuhört, nachgeprüft werden können. Jedermann sieht: es geht uns allen heute besser als vor drei oder fünf Jahren. Es wird abermals vorangehen, wenn wir Sozialdemokraten weiterhin die Politik in diesem Lande machen dürfen.

(Beifall)

Aus voller Überzeugung sage ich: Diese wirtschaftliche Entwicklung, diese Zuwächse an realem Nettoeinkommen sind ungleich besser als eine zu Stabilitätszwecken veranstaltete Rezession. Sie sind einer solchen gegenüber eindeutig vorzuziehen.
Von Strauß und Barzel wird uns vorgehalten, es gebe doch z. B. in Kanada oder in den USA geringere Preissteigerungen, und wir sollten uns an diesen Ländern ein Beispiel nehmen. Es stimmt: inzwischen haben die USA nur noch einen Preisanstieg von 3 Prozent. Aber wie hoch ist denn dort die Arbeitslosigkeit? $5^1/_2$ Prozent Arbeitslose oder – in realen Zahlen – 6 Millionen Arbeitslose in Amerika. In Kanada sieht es ähnlich aus: über 6 Prozent Arbeitslose. Solche Beispiele werden uns als Vorbild hingestellt. Sie können für uns keine Vorbilder sein. Deswegen habe ich neulich einmal gesagt: In Deutschland sind 5 Prozent Preisanstieg jedenfalls eher zu ertragen, als 5 Prozent Arbeitslosigkeit zu ertragen wären.

(Beifall)

Wenn wir die CDU/CSU 'ranließen, würde sie mit Volldampf eine rezessive Politik betreiben, um Preise und Löhne zu dämpfen. Wenn dann gleichzeitig Hunderttausende und Millionen aus der Arbeit nach Hause geschickt würden, wem wäre damit gedient?
Nun will ich gleich ein ernstes Wort hinzufügen. Jeder hier im Saal weiß, daß ein Teil der nominellen Lohnsteigerungen auf die Preise durchschlagen muß, vor allem bei den Dienstleistungen, z. B. im Reparaturhandwerk oder bei der Post oder bei der Bahn. Das ist gewiß ein Grund zum Nachdenken vor jeder Lohnbewegung. Aber es ist überhaupt kein Grund, von Staats wegen in die Tarifautonomie der Gewerkschaften und ihrer Vertragspartner einzugreifen.

(Beifall)

Es kann keinen Lohnstopp und deshalb auch keinen Preisstopp geben. Daß seit vorgestern auch die CDU dies verkündet, kann uns nicht darin beirren, daß das, was wir schon immer gesagt haben, richtig ist. Was aber der

CSU-Chef in Wiesbaden mit seiner – ich zitiere – „konstruktiven Lohnquote“ gemeint hat, bleibt sehr dunkel. Man darf ihn beileibe nicht zum Konstrukteur der Löhne werden lassen; denn die Handlungs- und Vertragsfreiheit ist ein Grundpfeiler einer demokratischen Gesellschaftsordnung.

(Beifall)

Dabei bleiben wir.

Wir bleiben auch dabei, daß der Staat in Bund und Land, in Stadt und Gemeinde für seine Bürger sorgen muß. Keine Mutter und kein Vater können selbst für eine moderne Schule oder für eine optimale Förderung ihrer Kinder in dieser Schule sorgen. Niemand kann selbst eine U-Bahn oder eine Straße bauen. Nur wer selbst genug Geld hat, um ein privates Schwimmbad zu bauen, kann es sich leisten, auf öffentliche Bäder zu verzichten. Nur derjenige kann für seine Kinder auf einen Kindergarten verzichten, der Geld genug hat für ein privates Kindermädchen. Nur der kann auf einen Platz im Altenheim verzichten, der sich aus eigenem Vermögen einen Alterssitz im Tessin mit zugehörigem Personal hat bauen können.

(Beifall)

Nur wer das Geld fürs Privatsanatorium hat, braucht keinen Ausbau der öffentlichen Krankenhäuser. Und nur wer seinen Kindern Grundvermögen und Wertpapiere vererben kann, dessen Kinder brauchen vielleicht kein Ausbildungsförderungsgesetz. Aber viele Millionen kleiner Leute brauchen alle diese Leistungen des Staates.

(Beifall)

Deshalb werden wir unsere Politik der Ausweitung öffentlicher Dienstleistungen fortsetzen und dabei jedes Jahr genausoweit vorangehen, wie wir finanzieren können. Wenn aber der persönlich sehr wohlhabende Präsident des Deutschen Industrie- und Handelstages in dieser Woche in öffentlichen Reden verlangt, der Staat müsse mehr sparen, dann muß ich ihn öffentlich daran erinnern – hier sitzen eine ganze Reihe von Zeugen aus der letzten Sitzung der sogenannten Konzertierten Aktion –, daß ich ihn dort genau wie andere Unternehmer am offiziellen Verhandlungstisch gefragt habe, wo wir denn tatsächlich zusätzlich noch sparen sollten. Keiner von den Herren hat eine Antwort gewußt. Oder besser muß man wohl sagen: Keiner von ihnen hat eine Antwort gewagt.

(Beifall)

Aber ich will gerne fragen: Sollen wir etwa die 1,3 Milliarden DM im Jahr für die Reaktorentwicklung streichen, die zu einem erheblichen Teil in die Industrie gehen? Sollen wir die 650 Millionen DM für die Luftfahrtforschung streichen, die zum erheblichen Teil in die Industrie gehen? Oder sollen wir die 200 Millionen DM betriebliche Hilfen streichen, die für die regionale Strukturpolitik gegeben werden? Oder sollen wir die Finanzierungshilfen für die Schiffswerften streichen? Oder sollen wir gar die Hilfen für den Bergbau streichen?

Herr Wolff von Amerongen macht es sich zu leicht, genau wie der CSU-Vorsitzende es sich zu leicht macht, der in einem Interview am Rande seines Parteitages verlangt hat: „Keine Haushaltszuwachsraten mehr von 12 oder 14 Prozent, sondern schrittweise ’runter auf etwa die Hälfte.“ Dabei sind wir 1973 weder bei 12 noch bei 14, sondern wir sind bei 10½

Prozent. Herr Narjes, der ähnlich dort geredet hat, hat sich genau wie sein CDU-interner Rivale Schäfer – beides Landeswirtschaftsminister der CDU – vor jener gemeinsamen Sitzung des Konjunktur- und Finanzplanungsrates gedrückt, obwohl sie in Deutschland waren, obwohl sie auch sonst viele Pressekonferenzen und öffentliche Reden halten. Sie haben sich beide vor der Sitzung des Konjunktur- und Finanzplanungsrates gedrückt, auf der im September die von mir soeben erwähnte 10½prozentige Steigerung für 1973 mit den Stimmen aller CDU- und CSU-regierten Länder beschlossen worden ist. Auch des Herrn Narjes' Kabinettskollege hat zugestimmt. Daß sein Ministerpräsident in Kiel gleichzeitig etwas anderes redete, ist uns schon allzu häufig begegnet, als daß wir besonders davon Notiz nehmen wollen. Alle haben sie zugestimmt. Und nun, drei Wochen später, soll das schon falsch sein?

Was wollen denn die Herren streichen? Wollen sie die Finanzhilfen für Schleswig-Holstein oder die für Bayern streichen? Es sind große Worte, und es steckt nichts dahinter. Da reden sie von „Opfern" – so auch wieder in Wiesbaden –, aber sie sagen nicht, wer opfern soll. Da reden sie von „Drosselung", aber sie sagen nicht, wer gedrosselt werden soll.

Als er noch Finanzminister war, hat sich Strauß über die haushaltspolitischen Möglichkeiten sehr viel seriöser geäußert. In dem soeben schon erwähnten Buch „Finanzpolitik" heißt es:

„Selbst im Bereich der öffentlichen Investitionen und Investitionsförderungsmaßnahmen sind jedoch einer Ausgabenbeschränkung in Zeiten konjunktureller Spannungen recht enge Grenzen gezogen. Man muß sich in dieser Hinsicht den gewaltigen Bedarf vor Augen halten, dem sich die öffentliche Hand heute auf den verschiedensten Gebieten der Infrastruktur gegenübersieht.

Eine stärkere Drosselung der zu seiner Befriedigung erforderlichen Investitionen im Verkehrs-, Gesundheits-, Schul- und Bildungswesen, auf dem Gebiet der öffentlichen Versorgungseinrichtungen und dergleichen würde zwangsläufig zu Engpässen und damit zu einer Verlangsamung des wirtschaftlichen Wachstums führen."

Das ist alles richtig; aber das war 1969, als er im Amt war. Heute, 1972, auf dem CDU-Parteitag hören wir von demselben Mann das krasse Gegenteil. Herr Stoltenberg hat vorige Woche im Bundesrat gewarnt: es könne nicht hingenommen werden, daß dringende Reformen einfach abgebrochen werden müssen. Wem von diesen beiden soll man denn nun eigentlich glauben? Der ganzen Finanzpolemik der CDU/CSU fehlt der Boden, und ihre Landesregierungen handeln anders, als ihre Bundespolitiker reden.

(Beifall)

Im Gegensatz zu den Regierungen des Freistaates Bayern und des Landes Schleswig-Holstein hat aber die Bundesregierung bei ihrem Haushalt 1972 noch im Laufe dieses Sommers erhebliche und erfolgreiche Stabilitätsanstrengungen gemacht:

Wir haben erstens im Bundeshaushalt zweieinhalb Milliarden DM gespart, und da können sich alle von der CDU und CSU regierten Bundesländer ein Beispiel dran nehmen.

Wir haben zweitens die 7,3 Milliarden DM Kredit, die der Bund hat aufnehmen wollen, auf weniger als 5 Milliarden DM heruntergebracht und haben 2½ Milliarden DM Kreditaufnahme eingespart.

Wir haben drittens insgesamt während der ganzen Dauer der Regierung Brandt/Scheel nur halb soviel Staatskredit aufgenommen, wie 1969 der damalige Bundesfinanzminister für den gleichen Zeitraum in seinem letzten mittelfristigen Finanzplan im voraus eingeplant hatte. Wir haben halb soviel Kredit aufgenommen, wie Strauß wollte; er sollte wirklich hin und wieder mal in seine alten Bücher gucken.

Wir haben viertens für den Bundeshaushalt 1973 in gemeinsamer solidarischer Bemühung des ganzen Kabinetts über 8 Milliarden DM Forderungen beiseite gestellt.

Wir haben fünftens für 1973 die Kreditaufnahme des Bundes auf die gleiche Höhe wie schon dieses Jahr begrenzt.

Und sechstens sagen wir, daß natürlich auch im nächsten Jahr etwas gegen die Preissteigerungen getan werden muß. Deswegen müssen dann ein paar Steuervergünstigungen abgebaut werden. Es wird insgesamt eine Steuererhöhung geben, aber die Steuerquote wird dann immer noch niedriger sein als diejenige, die der damalige Finanzminister 1969 hatte.

Und nun soll er der Öffentlichkeit endlich einmal sagen, wo er noch sparen will. Mehr geht in Wahrheit nicht, und mehr ist auch nicht nötig; denn der Bundeshaushalt 1972 ist in Ordnung, und der Haushalt 1973 geht in Ordnung.

(Beifall)

Das angebliche Loch, von dem Barzel sprach, von 13 Milliarden DM, existiert nur in der Phantasie des Oppositionsführers. Man kann sich diese Zahl kaum vorstellen; sie hat neun Nullen, und dabei genügt schon eine Null.

(Heiterkeit und Beifall)

Als dieser große Fachmann seine unsinnige Behauptung aufstellte, hatten wir tatsächlich einen Kassenbestand von über 5 Milliarden DM und schon lange, lange überhaupt keinen Kassenkredit in Anspruch genommen. Die Zahlen aus Barzels Mund sind Schall und Rauch.

Übrigens wird die Widersprüchlichkeit dieser ganzen Finanzpolitik der Opposition z. B. auch auf dem Felde der Mittelstandspolitik oder der Steuerpolitik deutlich. Da gibt es bei denen eine Mittelstandsvereinigung; sie hat für die Legislaturperiode des am 19. November neu zu wählenden Bundestages eine Reihe steuerlicher Vorschläge vorgelegt. Aus diesen Vorschlägen ergäben sich Mindereinnahmen allein des Staates von 16 Milliarden DM. Wenn man diese ausgleichen wollte, müßten diese nur auf die Mittelstandspolitik der CDU/CSU bezogenen Vorschläge eine Erhöhung der Mehrwertsteuer um mehr als drei Punkte auslösen.

Während aber diese Interessengruppe in der CDU/CSU mit hohen Steuerausfällen verbundene Vorschläge vorlegt, hat ihr Finanzministerkandidat eine Steuerreform, die diesen Namen verdienen würde, offenbar aufgegeben. Er redet davon, sie nur in Stufen verwirklichen zu wollen – was immer das heißen mag. Davon, daß die Steuerreform auch eine gerechtere Lastenverteilung bringen soll, redet er nicht. Aber die Vorschläge, die wir gemacht haben, die Vorschläge der Regierung zum Familienlastenausgleich, nennt er schlicht und herabsetzend „Nivellierung und Gleichmacherei".

Strauß war im übrigen in Sachen Gesellschaftspolitik recht schweigsam.

Dafür hat er dann aber einen 6-Punkte-Katalog zur Währungspolitik vorgetragen. Nur: Punkt für Punkt war dieser Katalog der Rede entnommen, die der Vertreter der Bundesregierung Ende September auf der Weltwährungskonferenz in Washington gehalten hatte. Natürlich hat Strauß die Quelle verschwiegen, und natürlich hat er wieder mal auch nicht ganz vollständig zitiert.
Auf jener Konferenz haben viele ausländische Gesprächsteilnehmer zum Ausdruck gebracht, was auch die „New York Times" schrieb, nämlich: Das ist ein komischer Wahlkampf in Deutschland; die Deutschen streiten sich über Preissteigerungen, die in fast allen anderen westlichen Ländern als mäßig angesehen würden. Sie streiten sich über die wirtschaftliche Lage, obwohl doch fast alle Staaten der Welt glücklich sein würden, wenn ihre Wirtschaft so in Ordnung wäre wie die der Deutschen. – Und so ist es ja auch wirklich.
Wir haben es deshalb auch nicht nötig, jede Woche ein neues Bekenntnis zur Marktwirtschaft abzulegen. Für uns gilt, was im Godesberger Grundsatzprogramm steht, und wir nehmen auch von der Regierungserklärung keinen Punkt zurück.

Aber wir wehren uns gegen Verdrehung. Wenn z. B. der Bramarbas aus Bayern vorgestern behauptet hat, ich wolle die Marktwirtschaft abschaffen – mindestens wolle ich sie nicht weiterentwickeln –, so kommt seine diabolische Zitatverkürzung der Lüge schon sehr nahe; das will ich gleich belegen. Tatsächlich lautet das von ihm verkürzte Zitat aus meinem Vortrag vor dem Verein für Socialpolitik in drei Sätzen folgendermaßen; ich zitiere:
„Meine eigene Position dazu ist: Dieses System der Marktwirtschaft ist nicht eine Ordnung, die für alle Zeiten und unter allen Bedingungen der einzige Garant der Freiheit für die Bürger und die denkbar beste Organisationsform zur Befriedigung der ökonomischen und sozialen Bedürfnisse der Menschen sein muß."

Das ist der Satz eins; den hat er zitiert. Und daraus hat er geschlossen, wir schaffen die Marktwirtschaft ab. Jetzt kommt der Satz zwei:
„Aber: Diese Marktwirtschaft erfüllt heute und für die für mich absehbare Zukunft ihre gesellschaftlichen und sozialen Aufgaben besser als alle anderen vergleichbaren Systeme."

Den Satz hat er natürlich unterschlagen. Jetzt kommt der dritte Satz, den hat er auch unterschlagen:

„Ob sie freilich so, wie sie bei uns gegenwärtig organisiert ist, optimal sei, ob sie nicht mehr verbessert werden könne, auf diese Frage gibt es gewiß eine negative Antwort."

(Beifall)

Herr Strauß verkehrt das in das krasse Gegenteil. An jedem seiner Zitate kann man ablesen, was für ein ehrlicher und ehrenwerter Mann das ist.

(Lebhafter Beifall)

Die Wahrheit ist: Er hat sich auch gar nicht über diese Passage geärgert; er hat sich über etwas anderes in diesem Vortrag geärgert; vielleicht haben seine Geldgeber sich noch mehr geärgert als er. Da war nämlich von Vermachtung einiger Märkte in unserer Marktwirtschaft die Rede. Und von Kartellen war die Rede!

Und da war die Rede von Mitbestimmung. Ich bin aus gewonnener Überzeugung nicht zuletzt deshalb für paritätische Mitbestimmung in den Großunternehmen, weil ich die Marktwirtschaft erhalten möchte

(Beifall)

und weil viele Mißbildungen, die unsere Wirtschaft an sich trägt, auf dem Wege über die paritätische Mitbestimmung viel besser in jedem Einzelunternehmen in den Griff der Arbeitnehmer kommen, als wenn sie etwa alle zusammen unter den bürokratischen Griff des Staates genommen würden. Gerade weil wir die Marktwirtschaft und weil wir Entschlußfreiheit des einzelnen Unternehmens erhalten wollen, sind wir für die Mitbestimmung.

Ich glaube nicht, daß wir schon davon ausgehen können, daß die F.D.P. in der nächsten Legislaturperiode schon so weit kommen wird, unsere Vorstellungen ganz mitzumachen. Aber uns darf das nicht hindern, diese zentrale Vorstellung auf dem Felde der Gesellschaftspolitik mit aller Deutlichkeit öffentlich zu vertreten.

Denn Kompromisse mit einem Koalitionspartner kann man immer erst dann machen, wenn man vorher seine eigene Ausgangsposition ganz klar und öffentlich abgesteckt hat, und unsere Position ist, die Machtstrukturen in unserer Wirtschaft müssen durchgreifend auf Mitbestimmung umkonstruiert werden.

(Beifall)

Mitbestimmung, wie sie etwa der sozialdemokratische Gesetzentwurf vorsieht, hat mit Gruppenegoismus oder mit Syndikalismus nichts zu tun, im Gegenteil, die schafft überhaupt erstmalig das dringend notwendige Gegengewicht gegen den Gruppenegoismus derjenigen, die heute weitgehend unter sich und nach ihren Interessen alle wichtigen Entscheidungen treffen. Der Pluralismus einer demokratischen Gesellschaft darf doch nicht zum Pluralismus der Interessenhaufen werden. Die Demokraten dürfen nicht gegenüber der Gefahr blind sein, daß kämpferische Interessenvertretung durch die einzelnen Gruppen das materielle Fundament des Staates aushöhlen kann und, was noch schlimmer wäre, daß sie das moralische Fundament zerstören kann. Demokratie darf nicht zu einem Catch-as-catch-can der Interessenhaufen werden. Demokratie heißt vielmehr die gleichberechtigte Mitbestimmung durch alle,

(Beifall)

aber nicht etwa eine Mitbestimmung 7 zu 5, wie sich das der famose Herr Dregger für die CDU/CSU ausgedacht hat. Es könnte einen Hund jammern lassen, wenn man sieht, wie der sogenannte Arbeitnehmerflügel der CDU für Dreggers jämmerliche Lösung öffentlich mit den Flügeln schlagen muß. Es könnte einen Hund jammern lassen! Norbert Blühm und Hans Katzer wissen selbst am besten: paritätische Mitbestimmung und Marktwirtschaft passen hervorragend zueinander. Daß sie dies trotzdem nicht sagen dürfen, empfiehlt sie unserem tiefen Mitlied. Die sind eben in der falschen Partei.

(Beifall)

Katzer hat übrigens in Wiesbaden in dankenswerter Weise darauf hingewiesen, daß wesentliche Aufgaben der Gesellschaftspolitik – man höre und staune – über den Begriff der Sozialen Marktwirtschaft hinausgehen. Das ist gewiß richtig, und ebenso gewiß steht er damit in der CDU/CSU allein, denn alle anderen haben in Wiesbaden die von ihnen so genannte

Soziale Marktwirtschaft als das Nonplusultra gefeiert. Jene Partei kann eben immer noch keine Gesellschaftspolitik entwickeln, denn sie ist immer noch weit überwiegend ein Bündnis von Gruppen, die ihre Macht und ihren Einfluß und ihren Vorteil bewahren wollen.

Im Laufe von 20 Jahren haben Gewerkschaften und Sozialdemokratie den Konservativen in unserem Lande den sozialen Fortschritt Schritt für Schritt abringen müssen. Heute hat die Bundesrepublik einen sozialen Fortschritt, einen sozialen Vorsprung, den wir in den letzten drei Jahren zügig weiter ausgebaut haben, jedes Jahr etwas dazu, Stein auf Stein. Wir haben auch zur Demokratisierung unserer Betriebe 20 Jahre nach dem Entstehen des Betriebsverfassungsgesetzes einen ganz großen Schritt getan.

Alles das, was wir an Reformen verwirklicht haben, erfüllt sehr persönliche Bedürfnisse, sehr individuelle Bedürfnisse von Millionen einzelner Frauen und Männer, einzelner Jugendlicher und Kinder. Wir haben dabei aber auch gelernt, daß jede Reformabsicht zunächst auf organisierte Gegeninteressen stößt. Die artikulieren sich dann z. B. im Bundestag durch jene Fraktion, die dort in der Mitte sitzt, die aber von Rechts wegen auf die Rechte gehört: die Interessengemeinschaft der Union.

In dem Zusammenhang muß einmal, darf einmal ein Wort der Anerkennung für die Freien Demokraten gesagt werden. An deren Wiege war ja nicht geschrieben, daß sie gerade mit uns gemeinsam gegen die CDU/CSU Sozialpolitik und Gesellschaftspolitik machen würden. Walter Arendt hat bis auf die letzten drei Tage stets ausreichende Hilfe im Parlament gefunden. Die freie Wahl des Rentenalters durch den einzelnen, die sogenannte flexible Altersgrenze, ist ein wirklicher Meilenstein in der deutschen Gesellschaftspolitik, ebenso das Ausbildungsförderungsgesetz in seiner jetzigen Fassung und ebenso Käte Strobels für die ganze Welt fortschrittlichsten Lebensmittelgesetze.

Die Opposition hat sich unserer Dynamik anpassen müssen. Sie hatte noch im August 1969, im vorigen Bundestagswahlkampf, in ihrem sozialpolitischen Schwerpunktprogramm verkündet: „Die Leistungen in unserem sozialen Sicherungssystem sind so hoch und im ganzen so ausgewogen, daß wir keine aufwendigen strukturellen Leistungsverbesserungen mehr anstreben sollten." Das haben die vor drei Jahren gesagt. Jetzt haben sie im letzten Augenblick unter Katzers Führung sogar versucht, uns links zu überholen. Daß sie dabei aber das Baby-Jahr bei der Rentenversicherung der Frauen zu Fall gebracht haben, das gereicht ihnen zur Schande.

(Beifall)

Da nützen auch die nachträglichen Klagen in Wiesbaden nichts, es fehle den Frauen nicht an Bewußtsein, sondern an den Möglichkeiten.

Zur Rentenreform will ich eins deutlich sagen. Wenn da etwa wieder einmal jemand eine Rezession herbeiführen sollte, wenn wir dann wegen Arbeitslosigkeit keine Versicherungsbeiträge zur Rentenversicherung mehr zahlen sollten, sondern Arbeitslosenunterstützung, dann könnte die ganze Rentenreform nicht funktionieren, und es würden dann auch die Renten so nicht ausgezahlt und finanziert werden können. Die Rentenanhebung und die flexible Altersgrenze beruhen darauf, daß in den nächsten 10, in den nächsten 20 Jahren sozialdemokratische Vollbeschäftigungspolitik betrieben wird und daß alle aktiven Arbeitnehmer Sozialversicherungsbeiträge zahlen wie auch die Arbeitgeber. Aber so wird es ja auch kommen.

(Beifall)

Nicht nur in der Rentenversicherung, auch in der Vermögensbildung sind wir einen großen Schritt vorangekommen. Im Augenblick sind nach dem 624-Mark-Gesetz, das wir geschaffen haben, 17 Millionen Verträge geschlossen worden, Verträge für zwei Drittel aller deutschen Arbeitnehmer und darüber hinaus auch für einige der Gastarbeiter. 11 Millionen dieser Verträge werden zusätzlich durch tarifliche Leistungen gefördert.

Es gibt auch andere, die das als großen Fortschritt ansehen. Ich habe mir z. B. eine halbseitige Anzeige aus vielen deutschen Tageszeitungen mitgebracht, eingerückt von den öffentlichen Sparkassen und von den öffentlichen Bausparkassen. Da sagen die: „Eines der schönsten Geschenke, das 624-Mark-Gesetz. Das Gesetz nicht zu beachten, ist nicht strafbar, aber es ist sträflich, denn es hilft Arbeitnehmern, mühelos und sicher ein schönes Vermögen zu bilden.“ Diese Annonce wurde von Leuten aufgegeben, die an ihrer Spitze uns Sozialdemokraten gar nicht so besonders mögen, aber hieran können sie nicht vorbei. Sie rechnen sogar selbst öffentlich vor: aus 624 Mark können im Jahr gut 1000 Mark werden – mit all den Zulagen und Prämien –, und wenn beide Eheleute berufstätig sind, sogar zweimal. Nur der Strauß behauptet: Wer spart, der verliert. Nur der! Die Wahrheit für die Arbeitnehmer sieht ganz anders aus. Deswegen wird ja auch in diesem Jahr ein noch größerer Teil der Löhne und Gehälter gespart als im vorigen Jahr, als im Jahr davor und als 1969.

Hier liegt aber noch ein ganz entscheidender Schritt vor uns, nämlich die Arbeitnehmer am alljährlichen Zuwachs des Produktivkapitals zu beteiligen, nicht in Geld, sondern in Beteiligungen. Ich glaube, daß auf diesem Felde ein erster Schritt gemeinsam mit der F.D.P. in der nächsten Legislaturperiode möglich sein wird. Wir haben schon in diesem Kabinett lange und ausführlich miteinander darüber geredet und waren uns schon bisher einig, daß wir im Zuge der Steuerreform auf diesem Felde einen ersten Schritt von etwa 4 Milliarden DM im Jahr machen wollen. Unter Federführung von Herbert Wehner ist jetzt ein Entwurf vorgelegt worden, der sich auf 5 Milliarden DM beläuft. Das zeigt, daß jedenfalls von der Größenordnung her ein Kompromiß mit der F.D.P. möglich sein muß, und ich denke, daß er auch in der Konstruktion möglich gemacht werden kann. Es gibt gar keinen Zweifel, daß wir gemeinsam mit der F.D.P. die Steuerreform fortsetzen werden, und zwar nach dem doppelten Gesichtspunkt der Gerechtigkeit und der Durchsichtigkeit.

In diesem Zusammenhang ein Wort über die unverschämte Propaganda innenpolitischer Gegner, ob sie nun in den Unionsparteien oder in gewissen Redaktionsstuben sitzen, wo es heißt, wir Sozialdemokraten wollten in unserer Steuerpolitik keine Leistungen mehr honorieren, wir wollten die Leistung mißachten. Dies ist vor allem dann ein ganz böses Wort, wenn man bestimmte Tabellen in den Zeitungen des Springer-Verlages vor Augen hat, die offensichtlich davon ausgehen, daß Leistung – in deren Augen jedenfalls – erst bei jenen Menschen anzutreffen ist, die mehr als 50 000 DM verdienen und die mehr als 100 000 DM verdienen.

Als ob das Einkommen so, wie die Welt nun einmal ist, schon ein Ausweis für eigene Leistung sei!

(Beifall)

Hier wird sich der Arbeitnehmer nicht vernebeln lassen. Er weiß, daß er sich ohne eigene Leistung nichts leisten kann, ob es sich um die Wohnung handelt, um den Farbfernseher, um die Reise in die Ferien oder um den neuen Volkswagen. Und weil der Arbeitnehmer das weiß, deswegen leistet er seine Arbeit, und deswegen verdient er seinen Lohn.

Wenn die Lebensqualität für alle Menschen verbessert werden soll, brauchen wir auch in Zukunft solche Leistung. Wir brauchen eine steigende Produktivität in unserer Wirtschaft, d. h., wir brauchen Investitionen. Damit sie finanziert werden können, brauchen wir auch Erträge; und damit die erwirtschaftet werden können, brauchen wir auch Unternehmer. Damit aber auch die Arbeitnehmer ihren Teil dabei abkriegen, brauchen wir Gewerkschaften und Gesetzgeber. Und damit alles funktioniert, müssen wir auch alle sparen. Wer aber sparen soll, der muß vorher gut verdient haben. Anders geht es nicht.

Am Schluß möchte ich etwas sagen über den Charakter unserer Partei.

Die Sozialdemokratie ist genau wie die Gewerkschaften aus der Empörung der Arbeiter über eine völlig ungerechte und unzumutbare Situation entstanden, in die die Arbeitgeber und auch der staatliche Gesetzgeber sie gedrängt hatten und in der sie schutzlos geblieben waren. Aus dieser gleichen geschichtlichen Wurzel stammen Gewerkschaften und Sozialdemokratie. Sie stammen auch aus dem gleichen moralischen Motiv: für mehr Gerechtigkeit zu sorgen und den kleinen Leuten zu ihrer Gerechtigkeit zu verhelfen, nachdem doch die großen sich selber helfen können.

Wir stehen in der Verantwortung dieser 110jährigen Geschichte. Es wird auch zukünftig eine Voraussetzung unseres Erfolges sein, daß wir miteinander solidarisch bleiben. Solidarität ist ebenso nötig wie die Offenheit im Umgang mit uns selbst.

Es ist kein Zufall, sondern es ist Solidarität, wenn hier viele unserer gewerkschaftlichen Freunde versammelt sind, wie es ja auch kein Zufall ist, daß auf den Gewerkschaftskongressen die führenden Köpfe der Sozialdemokratischen Partei ihr Wort beisteuern, und wie es kein Zufall ist, daß die Delegierten auf beiden Kongressen im Grunde ein und dieselben Delegierten sind. Wir wissen es ja: Auch in der Gegenwart – wie in der Zukunft – sind wir den gleichen Zielen verpflichtet; wir vertreten dieselben Millionen von Arbeitnehmern, dienen ihren Zielen. Deshalb braucht auch die Sozialdemokratische Partei keinen Arbeitnehmerflügel wie andere, denn diese Partei ist als Ganzes der eine, der einzige Arbeitnehmerflügel der deutschen Gesellschaft.

(Beifall)

Und dies ist ja auch eine Regierung, deren Minister nicht das erstemal dann erst eine Gewerkschaftsversammlung vor sich sehen, wenn sie als Minister dahingeschickt werden, um eine Grußadresse abzuliefern, sondern sie sind seit ihrem Berufseintritt Mitglied.

Daß dies für Walter Arendt gilt, braucht er nirgendwo mehr zu beweisen. Und daß das für Schorsch Leber gilt, braucht er auch nirgendwo mehr zu beweisen. Er war auch Vorsitzender einer großen, erfolgreichen Gewerkschaft. Aber auch die anderen haben in all den Jahren ihre soziale Gesinnung, ihre Gesinnungstreue nicht geändert.

Vielleicht steht es einem Regierungsmitglied nicht zu, ein Wort über die uns kontrollierende Bundestagsfraktion zu sagen. Aber einen Genossen aus der Fraktion möchte ich doch als Beispiel und als Vorbild für diese Treue zur Arbeitnehmerschaft nennen dürfen: Ohne Herbert Wehner wären wir dahin nicht gekommen, wo wir heute stehen.

(Anhaltender lebhafter Beifall)

Freilich, unsere Partei braucht die Stimmen der Arbeitnehmer, aber sie braucht Stimmen auch aus anderen Bereichen der Gesellschaft. Sie hat im Laufe ihrer Geschichte immer wieder nicht nur Stimmen, sondern auch geistige und tatkräftige Hilfe aus anderen Bereichen erhalten. Ich erinnere an Engels, Marx oder an Hilferding und Lassalle: Sie waren alle keine Arbeiter. Wir sind froh darüber, daß es auch zu Beginn der zweiten deutschen Demokratie nach 1945 wieder gelungen ist, über den engen Bereich der Angestellten und der Arbeiter hinaus viele andere Menschen in anderen gesellschaftlichen Quartieren innerlich aufzuschließen für die Notwendigkeit sozialer Gerechtigkeit und sozialen Fortschritts.

Wir sind stolz darauf, daß wir Tausende und aber Tausende von Lehrern gefunden haben, von Rechtsanwälten, von Ärzten, von Gewerbetreibenden, von Landwirten, ja sogar von Pfarrern, Bischöfen und Bankiers. – Da sitzt einer! Warum nicht auch von Pfarrern und Bischöfen? – Sie sind doch nicht nur dafür, daß im Himmel Gerechtigkeit herrsche, sondern auch auf Erden.

(Lebhafter Beifall)

Wir freuen uns darüber, daß besonders unter den jungen Leuten an den höheren Schulen und an den Universitäten so viele sind, die sich innerlich zu uns bewegen. Aber ich will auch ganz deutlich sagen: Man darf nicht glauben, daß unsere Partei gewillt sei, die Gruppeninteressen von Studenten oder von Professoren höher zu bewerten als die Interessen der Arbeitnehmer.

(Beifall)

Ich habe allerdings genug Vertrauen in die Urteilskraft derjenigen, die zu uns kommen: Sie werden verstehen lernen, daß die Interessen aller geachtet werden müssen, daß ein fairer Ausgleich zwischen allen Gruppen nötig ist und daß er auch gefunden werden kann.

Die SPD wird nicht nur am 19. November 1972, wenn der neue Bundestag gewählt wird, sondern sie wird ebenso 1982 und ebenso 1992 die große demokratische Kraft in diesem Lande sein, weil sie und solange wie sie die Interessen der breiten Massen dieses Volkes im Zentrum ihrer politischen Ziele sieht.

(Beifall)

Darauf kann sich allerdings auch jedermann verlassen.

Und jeder kann sich darauf verlassen, daß die neue Regierung Brandt/-Scheel die Friedenspolitik fortsetzen wird, die wir bisher so erfolgreich betrieben haben. Das ist der erste Grund, die Bundesregierung Brandt/Scheel fortzusetzen.

Jeder kann sich auch darauf verlassen, daß wir keine Rezession, sondern daß wir Vollbeschäftigungspolitik treiben werden. Das ist der zweite

Grund, die Sozialdemokraten erneut in die Bundesregierung zu wählen.
Und jeder kann sich darauf verlassen, daß wir Schritt für Schritt mehr Gerechtigkeit in unserem Lande schaffen werden. Das ist der dritte Grund, abermals Willy Brandt zu wählen.
Liebe Genossinnen und Genossen! Damit dies geschieht: Ärmel aufkrempeln! 'ran an die Arbeit!
Der Parteitag ist eröffnet.

(Anhaltender lebhafter Beifall)

# Fortschritt in Freiheit*

Wenngleich ich vor weniger als acht Wochen noch nicht die leiseste Vorstellung davon hatte, daß ich in gegenwärtiger Amtseigenschaft zu Ihnen ein Wort zu sagen haben würde, so möchte ich doch betonen, daß es mir eine wirkliche Freude ist und auch eine Ehre, auf dieser Tagung, die ja zugleich ein Jubiläum des Vereins der Socialpolitik ist, in meiner gegenwärtigen Eigenschaft das eine oder andere Wort zum guten Anfang zu sagen.
Ich kann und will dabei Ihren wissenschaftlichen Erwägungen nicht vorgreifen und will Sie auch nicht mit Einzelheiten der uns gegenwärtig beschäftigenden Finanz-, Währungs- und Wirtschaftspolitik belasten, aber einige wenige Worte, die vielleicht in den Rahmen der Tagung hineingehören, möchte ich sagen. Ich tue das im Gefühl der Dankbarkeit und des Respektes, Gefühle, an die ich mich sehr gut erinnere und immer erinnern werde, weil ich von den ersten Tagungen des Vereins für Socialpolitik nach dem Kriege als junger Teilnehmer viel profitiert habe.
Die Gründer haben vor 100 Jahren dieses wissenschaftliche Forum ins Leben gerufen, weil sie sich als Wissenschaftler mitverantwortlich fühlten für das politische und für das gesellschaftliche Geschehen. Oder deutlicher gesagt: weil sie sich mitverantwortlich fühlten für das soziale Elend der Arbeiter im Deutschland jener Zeit. Und so heißt es im damaligen Aufruf der Gründer, ich darf das zitieren: „Aus der Gesamtheit der ... Versuche zur Weiterbildung der heutigen Erwerbsgesellschaft tritt zur Zeit der Streit zwischen Kapital und Arbeit gefahrdrohend hervor. Wir sind der Ansicht, daß hier für Staat und Gesellschaft dringende Aufgaben der friedlichen Reform vorliegen." Mir kommt dies ganz modern vor. Dem Wissenschaftler und noch viel mehr dem Politiker stellt sich auch heute die Aufgabe zu gesellschaftlichem Fortschritt, zu friedlicher Reform.
Der Verein für Socialpolitik hat sich in 100 Jahren immer wieder für sozialpolitische, für gesellschaftspolitische Fragen und ihre Lösungen engagiert. Er hat oft genug mit wissenschaftlicher Präzision Erkenntnisse und Fortschritte vorangebracht. Und ich bin mir als jemand, der von Berufs wegen Politik treibt, bewußt, daß wir der Forschung vieler – nicht nur der reinen ökonomischen Lehre Verpflichteter, sondern zugleich eben auch politisch engagierter – Wissenschaftler den hohen Erkenntnisstand verdanken, der es dem Politiker heute leichter macht, die gesellschaftlichen und die wirtschaftlichen Aufgaben eines Gemeinwesens zu bewältigen.

* *Rede vor dem Verein für Socialpolitik auf der Tagung der Gesellschaft für Wirtschafts- und Sozialwissenschaften am 4. September 1972 in Bonn.*

Dies ist auch der Grund für die Bundesregierung, wenn sie gegenwärtig unter Federführung meines Kollegen, des Bundesministers für Bildung und Wissenschaft, ein Programm zur verstärkten Förderung der Gesellschaftswissenschaften vorbereitet. Hauptzweck dieser Initiative ist es, die wissenschaftliche Auseinandersetzung mit den Entwicklungen unserer Gesellschaft zu verstärken. Praxisbezogenheit und Anwendungsorientierung sind dabei wesentliche, aber nicht ausschließliche Elemente. Für diese Förderung der Sozialwissenschaften wird gegenwärtig ein ressortübergreifendes Programm erarbeitet und sicherlich wird dabei auch das Forschungsfeld, das durch Ihre Gesellschaft repräsentiert ist, maßgeblich angesprochen werden, wenn die Grundkonzeption des geplanten Programms im Laufe der nächsten Monate – ich denke noch in diesem Jahr – zur Diskussion gestellt wird.

Ihre Gesellschaft hat sich für diese Arbeitstagung, mit dem Generalthema „Macht und ökonomisches Gesetz", in einer Weise herausgefordert, daß ich beinahe versucht bin zu sagen: Sie hat sich selbst heroisch herausgefordert. Daß Sie „Macht und ökonomisches Gesetz" formuliert haben, und nicht den Ausweg der überkommenen antithetischen, historischen Antinomie gegangen sind, diese Tatsache weist darauf hin, daß der Verein für Socialpolitik sich bewußt nicht in den Turm der reinen Lehre begeben will, in die exklusive Distanz der behaupteten wissenschaftlichen Gesetzmäßigkeit, nicht in die abstrakte Debatte über Wissenschaftlichkeit und Werturteil, sondern daß die Sozialwissenschaftler wissen, daß sie politische Verantwortung tragen, daß auch der Verein für Socialpolitik sich dieser Verantwortung stellt.

Kenneth E. Boulding hat in einem bemerkenswerten Aufsatz über die Volkswirtschaftslehre als Moral-Wissenschaft die Verantwortlichkeit der Wissenschaft in prägnanter Weise dargestellt, als er sagte: „Die Wissenschaft erforscht nicht länger nur die Welt, sie erschafft die Welt selbst, die sie erforscht." Dies bedeutet freilich, wenn wir wissenschaftliche Tätigkeit betrachten, wenn wir Forschung und Lehre in dieser gesellschaftlichen Realität sehen, daß Gesetze und Regeln und Systematisierungen, die Sie entwickeln, politische Wirkungen haben. Behauptungen, irgendein ökonomisches Gesetz sei unpolitisch, oder sei – wie man heute sagt – machtirrelevant, können eigentlich nur oberflächlich durchdacht sein.

Häufig genug in der Geschichte wurden von der Wissenschaft gesellschaftliche Systeme mitentwickelt. Solche Systeme bewirkten und bewirken in der gesellschaftlichen Wirklichkeit Gutes und Nützliches, sie dienten und dienen dem Gemeinwohl, wenn man so will dem Fortschritt. Gleichwohl können wissenschaftliche Lehrsätze aber auch heute noch als Herrschaftsideologien mißbraucht werden von solchen, die durch ihre Anwendung Macht und Einfluß gewinnen oder bewahren. Unter Berufung auf ihre angebliche Neutralität können sie von Privilegierten als Feigenblätter benutzt werden.

Der angebliche Sachzwang eines zur Herrschaftsideologie mißbrauchten ökonomischen Gesetzes ist oft genug in der Geschichte der gesellschaftlichen Entwicklung als Waffe gegenüber Schwächeren oder sogar gegenüber Unterdrückten benutzt worden. Ich will hier ganz deutlich sein und sagen: Wer z. B. angesichts unserer vermachteten Märkte heute sagt, Investitions- und Marktentscheidungen von Konzernen seien schiere Ökonomie, wer sagt, solche Entscheidungen dürften nicht oder gar könnten nicht von den Betroffenen kontrolliert oder doch wenigstens mitbestimmt werden, der – so denke ich – argumentiert mit dem wissenschaftlichen Modell eines totalen Wettbewerbs, argumentiert mit der Preis-Mengen-Steuerung des Marktes zugunsten von Entscheidungseinheiten, deren Qualität es in der Wirklichkeit geradezu ist, sich den Regeln des Marktes zu entziehen. Wer heute behaupten wollte, ein Konzern sei nur eine ökonomische und nicht etwa auch eine gesellschaftliche oder gar politische Institution, der versucht, die politische Macht vor der Pflicht zur Rechtfertigung zu bewahren, indem er sie camoufliert. Ich sage das nur als Beispiel.

Ich denke, daß jeder, der sich mit den angeblich wissenschaftlichen eruierten, in der politischen Wirklichkeit tatsächlich aber freiheitsbedrohenden Gesetzen der historischen Entwicklung, beispielsweise eines Marx, beispielsweise eines Hegel, befaßt hat, jeder der versucht hat, hinter diese ökonomischen Gesetze zu schauen, oder wie man heute sagt, zu „hinterfragen", der sollte gelernt haben, daß die Herrschaft solcher angeblich wissenschaftlicher Gesetze den Fortschritt in Freiheit sehr beeinträchtigen, vielleicht sogar zunichte machen kann.

Es hat in unserem Land eine teils im wissenschaftlichen, teils im politischen Bereich heftig ausgetragene Debatte über die Marktwirtschaft gegeben, es gibt sie noch, und sie wird gewiß andauern. Meine eigene Position dazu ist: Dieses System der Marktwirtschaft ist nicht eine Ordnung, die für alle Zeiten und unter allen Bedingungen der einzige Garant der Freiheit für die Bürger oder die denkbar beste Organisationsform zur Befriedigung der ökonomischen und sozialen Bedürfnisse der Menschen sein muß. Aber: Diese Marktwirtschaft erfüllt heute und für die für mich absehbare Zukunft ihre gesellschaftlichen und sozialen Aufgaben besser als alle anderen vergleichbaren Systeme. Ob sie freilich so, wie sie bei uns gegenwärtig organisiert ist, optimal sei, ob sie nicht mehr verbessert werden könne, auf diese Frage gibt es gewiß eine negative Antwort. Niemand wird im Ernst behaupten, daß die Zunkunft unserer Marktwirschaft bewältigt werden könnte allein mit den zum ökonomischen Gesetz erhobenen Lehren aus ihrer Vergangenheit.

Die Vielfalt moderner Gesellschaften hat wissenschaftliche Methoden zu unverzichtbaren Elementen der Entscheidungsfindung der Politiker gemacht. Man nennt dies bisweilen die Verwissenschaftlichung der Politik. Auf der anderen Seite steht dem eine Politisierung der Wissenschaft, insbesondere der Sozialwissenschaft, gegenüber, die sich selbst fragen muß, was sie mit ihren Erkenntnissen in der Gesellschaft bewirkt.

Kein Ökonom, so glaube ich, der die Volkswirtschaftslehre als Moral-Wissenschaft begreift, würde heute beispielsweise über das Pareto-Optimum reflektieren können, ohne zu fragen, ob es denn richtig sei, daß jeder nur für sich jeweils das Beste will und sich in seinen eigenen Wünschen nicht etwa auch oder möglicherweise noch mehr davon leiten läßt, ob er anderen durch die Erfüllung eigener Wünsche schaden oder nützen kann. Das Pareto-Optimum, puristisch begriffen und zum ökonomischen Gesetz erhoben, könnte also auch nicht das Ziel des Vereins für Socialpolitik hier bei dieser Tagung sein. Denn alle, die heute und in den nächsten Tagen ihre Erkenntnisse zusammentragen, tun dies ja nicht in der Absicht, für sich selbst das Beste herauszuholen, sondern ich gehe davon aus, daß der Ver-

ein für Socialpolitik insgesamt über ein Optimum der öffentlichen Wohlfahrt nachdenken wird. So verstehe ich jedenfalls ihren Kongreß.
Der Politiker in einem parlamentarisch-demokratischen System wird, ehe er seine ihm auf Zeit verliehene Macht dazu einsetzt, sogenannte ökonomische Prinzipien oder Gesetze zu verwirklichen oder am Leben zu erhalten, vorher stets nach deren sittlicher Legitimation und nach ihren gesellschaftlichen Wirkungen fragen müssen. Er wird dem Wissenschaftler dankbar sein, der ihn nicht nur über das Gesetz aufklären, sondern ihm insbesondere helfen kann bei der Frage nach der sittlichen Begründung und nach den gesellschaftlich-politischen Wirkungen. Ich denke, daß Ihre diesjährige Themenstellung ein erfolgversprechender Versuch ist, zu beiden Fragen in ihrer Verknüpfung Antworten zu finden.
Ich bin nicht sicher, ob Sie heute nachmittag von mir erwarten, daß ich zu aktuellen Problemen der Wirtschafts- und Finanzpolitik spreche. Aber ich will doch wenigstens zu drei Schwerpunkten je eine Bemerkung machen. Dies sind dann Antworten auf Fragen, vorgetragen mit dem Wunsch, daß Sie Fragen an diese Antworten stellen und daß Sie diese Antworten auf dieser Tagung ein Stück weiterbringen.

1. Zunächst zu unseren Aufgaben in der Finanzpolitik. Die Haushaltswirtschaft des Staates zeichnet sich vor allen anderen dadurch aus, daß der Staat zur Finanzierung seiner Aufgaben Zwangsabgaben erheben kann. Gleichzeitig ist aber der Handlungsspielraum eines Parlaments, einer Regierung, auch in der Steuerpolitik, begrenzt durch ökonomische Gesetze, durch Regelmäßigkeiten, durch Verhaltensmaximen, etwa durch die Tatsache, daß in der Marktwirtschaft der Leistung ein wirtschaftlicher Erfolg zu entsprechen hat, und in Klammern fällt mir ein zu sagen: wie umgekehrt dem wirtschaftlichen Erfolg auch die Leistung entsprechen sollte.
   Wir wissen, daß in der Bundesrepublik im Bereich der öffentlichen Leistung, in dem der Wettbewerb als Organisationsprinzip nicht befriedigend funktionieren kann, seit langem das Angebot der Nachfrage nicht entspricht. Die Antwort der Bundesregierung auf diesen Engpaß, bei den Sozialinvestitionen, in der technischen Infrastruktur, im Bereich von Forschung und Lehre, bei den Dienstleistungen des Gesamtstaates, die Antwort auf all diese Engpässe ist die Politik der inneren Reform. Solche Reformpolitik bedarf einer entsprechenden Einnahmenpolitik, um die Voraussetzungen bei den Produktionsressourcen und auf der Finanzierungsseite zu schaffen. Ein ausreichendes Leistungsangebot des Staates und die Steuerreform, wie sie von der Bundesregierung angestrebt wird, stehen daher in sachlichem Zusammenhang. Die jüngste Innsbrucker Tagung des Vereins für Socialpolitik hat diesen Zusammenhang, wie sich einige gut erinnern werden, besonders deutlich gemacht. Daß der Gesamtstaat, der heute über mehr als ein Drittel des Sozialprodukts verfügt, wenn auch dezentralisiert auf verschiedenen Ebenen und dekonzentriert in der Dispositionsbefugnis, seine Ausgaben und seine Einnahmen über längere Perioden plant, ist gewiß nur Sache der ökonomischen Vernunft. Das gleiche gilt übrigens auch für politische Parteien, die ihre Regierungsverantwortung ernst nehmen. Etwa der Entwurf eines öffentlich sogenannten Langzeitprogramms, der in meiner Partei erarbeitet worden ist, ist ein erster Versuch, ökonomische

Grenzen – ich unterstreiche dieses Wort: Grenzen – gesellschaftspolitischer Reformen für gegebene Zeitabschnitte abzustecken, und ist damit schon begrifflich das Gegenteil unquantifizierter Zügellosigkeit, ein Versuch, der notabene weder etwas mit Zentralverwaltungswirtschaft noch mit zwangswirtschaftlichen Tendenzen irgend etwas zu tun hat.

Die Bundesregierung hat in ihrer Reformpolitik ihre Absichten mehrfach anpassen müssen, weil die private und weil die ausländische Nachfrageexpansion den Spielraum für den Staat zu sehr eingeengt haben. Aber es gibt kein ökonomisches Gesetz, das allein dem Fiskus eine konjunktursteuernde Funktion zuwiese und das dem Staat eine Art von Lückenbüßerfunktion im Konjunkturzyklus auferlegte. Wer eine antizyklische Konjunkturpolitik zum allein vorrangigen Programm der öffentlichen Finanzwirtschaft erhöbe, der stellte die Gesamtheit der Aufgaben des Staates zurück hinter die Konjunktursteuerung. Der erhöbe zugleich ungezügelte Entfaltung des inländischen Konsums, der Unternehmensinvestitionen und der ausländischen Nachfrage zum obersten Gesetz, der verteidigte in Wahrheit die Interessen derer, die von einer solchen Nachfrageexpansion profitieren. Ich will nicht sagen, die öffentlichen Finanzen hätten keine Aufgabe bei der Konjunktursteuerung, aber diese Aufgabe kann auch in Zukunft nicht allein zu Lasten der öffentlichen Investitionen gelöst werden, sondern sie muß z. B. die Einnahmenseite und damit die Steuerpolitik mit einschließen.

2. Der Kampf gegen die inflatorische Aufblähung ist gegenwärtig das gravierendste Problem der deutschen und der internationalen Wirtschaftspolitik. Die ungünstige preispolitische Entwicklung der Gegenwart konnte in einer weltoffenen und von weltweiter Inflation gepeinigten Volkswirtschaft von uns mit den nationalen Instrumenten der Globalsteuerung nicht ferngehalten werden, noch viel weniger konnte sie verhindert werden in den uns benachbarten oder in der EWG mit uns besonders eng verknüpften Volkswirtschaften. Dennoch meine ich: Die Mitwirkung vieler Nationalökonomen und ihre engagierte Diskussion zur Globalsteuerung hat in den letzten zehn Jahren beachtliche wirtschaftspolitische Fortschritte ermöglicht, die im Bundestag in Gesetze gegossen worden sind und von den Bundesregierungen angewandt werden. Ohne solche Fortschritte wären in unserer wirtschaftlich eng verflochtenen Welt, in der viele Staaten in einer sozial und gesellschaftlich ungleichgewichtigen Entwicklung stehen, mit Sicherheit noch größere Spannungen und Krisen entstanden. Die EWG-weite und weltweite Inflation ist nicht nur ein konjunkturelles Phänomen, sie ist auch Symptom für ungelöste gesellschaftliche, ungelöste politische Aufgaben, draußen wie drinnen. Die aktuelle Verteilung von Einkommen und Vermögen, Unterschiede in der sozialen Sicherheit, zunehmende Vermachtung der Märkte zum Beispiel, stehen im ökonomischen Zusammenhang mit der inflatorischen Bewegung. Hier sehe ich Aufgaben, die für den Gesellschafts- und Wirtschaftspolitiker, für den Nationalökonomen, mehr Fragen aufwerfen, als heute bereits Antworten darauf gefunden sind. Ihrer Diskussion zu diesen Problemen sehe ich als Politiker mit Spannung und sogar mit Erwartungen entgegen. Dabei werden wir Politiker um so mehr von Ihren Erörterungen haben, je mehr die Wissenschaftler den innenpolitischen und den außenpolitischen Bezugs-

rahmen und Spielraum realistisch in Rechnung stellen. Und wo dieses realistische Inrechnungstellen dankenswerterweise geschieht, dort sollte eine wissenschaftliche Ausdrucksweise das politische Problem nicht verdecken und auch nicht verharmlosen; ich denke z. B. an Begriffsprägungen, wie ich sie vor einigen Tagen in der Zeitung las; wenn ich mich recht erinnere, war die Rede von „Reprivatisierung oder Reinvidualisierung des Beschäftigungsrisikos“, dies scheint mir eine sehr harmlos klingende Bezeichnung für das, was politisch in Wirklichkeit gemeint ist.

3. Drittens und schließlich ein Wort zu unseren außenwirtschaftlichen Beziehungen. In der Außenwirtschaft konkurrieren in klassischer Weise Marktgesetzlichkeiten und Machtpositionen miteinander. Obwohl dies im Grunde jedermann weiß, so weicht diese allgemeine Einsicht doch allzu häufig und allzu leicht einer abstrakten Harmonievorstellung. Deutlich gesagt: In der Fülle der Vorschläge aus der Wissenschaft sehe ich bisher noch keinen politisch zwischen den Staaten realisierbaren Weg zur Ordnung des Weltwährungssystems.

Der am 15. August 1971 von den Vereinigten Staaten vollzogene Bruch mit den klassischen Regeln des Bretton-Woods-Systems hat die betroffenen Staaten sehr hart konfrontiert mit den Widersprüchlichkeiten von Marktregeln und Machtpolitik innerhalb des alten Systems. Dabei wissen wir, daß gerade in diesem Fall der Macht Schranken auferlegt waren durch das ökonomische Gesetz.

Für die Zukunft stehen wir vor der dringenden Notwendigkeit, auch weiterhin an einer „one world solution“ der liberalen Weltwirtschaftsordnung im Rahmen eines funktionsfähigen Weltwährungssystems festzuhalten. Wir dürfen deshalb keineswegs mit den überkommenen Spielregeln des Bretton-Woods-Systems zugleich auch das Prinzip der Einheit im Weltwährungssystem aufgeben, auf das sich ja die Gründerstaaten festgelegt hatten. Es sollte niemand aus seiner Verantwortung für die Wiederherstellung des Gleichgewichts in der internationalen Währungsordnung der Welt entfliehen – weder durch einen Rückzug auf nationale Positionen noch durch eine multilaterale Blockbildung, weder durch Etablierung eines Systems ungebundener Wechselkurse noch durch irgendwelche Abschottungen. Solche Politiken würden unser deutsches, lebenswichtiges Interesse an der Einheit der freien Welt aufs Spiel setzen.

Daß in der Übergangsphase bei der Suche nach einem neuen System, das in der Phase des Aufbaues einer neuen Weltwährungsordnung, in der wir stehen, temporäre Friktionen auftreten, ist nicht zu vermeiden. Wir können verstehen und können jedenfalls politisch nicht verhindern, daß ein Land, welches seine Machtposition in Frage gestellt sieht, Zeit zu gewinnen versucht, und wir müssen den anderen Ländern und auch uns selbst zubilligen, daß man in dieser Übergangsphase temporäre Maßnahmen ergreift, um sich gegen die Gefahren zu schützen, die die Unsicherheit der Zwischenphase mit sich bringt.

Ich bin überzeugt, daß ihre Tagung in Bonn dem engagierten Gesellschaftspolitiker wie dem Ökonomen neue Erkenntnisse bringen wird. In diesem Sinne wünsche ich Ihnen und uns, den Politikern, guten Erfolg.

# Marktwirtschaft muß erst noch durchgesetzt werden*

*NG:* Herr Minister, das Bild des Politikers Schmidt scheint nach Ihrer Berufung zum Wirtschafts- und Finanzminister in Teilen der Öffentlichkeit unklar. Rechtskonservative schimpfen Sie einen radikalen Sozialisten, natürlich ohne den Zusatz „demokratisch". Linke stempeln Sie weiterhin als rechten Sozialdemokraten ab. Franz Josef Strauß setzt all dem die Krone auf und nennt Sie eine „wertneutrale Mehrzweckwaffe" und den „Typ des grundsatzfreien Erfolgsmanagers", der sich bei den Systemüberwindern anbiedere. Wir würden Sie demgegenüber Ihren Standpunkt umreißen?

*H. Schmidt:* Ich muß dieses Geschwätz mit Fassung ertragen. Von Wertneutralität kann keine Rede sein, hier scheint Herr Strauß von sich auf andere zu schließen. Der große Bramarbas aus Bayern arbeitet allerdings mit bösartigen Verdrehungen, wenn er behauptet, ich wollte die Marktwirtschaft abschaffen — und ich wolle sie mindestens gar nicht weiterentwickeln. Mit Zitatverkürzungen glaubt er, diesen Eindruck erwecken zu können. Tatsächlich habe ich gesagt:

*„Meine eigene Position dazu ist: Dieses System der Marktwirtschaft ist nicht eine Ordnung, die für alle Zeiten und unter allen Bedingungen der einzige Garant der Freiheit für die Bürger und die denkbar beste Organisationsform zur Befriedigung der ökonomischen und sozialen Bedürfnisse der Menschen sein muß. A b e r : Diese Marktwirtschaft erfüllt heute und für die für mich absehbare Zukunft ihre gesellschaftlichen und sozialen Aufgaben besser als alle anderen vergleichbaren Systeme. Ob sie freilich so, wie sie bei uns gegenwärtig organisiert ist, optimal sei, ob sie nicht mehr verbessert werden könne, auf diese Frage gibt es gewiß eine negative Antwort."*

*NG:* Anders gefragt: Wodurch unterscheidet sich sozialdemokratische Marktwirtschaft – und Sie haben oft genug versichert, daß Sie an der Marktwirtschaft festhalten wollen – von dem, was Konservative unter Marktwirtschaft verstehen?

*H. Schmidt:* Ich bin kein Philosoph. Und ich bin auch kein Wissenschaftler. Was die Konservativen unter Marktwirtschaft verstehen? Das ist ein weites Feld, da gibt es tausend Spielarten. Wenn Sie die Konservativen aus

* *Aus: „Die Neue Gesellschaft", November 1972, S. 811—820, ein Gespräch mit der Zeitschrift.*

dem Unternehmerlager meinen, dann verstehen diese unter Marktwirtschaft, daß sie allein das Sagen haben und daß niemand dreinreden darf. Wenn Sie Prof. Erhard fragen – er ist auch ein Konservativer, nur anderer Prägung —, dann versteht er unter Marktwirtschaft, daß möglichst viel Wettbewerb herrschen soll, Kartelle und Monopole u. ä. kontrolliert werden.

Wenn Sie mich fragen, dann verstehe ich unter Marktwirtschaft, daß Wettbewerb nicht nur verlangt, sondern auch tatsächlich gesetzgeberisch *durchgesetzt* werden muß.

Und dennoch weiß ich, daß es viele Bereiche gibt, in denen eine tatsächliche Wettbewerbswirtschaft gar nicht hergestellt werden kann. Ich gebe ein Beispiel: im Schienenverkehr. Ich gebe ein zweites Beispiel: auf dem Felde des großstädtischen Grund und Bodens, des Baulandes, des Bauerwartungslandes. Ich gebe ein drittes Beispiel: Wir brauchen den deutschen Steinkohlenbergbau; wir können ihn nicht vor die Hunde gehen lassen; wir können ihn aber nicht gleichwohl dem freien Wettbewerb aussetzen. Ich gebe ein viertes Beispiel: Manche Gebiete sind unserer wettbewerbswirtschaftlichen Regelung entzogen, weil sie von der EWG in Brüssel an sich gezogen wurden. Das gilt beispielsweise für weite Teile des Agrarsektors.

Trotzdem bin ich prinzipiell für Marktwirtschaft – dort, wo sie möglich gemacht werden kann. Ich bin außerdem dafür, daß man sie auf weitere Bereiche ausdehnt. Die Marktwirtschaft leidet aber eher unter der Tendenz, immer mehr eingeschränkt zu werden; der Wettbewerb leidet unter ständigen Versuchen der Wettbewerbsbeschränkung.

Damit habe ich einige Unterschiede zwischen meiner Position und der der Konservativen genannt. Ich bin dagegen, so zu tun, als ob alle Bereiche der Volkswirtschaft tatsächlich einem richtigen Wettbewerb unterliegen, aber ich bin dafür, dort wo es möglich ist, diesen Wettbewerb herzustellen.

*NG:* Wäre außer einer Verschärfung des Kartellrechts auch eine Aufhebung der Preisbindung der zweiten Hand erstrebenswert?

*H. Schmidt:* Das gehört dazu.

*NG:* Nun versucht die Opposition einen Gegensatz zwischen der marktwirtschaftlichen Ordnung und einer Demokratisierung des ökonomischen Sektors zu konstruieren, nach der Devise: das eine schließt das andere aus. Sozialdemokratische Politik und Forderungen – wie z. B. Mitbestimmung, Vermögensumverteilung, gerechtere Steuerpolitik – bewirken nach CDU-Meinung Leistungsschwund, Gefährdung der wirtschaftlichen Freiheit und des ökonomischen Wachstums und schließlich Beseitigung des Wettbewerbs. An welche wirtschaftspolitischen Vorstellungen knüpfen derartige Behauptungen an?

*H. Schmidt:* Es ist mehr als zweifelhaft, ob die Opposition an eine bestimmte wirtschaftspolitische Konzeption anknüpft. Ich kann nur sagen: Wer so denkt, verrät, daß seine Urteilskraft korrumpiert ist durch die Interessen, die er verfolgt, oder durch die Interessen, denen er dient.

Selbstverständlich ist die paritätische Mitbestimmung in Großunternehmen

in hervorragender Weise zu vereinbaren mit echter Wettbewerbswirtschaft. Nicht zuletzt deshalb bin ich für die paritätische Mitbestimmung in den Großunternehmen, weil ich die Marktwirtschaft erhalten will. Und weil viele Mißbildungen, die sie an sich trägt, auf dem Wege über die paritätische Mitbestimmung viel besser in jedem Einzelunternehmen in den Griff der Arbeitnehmer kommen, als wenn sie etwa alle in den bürokratischen Griff des Staates kämen. Gerade weil wir die Marktwirtschaft und die Entschlußfreiheit der einzelnen Unternehmungen erhalten wollen, sind wir für die paritätische Mitbestimmung. Mitbestimmung, wie wir sie wollen, hat mit Syndikalismus oder Gruppenegoismus nichts zu tun. Im Gegenteil: Sie schafft erst das dringend benötigte Gegengewicht gegen den Gruppenegoismus derjenigen, die heute weitgehend unter sich und nach ihren Interessen alle wichtigen Entscheidungen treffen. Und nicht zuletzt: Demokratie heißt gleichberechtigte Mitbestimmung durch alle.
Selbstverständlich läßt sich nicht nur die Vermögensbildung einiger weniger, sondern ebenso die Vermögensbildung der großen Zahl arbeitender Menschen hervorragend vereinbaren mit der Marktwirtschaft. Selbstverständlich läßt sich ein gerechtes Steuersystem mit Marktwirtschaft sehr viel besser vereinbaren als ein ungerechtes. Denn ein ungerechtes Steuersystem verzerrt ja die Wettbewerbsverhältnisse am Markt.

*NG:* Konservative vieler Schattierungen behaupten, eine Steuerreform nach sozialdemokratischen Vorstellungen würde die Leistung bestrafen.

*H. Schmidt:* Das ist eine unverschämte Propaganda innenpolitischer Gegner, ob sie nun in der CDU/CSU sitzen oder in gewissen Redaktionen. Da heißt es doch: Wir demokratischen Sozialisten wollten in unserer Steuerpolitik keine Leistung mehr honorieren, sondern sie gar mißachten. Das ist vor allem dann eine ganz bösartige Behauptung, wenn ich bestimmte Tabellen in den Springer-Zeitungen vor Augen habe, die ganz offensichtlich davon ausgehen, daß „Leistung" erst bei jenen Menschen anzutreffen ist, die mehr als 50 000 oder 70 000 oder 100 000 DM im Jahr verdienen. Hier wird in täglich konsumierten Massenblättern so getan, als ob nur der etwas leiste, der gehobene, hohe oder höchste Einkommen habe. Das ist doch wohl ein allzu starker Tobak für die Masse der Arbeitnehmer!
Die arbeitenden Mitbürger wissen nur zu gut, daß sie sich ohne eigene Leistung nichts leisten können, ob es sich um die Wohnung handelt, um den Farbfernseher, um eine Reise nach Mallorca oder um ein neues Auto. Und *weil* sie das wissen, deswegen leisten sie ihre Arbeit und verdienen ihren Lohn. Wir werden deshalb gemeinsam mit der F.D.P. an einer Steuerreform weiterarbeiten, die an zwei Gesichtspunkten – an der Gerechtigkeit und an der Durchsichtigkeit – ausgerichtet ist.

*NG:* Herr Minister, werden eine SPD/F.D.P.-Regierung und die sie tragenden Koalitionsparteien eine befriedigende Steuerreform in der *nächsten* Legislaturperiode zustande bringen?

*H. Schmidt:* Wissen Sie, Steuerreformen dauern lange Zeit. Die Reform der Mehrwertsteuer hat den Deutschen Bundestag – ich glaube – insgesamt drei Legislaturperioden beschäftigt. Ich gehe davon aus, daß schon das, was wir in den bisherigen drei Jahren der ersten Regierung Brandt/Scheel zustande gebracht haben, mehr an Steuerreformgesetzen ist, als die vorausgegangenen Regierungen in zwanzig Jahren geleistet haben. Und ich darf zusätzlich feststellen, daß wir auch in den kommenden Jahren während einer zweiten Regierung Brandt/Scheel bei der Steuerreform voranschreiten werden. Aber ich würde es für leichtfertig – oder besser gesagt: voreilig – halten zu versprechen, daß wir sie innerhalb von vier Jahren völlig abschließen könnten.

*NG:* Herr Minister, Sie haben noch vor dem Wahltag Steuererhöhungen für den Fall angekündigt, daß wieder eine SPD/F.D.P.-Regierung gebildet werden würde. Glauben Sie an die Vernunft des Wählers?

*H. Schmidt:* Hier geht es nicht darum, an die Vernunft der Wählerin oder des Wählers zu glauben, hier ist es notwendig, die Wahrheit zu sagen. Und da ich ja weiß, daß wir im nächsten Jahr eine Reihe von Steuervergünstigungen abschaffen werden, was ja für die Betroffenen gleichbedeutend ist mit einer Steuererhöhung, und da ich auch weiß, daß wir auch an anderen Stellen die Steuergesetze ändern wollen, um insgesamt im nächsten Jahr zu einer steuerlichen Mehreinnahme von etwas unter 2 Milliarden zu kommen, halte ich es nur für ehrlich, dieses jetzt schon zu sagen.

Zunächst hat die Ankündigung ja dazu geführt, daß manche mich für einen politisch ungeschickten und jeder taktischen Überlegung unfähigen Politiker gehalten haben. Inzwischen stelle ich mit Vergnügen fest, daß die Politiker der CDU/CSU begriffen haben, daß eine solche ehrliche Aussage, die sicherlich dem Steuerzahler als Wähler nicht unbedingt sympathisch vorkommt, daß eine solche ehrliche Aussage aber wegen ihrer Ehrlichkeit abgenommen wird.

Und nun befleißigen sich inzwischen die Unionspolitiker, die Kurve zu kratzen. Sie fangen an – siehe Wiesbadener Parteitag –, Andeutungen in der gleichen Richtung zu machen. Aber mit diesen Andeutungen ist es so wie mit der ganzen Stabilitätspolitik der CDU, und es ist so wie mit der ganzen Währungspolitik der CDU und so wie mit der ganzen Haushaltspolitik der CDU — das sind alles Vorschläge, die sie bei uns abgeschrieben haben. Sie haben nicht nur unsere Papiere abgeschrieben, sie haben unsere Praxis zu Papier gebracht und behaupten dann, es seien ihre Vorschläge. Dies ist ein unseriöses, opportunistisches und konzeptionsloses Verfahren.

*NG:* Ist Ehrlichkeit gegenüber dem Bürger notwendiger und allgemeiner Bestandteil sozialdemokratischer Politik?

*H. Schmidt:* Nach meiner Meinung hat Ehrlichkeit gegenüber dem Bürger gefälligst Bestandteil jeder Politik zu sein. Ich will das etwas genauer sagen: Man braucht gewiß – weder im Privatleben, noch im Geschäftsleben noch in der Politik – nicht alles zu sagen, was man weiß, und man braucht gewiß nicht alles auszuposaunen, was man für wahr hält. Aber in der Politik darf man nichts sagen, was man für unwahr hält. Dieses ist nicht nur ein sozialdemokratischer Grundsatz, das verlange ich von jedem Mann, egal wo er politisch steht.

*NG:* Da muß die CDU/CSU bestimmt noch lernen, sonst wären böswillige Verdrehungen kaum möglich. Begriffen hat die CDU offensichtlich noch nicht ihre Äußerung, daß 5 Prozent Preissteigerung besser zu ertragen seien als 5 Prozent Arbeitslosigkeit. Ludwig Erhard will Sie deshalb nicht mehr ernst nehmen und Strauß behauptet sogar, daß die „Inflation" die Arbeitsplätze gefährde.

*H. Schmidt:* Das sind reichlich naive Äußerungen, auf die es sich kaum lohnt einzugehen. Denn jedermann kann sehen, wie unsinnig derartige Behauptungen sind. Wir haben, wie viele andere Staaten der Welt auch, leider eine erhebliche Preissteigerung, aber anders als viele andere Staaten der Welt haben wir Vollbeschäftigung und sogar Überbeschäftigung. Denken wir doch an die 2½ Millionen ausländischer Arbeitnehmer, die in der Bundesrepublik Lohn und Brot finden. Dazu braucht es keiner großen theoretischen Widerlegungen des Herrn Strauß. Jeder kann das selber sehen.
Es stimmt zwar, daß die USA gegenwärtig einen Preisanstieg von nur noch 3 Prozent verzeichnen. Aber wie hoch ist dort die Arbeitslosigkeit? 5,5 Prozent, d. h. fast 6 Millionen Menschen, sind ohne Arbeit.

*NG:* Ist überhaupt die Definition „Inflation" angebracht?

*H. Schmidt:* Es handelt sich nicht um eine Inflation, wie Herr Strauß sagt, sondern es geht heute um Preissteigerungen. Eine Inflation hatten wir nach dem ersten Weltkrieg, als ein Brot Millionen und Milliarden Mark kostete. Und nach dem zweiten Weltkrieg, als eine Zigarette mit 6 Mark bezahlt werden mußte. Was wir heute haben, das sind Preissteigerungen, denen eine inflatorische Aufblähung der Geld- und Kreditmenge auf der ganzen Welt zugrunde liegt. Wir haben ja die gleichen Preissteigerungen in Frankreich und in anderen Staaten Europas – in Holland, in England und in der Schweiz sogar stärker als in der Bundesrepublik. In Österreich und in Dänemark beobachten wir ähnliche Entwicklungen. Wir haben Preissteigerungen um ein Vielfaches in Südamerika.
Wir hatten nur ein einziges Mal in der Bundesrepublik noch höhere Preissteigerungen zu beklagen, das war in den Jahren 1951/52 zur Zeit des Korea-Krieges. Der Korea-Krieg hat auf der ganzen Welt enorme Preissteigerungen ausgelöst. Das hatte damals seinen Grund in den überbeanspruchten Rohstoffmärkten. Ich kann mich noch gut erinnern: In der Bundesrepublik Deutschland gab es zeitweise Monate mit Preissteigerungen gegenüber den entsprechenden Monaten des Vorjahres von über 10, ja 11,4 und 11,5 Prozent! Die Sozialdemokraten waren damals in der Opposition; weil sie aber sahen, daß ein Krieg die Ursache dieser Preissteigerungen war, haben sie auch nicht den damaligen Wirtschaftsminister Erhard – künstlich – dafür verantwortlich gemacht – ganz im Gegensatz zur heutigen CDU/CSU.
Heute ist wiederum ein Krieg die Ursache für die Preissteigerungen auf der ganzen Welt. Seit einer längeren Zahl von Jahren geben die Amerikaner viele Milliarden Dollar jeden Monat für den Krieg in Vietnam aus, ohne daß für diese Ausgaben auch Werte oder Leistungen geschaffen würden. Im Gegenteil, sie werden vernichtet. Und wie jeder Krieg, so hat auch

dieser Krieg dazu geführt, daß die kriegführenden Staaten ein großes Haushaltsdefizit erzielten. Die Amerikaner haben dieses enorme Haushaltsdefizit nun schon seit vielen Jahren. Der Staat gibt am laufenden Band mehr Geld aus, als er einnimmt. Es werden immer neue Dollars gedruckt.

*NG:* Staatsdefizite waren aber nicht die alleinigen Folgen des Vietnam-Krieges ...

*H. Schmidt:* ... Nein, auch die amerikanische Zahlungsbilanz geriet gegenüber dem Ausland völlig in Unordnung. Seit Jahr und Tag zahlen die Amerikaner an das Ausland mehr, als sie von dort Zahlungen empfangen. Und dieser Überfluß von Dollars, die die amerikanischen Grenzen überschreiten und ins Ausland gehen, hat die ganze Welt überschwemmt und hat natürlich auch Europa überschwemmt. Das Weltwährungssystem, das auf dem Dollar basierte, ist zusammengebrochen.
Völlig neuartige Erscheinungen sind ins Leben getreten, wie zum Beispiel der Euro-Dollar-Markt, ein Wort, das es vor einigen Jahren überhaupt noch nicht gab. Diese Dollars sind zu einem erheblichen Teil nach Frankreich geflossen, ebenso in die Schweiz, nach Japan, aber eben auch nach Deutschland, ja besonders in die Bundesrepublik, weil unsere Währung so besonders attraktiv war und ist. Es entsprach besonders lukrativ zu sein, die Dollars in DM umzutauschen, denn die DM galt als stabil, galt als hart, und sie gilt heute überhaupt als die härteste Währung.
Und so hat also die Inflation des Staatshaushaltsdefizits, das Zahlungsbilanzdefizit, die Inflation des riesenhaften Weltwirtschaftspartners USA abgefärbt auf alle übrigen sehr viel kleineren Partner der Weltwirtschaft.
Nun kann sicher keine europäische Regierung durch ihren eigenen Entschluß diese, die ganze Welt in Unordnung bringende Ursache der Währungsmisere, den Vietnam-Krieg, beseitigen. Das kann weder die Regierung in Paris, noch kann das die Regierung in Bern, noch die in Den Haag, noch die in Bonn. Wir alle müssen mit dieser Ursache und ihren Folgen leben und können nur dringend wünschen, daß den Amerikanern das Ende dieses Krieges herbeizuführen gelingen möge – und damit das Ende ihrer eigenen Defizite und die Neuordnung ihrer Zahlungsbilanz.

*NG:* Ihre Argumentation leuchtet ein, aber stehen wir den negativen Einflüssen von jenseits des Atlantiks so hilflos gegenüber, daß Abwehrmaßnahmen nichts fruchten?

*H. Schmidt:* Natürlich kann man im nationalen Rahmen versuchen, sich gegenüber diesen Einflüssen, die von draußen auf uns wirken, abzuschirmen. Man kann beispielsweise die DM aufwerten. Das haben wir zweimal getan: erstens 1969 und zweitens, zunächst durch freies Schwebenlassen der Kurse und durch anschließende Aufwertung, 1971.
Das hat dazu geführt, daß die Importe in die Bundesrepublik billiger wurden, wir konnten mit der DM mehr im Ausland kaufen. Das hat die Preise gedrückt, also eine positive Auswirkung. Aber es hat eben auch dazu geführt, daß unsere Exporte für den Amerikaner, den Kanadier oder den Südamerikaner, der deutsche Industrieerzeugnisse kaufen wollte, teuer wur-

den. Wir können uns aus diesem Grunde eine weitere – dann die dritte – Aufwertung nicht noch einmal gestatten, denn dann würden zum Beispiel die Schiffe, die auf unseren Schiffswerften auf Kiel gelegt werden, oder die Volkswagen, die in Wolfsburg produziert werden, oder manche Maschinen, die in einer deutschen Maschinenfabrik gebaut werden, für das Ausland so teuer werden, daß sie nicht mehr abgesetzt werden könnten. Auftragsrückgang, Beschäftigungsmangel der Betriebe, Entlassung und Kurzarbeit der dort tätigen Arbeitnehmer wären die unausbleibliche Folge.
Es gibt jedoch noch eine andere Möglichkeit, sich von den Negativeinflüssen abzuhängen: Theoretisch könnte man die Grenzen dicht machen – durch scharfe Devisenbewirtschaftungsbestimmungen. Das wäre sozusagen ein umgekehrter Hjalmar Schacht, der bekanntlich die Devisen bewirtschaftete, die von Deutschland ins Ausland gingen. In diesem Falle müßten wir die Devisen bewirtschaften, die vom Ausland nach Deutschland gehen.
Das ist theoretisch vorstellbar, nur, eine solche Unterbrechung der Zahlungsströme will bedacht sein; denn sie schlägt natürlich auf den Außenhandel, auf den Ex- und Import durch. Die Bundesrepublik ist jedoch sehr von Ex- und Import abhängig. Wir sind abhängig davon als Arbeitnehmer, als Produzenten und Konsumenten!
*NG:* Ganz untätig ist die Regierung in dieser Richtung aber nicht geblieben, wir denken da an die Anwendung des § 23 des Außenwirtschaftsgesetzes. Wie sieht die bisherige Bilanz dieser Maßnahmen aus?

*H. Schmidt:* Die Regierung hat im Juli dieses Jahres eine Teilmaßnahme ergriffen, indem sie das von Ihnen erwähnte Gesetz anwendete und damit eine Schleuse für die hereinströmenden ausländischen Gelder einbaute, die auf dem Weg über den Kauf deutscher Schuldverschreibungen in großem Umfang hereingekommen waren. Das haben wir seit dem Juli dieses Sommers unter Genehmigungspflicht gestellt. Tatsächlich haben wir seither auch eine ausgeglichene Bilanz, was den Dollar angeht. Es sind keine weiteren Dollars mehr hereingekommen, d. h. gegenwärtig ist der Prozeß zusätzlicher Geldschwemme aus dem Ausland gestoppt. Wir haben im Gegenteil sogar noch ein paar Dollars verkaufen können.
Überhaupt präsentiert sich im Jahre 1972 eine voll ausgeglichene Leistungsbilanz, das heißt, die Zahlungen, die wir für Importe und für Dienstleistungen an das Ausland leisten, sind nicht kleiner und nicht höher als die Zahlungen, die wir aus dem Ausland empfangen.
Aber das hilft uns nicht über die Tatsache hinweg, daß vorher zuviel Geld aus dem Ausland eingeströmt und hier in DM umgetauscht worden ist, so daß wir insgesamt eine außerordentlich hohe Geld- und Kreditmenge in der Bundesrepublik zu verkraften haben. Und je mehr Kredit da ist und je mehr Geld da ist, desto höhere Preise werden gezahlt und desto höhere Preise werden genommen. Infolgedessen ist seit geraumer Zeit unser Bestreben darauf gerichtet, die Geld- und Kreditmenge unter Kontrolle zu bringen. Die Regierung hat konsequent eine Reihe von Vorschlägen an unsere europäischen Partner gerichtet, dieses Problem mit uns gemeinsam zu erledigen. Wie gut entsprechende Beschlüsse dann in den einzelnen Ländern nachher auch ausgeführt werden, das ist dann das nächste Problem, das schon deutlich am Horizont auftaucht.

*NG:* Die der Regierung von der Opposition nachgesagte „Nach uns die Sintflut"-Politik ist also nicht in Sicht, dennoch erschallt aus den Reihen der Union unentwegt der Ruf nach Stabilität, sie argumentiert nicht zuletzt mit dem Arbeitnehmer, dem durch die Preissteigerungen die Lohn- und Gehaltserhöhungen glatt „weggefressen" würden.

*H. Schmidt:* Dazu ist grundsätzlich festzustellen: Stabilität bedeutet zuallererst Stabilität der Arbeitsplätze. Darauf sind wir stolz, und darum werden wir von vielen Arbeitnehmern und Regierungen in der ganzen Welt beneidet: Es gibt kein Land auf der Erde, das genau wie wir Vollbeschäftigung hat und doch gleichzeitig einen niedrigeren Preisanstieg hätte als die Bundesrepublik Deutschland. Aber unsere Visitenkarte, die wir dem Wähler vorlegen, kann sich auch noch aus einem weiteren Grund sehen lassen: In der ganzen westlichen Welt ist kaum ein Beispiel herbeizuzitieren für die Reallohnsteigerungen, die wir in den letzten Jahren erreicht haben. Zwar sind die Preise gestiegen. Aber die Löhne und Gehälter sind in den letzten drei, in den letzten fünf Jahren wesentlich schneller gestiegen. Das kann die Opposition nicht im Ernst abstreiten.

*NG:* Können Sie diese Feststellung mit Beispielen belegen?

*H. Schmidt:* Zweifellos. Da hat zum Beispiel in einem Automobilwerk 1967 (das war der Tiefpunkt der Rezession – und damit müssen wir beim Vergleich anfangen) ein verheirateter Facharbeiter mit zwei Kindern zu Hause brutto im Monat 956 DM verdient. Die Lohnsteuer, der Rentenversicherungsbeitrag, die Krankenversicherung und die Arbeitslosenversicherung abgezogen, blieben netto 794 DM, die er 1967 ausgezahlt bekam. 1972 verdient derselbe Facharbeiter netto 1247 DM. Sein Nettolohn ist von damals zu heute um 57 Prozent gestiegen. Davon müssen nun natürlich die Preissteigerungen der Zwischenzeit abgezogen werden. Dann aber hat er immerhin in diesen fünf Jahren einen Zuwachs seines *Netto*-Reallohns von 32 Prozent erreicht. Dies ist eine gewaltige Einkommenssteigerung, die es früher in solch kurzer Zeit nie gegeben hat.
Ich gebe ein zweites Beispiel: Einem Hamburger Hafenarbeiter, ledig, hat man 1967 netto monatlich 676 DM ausgezahlt. Heute sind es netto 961 DM. Dieser Zuwachs des Nettolohnes beträgt nominal 42 Prozent. Wenn man die Preissteigerungen abzieht, bleibt ein realer Zuwachs von 20 Prozent.
Ein letztes Beispiel: Ein Posthauptsekretär, ledig, der 1967 netto 723 DM verdiente, erhält heute 1195 DM netto. Das ist real immerhin ein Zuwachs von 39 Prozent. Bei diesem Beispiel wirkt sich aus, daß die Gehaltspolitik vor allem in den unteren Stufen und im mittleren Dienst eine sehr viel stärkere Anhebung erbracht hat als in den gehobenen und höheren Stufen.
Diese enormen Einkommenssteigerungen, netto und real, kann jeder selbst prüfen. Ich wüßte keinen, der nicht dank unserer Politik und dank seiner Gewerkschaft einen ganz gewaltigen Sprung nach vorn gemacht hat.

*NG:* Würde eine CDU/CSU-Regierung für einen weiteren kontinuierlichen Lohn- und Gehaltsanstieg garantieren? Sind da nicht Zweifel erlaubt – besonders angesichts der unter dem Stichwort „Stabilität" gefallenen

Äußerungen auf dem CDU-Parteitag in Wiesbaden, der ja auch kein fest umrissenes Stabilitätsrezept lieferte? Gibt nicht der Hinweis von Strauß, daß die Lohnpolitik der Sozialpartner einen entscheidenden Beitrag liefern müßte, ein Indiz dafür ab, wer auf dem von Strauß angedeuteten Weg zur größeren Stabilität mit „viel Schweiß und enttäuschten Hoffnungen" zu rechnen hat? Wenn ja, gibt es Anzeichen dafür, daß die Union sich auch anderweitig auf Kosten anderer für eine ganz bestimmte Interessengruppe einsetzt, und worin sind die Gründe zu suchen?

*H. Schmidt:* Es ist gewiß richtig, daß wichtige Personen der Oppositionsfraktion, insbesondere der Chef der CSU, mit dem Gedanken einer von ihnen herbeizuführenden Rezession spielen, um bei mindestens leichter Arbeitslosigkeit Druck auf die Gewerkschaften, Druck auf die Arbeitnehmer, Druck auf die Löhne und damit auch Druck auf die Preise ausüben zu können.

Einer ihrer Professoren hat das neulich so ausgedrückt, daß er von der Notwendigkeit der „Reprivatisierung des Beschäftigungsrisikos" sprach. Einer ihrer Abgeordneten hat jüngst in Norddeutschland öffentlich erklärt, 1½ bis 2 Prozent Arbeitslose (500 000 Arbeitslose!) würde die Union um der Stabilität willen in Kauf nehmen.

Im Grunde handelt es sich um das gleiche Rezept, nach dem die Unionisten 1966 die von Erhards Preissteigerungen infizierte deutsche Volkswirtschaft damals wieder in Ordnung bringen wollten. Sie führten einen Einschnitt in die wirtschaftliche Entwicklung herbei. Die Kredite wurden teurer, die Aufträge an die Industrie ließen deutlich nach, die Beschäftigung sank. Es gab Arbeitslose.

Hinterher erklärte ein CDU-Minister, das habe man ja auch wirklich so gewollt, denn diese Arbeitslosigkeit hätte dann doch auf Löhne und Preise gedrückt. Als sie merkten, was sie mit ihrer Arbeitslosigkeit – Hunderttausende von Arbeitslosen, Hunderttausende von Kurzarbeitern und Hunderttausende, die infolge ihrer Wut oder infolge ihrer Angst, daß auch sie arbeitslos werden könnten, NPD wählten – angerichtet hatten, stritten sie glatt ab, die Entwicklung mit Absicht herbeigeführt zu haben.

Das hat die CDU auch jüngst auf ihrem Parteitag in Wiesbaden beteuert. Es sei unerhört, ihr die Absicht zu unterstellen. Ich kann dazu nur sagen: Wenn die Arbeitslosigkeit aus Versehen passiert sein sollte, dann wird die Sache davon nicht besser. Das zeigt doch nur, daß sie sich eben nie ernsthaft zur Notwendigkeit der Aufrechterhaltung von Vollbeschäftigung durchgerungen hat!

Was sie jetzt auf ihrem Parteitag in Wiesbaden angeboten haben, enthält eine Reihe von vernünftigen Elementen, so auf dem Felde der Haushaltspolitik, auf dem Felde der Währungspolitik, auf dem Felde der gemeinsamen Politik der europäischen und der EWG-Staaten.

*NG:* Was ist daran neuartig und fortschrittlich?

*H. Schmidt:* Das ist einfach zu erklären. Wenn man das alles genau unter die Lupe nimmt, kommt man um die Feststellung nicht herum, daß alles bei den Sozialdemokraten und bei der sozial-liberalen Koalition abgeschrieben ist. Nicht etwa abgeschrieben aus unserer Wahlkampfplattform, wenngleich auch dieses vorkommt, sondern vor allem abgeschrieben aus dem, was wir tatsächlich schon verwirklicht haben, ob bei Finanzministerkonferenzen, ob bei internationalen Währungskonferenzen, ob durch Beschlüsse in der EWG, ob durch Beschlüsse der Bundesregierung und des Bundestagshaushaltsausschusses — Plagiate machen ihnen gar nichts aus. Sie schreiben das auf ein Papier und geben es als ihr Rezept aus. Neues haben sie nicht erfunden — mit Ausnahme der eben schon mit Recht von Ihnen hervorgehobenen Tendenz zu Eingriffen, die einen rezessiven Beschäftigungsabfall herbeiführen sollen.

Ich habe ein gewisses Verständnis für die Unfähigkeit der CDU/CSU, von den Oppositionsbänken her ein alternatives Konzept für die Wirtschafts- und Finanzpolitik zu entfalten. Wenn man nämlich die Apparate der Ministerien nicht zur Verfügung hat und wenn man doch 20 Jahre gewohnt war, mit Hilfe dieser Apparate zu arbeiten, dann kostet das heute sehr viel eigene Arbeit, sehr viel Schweiß, sehr viel eigenes Urteil, um ein eigenständiges Konzept auf die Beine zu stellen.

Wir Sozialdemokraten wissen aus Erfahrung, wie sauer das Brot der Opposition ist. Ich finde, die CDU hat es auch nach drei Jahren noch nicht zu verdienen gelernt. Sie brauchte mindestens noch vier Jahre Zeit. Besser wären acht Jahre, um dieses Geschäft der Opposition zu lernen.

*NG:* Herr Minister, wir danken Ihnen für das Gespräch.

# Die Bundesrepublik in der Welt von heute*

*Vizepräsident Frau Funcke:* Das Wort hat der Bundesminister der Verteidigung.

*Schmidt,* Bundesminister der Verteidigung:

(mit lebhaftem Beifall der SPD begrüßt)

Frau Präsidentin! Meine Damen und Herren! Der Hauch von Vilshofen, den wir eben erlebt haben ...

(Heiterkeit und Beifall bei der SPD. – Zurufe von der CDU/CSU: Das ist eine Unverschämtheit!)

... Ich habe wirklich nicht die Absicht zu polemisieren und verstehe nicht, daß Sie bei dem Wort „Vilshofen" in Feindschaft geraten können.

(Beifall bei der SPD. – Abg. Wehner: Hat sozialdemokratischen Bürgermeister!)

Wie dem auch sei, meine Damen und Herren, mindestens die letzte Rede hat gezeigt, wie viele andere vorher auch, daß die Debatte hüben und drüben offensichtlich nicht so sehr den Zweck hat, das Haus zu überzeugen, sondern den Zweck, die eigenen Motive für die Öffentlichkeit klarzustellen. Fragen, die gestellt werden, werden von Fragenden gestellt, die im Grunde auf die Antworten nicht warten, um ihre eigene Meinungsbildung daran zu orientieren, sondern es sind rhetorische Fragen, wie wir sie eben vielfach erlebt haben.

(Zunehmende Unruhe bei der CDU/CSU.)

Mir scheint, daß dies ein notwendiger Vorgang ist ...

(Anhaltende Unruhe bei der CDU/CSU.)

... Wenn das Volksgemurmel sich so fortsetzt, ist allerdings der Ausdruck „Vilshofen" vollständig gerechtfertigt.

(Beifall bei der SPD.)

*Vizepräsident Frau Funcke:* Herr Bundesminister, gestatten Sie eine Zwischenfrage des Herrn Abgeordneten Gallus?

*Schmidt,* Bundesminister der Verteidigung: Ich möchte heute gerne auf Zwischenfragen verzichten.

Mir scheint, daß die Klarstellung der eigenen Motive der Öffentlichkeit gegenüber ein notwendiger Vorgang für alle Beteiligten ist, an dem ich mich beteiligen möchte hinsichtlich der Sicherheit Berlins, der Sicherheit der Bundesrepublik Deutschland und der Sicherheit Europas. Alle diese Sicherheiten werden nach meiner Überzeugung durch die zu ratifizierenden

* *Rede im Deutschen Bundestag als Anlaß der 1. Lesung der Ostverträge am 24. Februar 1972.*

Verträge verbessert, wenn auch Herr Kollege Schröder sie in seiner gestrigen Rede angeblich beeinträchtigt sah.

Diese sorgfältig vorbereitete Rede des Kollegen Schröder war mir in mehrfacher Hinsicht bemerkenswert. Zunächst stellt sie, wofür man danken muß, ausdrücklich die Gemeinsamkeit der Ziele vorweg. Sodann wurde diese Rede den Forderungen nach nüchterner Sachlichkeit und nach Verzicht auf gegenseitige Verteufelung – Forderungen, die beide Dr. Schröder selbst aufgestellt hatte – voll gerecht. Zur Frage der beiden Verträge war sie gewiß eine Klasse besser als alle anderen Reden, die die Opposition bis zur gegenwärtigen Stunde in diesem Hause gehalten hat.

(Beifall bei der SPD.)

Trotzdem, meine Damen und Herren

(Zurufe von der CDU/CSU),

trotzdem oder gerade deswegen bedarf diese Rede einer sehr sorgfältigen Kritik. Denn Herr Kollege Schröder hat sich in seiner Rede nach meinem Urteil dreier schwerwiegender Versäumnisse schuldig gemacht.

(Zurufe von der CDU/CSU.)

Das erste Versäumnis: Das entscheidende Problem Berlins und seine weitgehende qualitative Veränderung im Zuge des deutsch-sowjetischen Vertrages wurden in dieser Rede völlig verschwiegen.

Zweitens. Die eigene Lagebeurteilung, von der Herr Kollege Schröder in seinen Darlegungen mehrfach ausdrücklich ausging, wurde hier auch nicht andeutungsweise dargelegt.

Drittens. Von dem deutsch-polnischen Vertrag war überhaupt nicht die Rede. Nach meinem Urteil enthielt seine Rede auch ansonsten mehrere Irrtümer.

Infolge all dessen kam der Kollege Schröder zu einem Schlußurteil, das ich für fundamental falsch halte. Nun möge mir der Herr Kollege Strauß verzeihen, daß ich heute abend seine Darlegungen über die Moral des Neubaus in Europa nicht einbeziehen will. Ich möchte mich statt dessen im wesentlichen auf die Ausführungen des Kollegen Schröder beziehen und auf sie antworten. Ich tue das mit dem Gefühl des Respektes für einen bedeutenden Gegner jener Politik, die meine Kollegen und ich für richtig halten. Ich werde zugleich den großen sicherheitspolitischen Fortschritt darstellen, den das Vertragswerk für Berlin, für uns, für Europa und auch für die Amerikaner darstellt. Beide Zwecke verlangen, daß man den Zusammenhang herstellt.

In Ihrer Regierungserklärung vom Oktober 1969 hat die Bundesregierung den folgenden sicherheitspolitischen Maßstab formuliert:

„Welche der beiden Seiten der Sicherheitspolitik wir auch betrachten, ob es sich um unseren ernsten und nachhaltigsten Versuch zur gleichzeitigen und gleichwertigen Rüstungsbegrenzung und Rüstungskontrolle handelt oder um die Gewährleistung ausreichender Verteidigung der Bundesrepublik Deutschland: unter beiden Aspekten begreift die Bundesregierung ihre Sicherheitspolitik als Politik des Gleichgewichts und der Friedenssicherung. Und ebenso versteht sie unter beiden Aspekten die äußere Sicherheit unseres Staates als eine Funktion des Bündnisses, dem wir angehören und als dessen Teil wir zum Gleichgewicht der Kräfte zwischen West und Ost beitragen."

Ich nehme an, daß dieser Maßstab zwischen der Opposition und den Koalitionsparteien nicht kontrovers ist. Er definiert Sicherheit so, wie es auch die Regierungserklärung der Großen Koalition am 13. Dezember 1966 tat. Es hieß dort:

„Der Wille zum Frieden und zur Verständigung der Völker ist das erste Wort und das Grundlegende der Außenpolitik dieser Regierung."

Wie gesagt: Das war Dezember 1966.

Nun, vor welchem weltpolitischen Hintergrund ist dieser Maßstab gesetzt worden?

Erstens. Die thermo-nuklearen Waffen, mit denen die Supermächte einander vernichten können, hatten diese Mächte bereits gezwungen, ihrer Gegnerschaft Schranken zu setzen. Zwar bestehen fundamentale Gegensätze der Interessen und der Ideologien fort, doch war aus der unversöhnlichen Konfrontation doch schon eine Art von Konflikt unter Kontrolle geworden, der eine Zusammenarbeit der beiden Weltmächte auf Teilgebieten nicht mehr ausschloß. Beide Supermächte waren sich klargeworden, daß ihre Interessen sich dort treffen, wo es darum geht, Zwangsläufigkeiten von Zusammenprall, Zwangsläufigkeiten von Eskalation und gegenseitiger Vernichtung zu vermeiden. Konkret: Präsident Nixon hatte als wichtigstes Ziel bei seinem Regierungsantritt den Übergang von der Konfrontation zur Kooperation verkündet. Die Aufnahme der Verhandlungen über die Begrenzung nuklear-strategischer Waffen – in den Zeitungen meist „SALT" genannt – erfolgte unmittelbar anschließend.

Zweitens. Zur selben Zeit, da die beiden Supermächte Konfrontation zu vermeiden wünschten und die Suche nach Feldern der Zusammenarbeit begann, wurde auch die Tendenz erkennbar, daß die bisherige Bipolarität, von der Herr Strauß soeben sprach, durch ein neues Gleichgewicht mit mehreren Pfeilern abgelöst werden konnte. In der kommunistischen Welt war die frühere Einheit im Glauben zerbrochen. Der Bruch zwischen Moskau und Peking hat die Vorstellung von der Einheit des Weltkommunismus, von der Einheitlichkeit seines Vorgehens ad absurdum geführt. Das Hegemoniebedürfnis der Sowjetunion hatte sich in einer brutalen Invasion in der Tschechoslowakei geäußert. Aber das westliche Verlangen nach einem Europa, das mehr ist als nur Westeuropa, konnte damit ebensowenig auf die Dauer erstickt werden wie das Verlangen in ganz Osteuropa, auch in der Sowjetunion, nach mehr Berührung mit dem Westen. Wer Entspannung in Europa will, der muß Zusammenarbeit suchen, und zwar ohne neue Unsicherheiten ins Spiel zu bringen. Ich habe die Darlegungen von Herrn Strauß über China soeben vielleicht nicht ganz verstanden. Aber ich wiederhole für diejenigen, die meinen, der Basis der Ostpolitik müsse der Faktor China hinzugefügt werden: Wer Entspannung in Europa will, muß Zusammenarbeit suchen, ohne neue Unsicherheitsfaktoren ins Spiel zu bringen.

(Beifall bei den Regierungsparteien.)

Der dritte Punkt des Hintergrunds. Mit der Verabschiedung des Harmel-Berichts hatte die atlantische Allianz ein Signal für einen neuen Abschnitt der Entwicklung des Bündnisses gesetzt. Dem Grundelement Verteidigung wurde das zweite Grundelement Entspannung hinzugefügt. Die durch gemeinsame Verteidigungsanstrengungen gewonnene Sicherheit sollte von nun an, mehr als 20 Jahre nach dem zweiten Weltkrieg, die Grundlage für den Versuch der Verständigung mit Osteuropa werden; Entspannung und

Ausgleich also auf der Basis des Gleichgewichts und ohne Sicherheitsrisiko für die Beteiligten. Dies war der Rahmen, den die gegenwärtige Bundesregierung vorfand, als sie 1969 die Verantwortung übernahm.
Den Rahmen zu erkennen, genügte aber nicht. Die Kenntnis der weltpolitischen Umweltbedingungen muß für unser Land nutzlos bleiben, wenn der Versuch unterbleibt, die spezifisch deutsche Situation in diesem Rahmen zu sehen, und zwar mit all ihren Faktoren, die häufig genug im Gegensatz und in Konkurrenz zueinander stehen.
Ich habe kurz nach Bildung der Großen Koalition – es war, glaube ich, im Februar 1967 — in einem Vertrag in Hamburg gesagt, eine der Hauptaufgaben der Großen Koalition liege in der Nutzung ihrer breiten innenpolitischen Basis für die Herstellung einer größeren Realitätsbereitschaft in der öffentlichen Meinung unseres Volkes hinsichtlich der Deutschland- und Außenpolitik, und ich habe hinzugefügt, „wenn es der Großen Koalition nicht gelingen sollte, unbrauchbar gewordene, ausgefahrene Gleise zu verlassen und neue Wege zu finden, so würde die Große Koalition ihre geschichtliche Legitimation verfehlen". Tatsächlich hat die Große Koalition einige neue Wege beschritten, tatsächlich ist die Realitätsbereitschaft gestiegen. Aber, Herr Dr. Kiesinger, Ihre Realitätsbereitschaft und diejenige der CSU sind am Ende schließlich kleiner gewesen als am Anfang.

(Beifall bei der SPD.)

... Herr Kiesinger schüttelt den Kopf. Ich darf ihn mit einem Seitenblick auf die Hallstein-Doktrin daran erinnern, daß er am Anfang bereit war, diplomatische Beziehungen zu Bukarest und zu Belgrad aufzunehmen, und daß er am Ende meinte, die Regierung solle lieber platzen, als die Beziehungen zu dem kleinen südostasiatischen Staat Kambodscha nicht abzubrechen.

(Beifall bei der SPD.)

1967 hat der damalige Bundeskanzler Kiesinger das gestern schon von Herbert Wehner zitierte Wort von der „kritischen Größenordnung Deutschlands" gesagt, das durchaus richtig ist. Die Passage endete damals mit dem Satz: „Man kann das Zusammenwachsen der getrennten Teile Deutschlands nur eingebettet sehen in den Prozeß der Überwindung des Ost-West-Konflikts in Europa." Ich stimme dem zu; das war damals richtig, und es ist auch heute noch richtig. Die erste Konsequenz aus diesem Satz, Herr Dr. Kiesinger, ist die, daß wir diesen von Ihnen genannten Prozeß der Überwindung des Ost-West-Konflikts einmal realistisch betrachten. Es ist ja nicht nur ein Prozeß, der uns betrifft, sondern es ist ein Prozeß, der von vielen gemeinsam beeinflußt wird.
Nun einige Tatsachen zu dem sich tatsächlich abspielenden Prozeß.
Erstens. Für die Vereinigten Staaten wie für die Sowjetunion wie für unsere Nachbarn in Ost und West sind die aus der andauernden Teilung Deutschlands erwachsenden Probleme die hauptsächlichste Ursache für die Sorge um den Frieden in Europa. Diese Probleme sind einerseits Folgen des von Hitler total geführten und total verlorenen Krieges, sie sind andererseits Folgen der sich von 1945 an ergebenden Konfrontation der Siegermächte.
Zweitens. Gerade wir Deutschen müssen aber auch einer anderen Erkenntnis ins Auge sehen. Die Nachbarn Deutschlands in Ost und West sind weit eher geneigt, sich mit der Teilung Deutschlands abzufinden, als zuzulassen,

daß derjenige Teil Deutschlands, mit dem sie durch ein Bündnis verknüpft sind, in den Bereich des anderen Bündnisses hinüberwechselt. Kollege von Weizsäcker hat von diesen Problemen gesprochen. Alle unsere Nachbarn halten zwar den jetzigen Zustand für nicht normal und womöglich für eine Bedrohung des Friedens und ihrer Sicherheit, aber ein vereinigtes Deutschland und vor allem der Prozeß bis hin zu einem vereinigten Deutschland erscheint den meisten unserer Nachbarn noch gefährlicher, weil er das Gleichgewicht der Macht in Europa und damit den Frieden gefährden könnte. Siehe Dr. Kiesingers Wort über das kritische Gewicht oder die kritische Größe.

Drittens. Gleichwohl fühlen viele unserer Nachbarn auch die historische Anomalie der Trennung Deutschlands und mehr noch der Teilung Europas insgesamt. Manche wären möglicherweise bereit, dann an einer Vereinigung Europas und damit Deutschlands mitzuwirken, wenn sie eine Art Garantie dafür hätten, daß der zu diesem Ziel hinführende Prozeß unter Kontrolle gehalten und daß seine Risiken eingegrenzt und kalkulierbar gemacht werden können.

Viertens. In der Bundesrepublik Deutschland hat es lange gedauert, ehe klarwurde, daß die beiden Teile der Nation nur dann wieder zueinanderkommen können, wenn auch Europa wieder zusammenwächst. Vielen in unserem Lande fällt es heute noch schwer, zu begreifen, daß dies keineswegs von den Deutschen allein bewirkt werden kann, sondern daß ein Zusammenwachsen in Europa nur möglich ist, wenn beide Weltmächte und die ost- und westeuropäischen Staaten und das deutsche Volk in seinen beiden Teilen dies wollen. Mit anderen Worten und verkürzt ausgedrückt: eine Wiederherstellung der Identität Europas ist nur möglich, wenn dies auch von Moskau, auch von Warschau, auch von Ost-Berlin gewollt wird.

Fünftens. Die Kontinuität des westlichen Verteidigungsbündnisses, die Solidarität der europäischen mit den nordamerikanischen Partnern waren und bleiben Grundlage unserer Politik innerhalb dieses Prozesses. Eine manchmal aufgetretene Überbetonung unserer Sicherheit hat allerdings in manchen Phasen der Nachkriegspolitik zur Unbeweglichkeit der Regierung hier in Bonn beigetragen. Heute wissen wir, daß NATO und EWG den westlichen Teil Europas von sowjetischer Dominanz in kritischen Zeiten haben freihalten können, daß sie aber mit ihrer bis spät in die 60er Jahre verfolgten starren politischen Strategie nicht der Vereinigung Europas und unseres Landes haben dienen können. Sie werden das auch in Zukunft kaum tun können, und erst recht nicht wird ohne unsere eigene Initiative etwas bewegt. Herr Dr. Schröder hat in einer Rede, auf die mein Freund Kurt Mattick heute morgen schon zurückkam, vor dem CDU-Parteitag schon 1965 in Düsseldorf – ich komme noch mal auf die Rede zurück – öffentlich daran gezweifelt, daß die Zeit für uns arbeite.

Sechstens. Je mehr aber wir in Bonn uns selbst in unserer Außenpolitik bewegen, desto mehr könnten unsere Nachbarn in Ost und West in Besorgnis geraten, nämlich dann, wenn wir versuchen wollten, uns allein zu bewegen. Deshalb unternehmen wir zu keinem Zeitpunkt dieses Prozesses einen isolierten Schritt, sondern diese Regierung achtet sehr sorgfältig darauf, daß ihre Bewegung eingebettet bleibt in das Gesamtvorhaben der Partner unseres Bündnisses. Die Beweise für diese Gemeinsamkeit, welche die Oppositionsredner nicht sehen wollen, liegen dokumentarisch in einer ganzen Kette von Ministerratsbeschlüssen der Allianz öffentlich vor. Diese Kommuniqués des Ministerrats der Allianz über zwei, drei Jahre beschreiben den wichtigsten Teil – ich benutze noch einmal Dr. Kiesingers Worte – „des Prozesses der Überwindung des Ost-West-Konfliktes". Unsere Politik verwirklicht sich im Rahmen der Möglichkeiten, die hier gegeben sind, im Rahmen der Wandlungen der internationalen Beziehungen überhaupt.

Präsident Nixons Schlagwort heute vor drei Jahren „from confrontation to negotiation" bezeichnet eine Epoche, die die ganze Welt umfaßt, die zugleich auch unserem Land ermöglicht hat, unseren außenpolitischen Spielraum zu erweitern und voll auszunutzen.

Die Erkenntnis der Lage unseres Landes, wie sie wirklich ist, hat gewiß deutsche Außen- und Sicherheitspolitik nicht leichter gemacht. Kollege Schröder hat darauf 1965 in dieser Parteitagsrede schon hingewiesen. Damals sagte er:

„Im Zeichen des kalten Krieges war die Wiedervereinigungspolitik eingebettet in das umfassende Anliegen der freien Welt, die Einflußsphäre des Kommunismus in Europa zurückzudrängen. Heute hat sich in der Welt das beherrschende und allgemeine Interesse der Friedenserhaltung vor das Teilinteresse der Wiedervereinigung Deutschlands geschoben. Es besteht zwar noch eine Übereinstimmung im Ziel, aber es ist für die deutsche Außenpolitik schwieriger geworden."

Ich habe damals, 1965, diese Rede für bedeutsam gehalten. Sie war ein Schritt auf dem Wege, meine Damen und Herren, zur sogenannten Friedensnote mit dem Gewaltverzichtsangebot im Frühjahr 1966.

Die Rede enthielt übrigens auch die richtige Feststellung, es stellte sich immer wieder neu die schwierige Frage, wie wir unsere Deutschlandpolitik am besten in den ganzen Zusammenhang der allgemeinen Ost-West-Beziehungen einfügen können. Diese Frage stellt sich auch heute und morgen und übermorgen – da stimme ich Ihnen zu – immer wieder neu. Wenn sich insgesamt die Beziehungen zwischen Ost und West ändern, ändern sich damit auch Rahmen und Lage unserer Ostpolitik.

Übrigens haben Sie, Herr Kollege Schröder – auch das will ich nachtragen –, schon in jener Rede, wenn auch sehr verklausuliert, festgestellt, daß die Alleinvertretungsposition à la longue nicht haltbar sein würde. Ich sage das, weil Sie gestern die von Ihnen festgestellte Diskontinuität so hervorgehoben haben. Sie selber haben heute vor sieben Jahren Diskontinuitäten vorausgesehen, . . .

(Beifall bei den Regierungsparteien.)

. . . wenn es wirklich Diskontinuitäten sind! Wenn es sich nicht um einen kontinuierlichen Wandel der Position entsprechend der jeweils sich wandelnden Gesamtlage der Beziehungen zwischen Ost und West handeln würde.

(Beifall bei den Regierungsparteien.)

Diese Bundesregierung hat 1969 aus der vorgefundenen, nicht von ihr geschaffenen, sondern historisch gewachsenen Situation die Konsequenzen gezogen, und zwar von der Lage aus, die sie 1969 antraf. Dabei war und bleibt das Gleichgewichtsprinzip der oberste Leitsatz unserer Außen- und Sicherheitspolitik. Er prägt die Haltung der Bundesregierung zum Nordatlantischen Bündnis, zu den großen Nuklearmächten, zu dem notwendigen

Versuch, Sicherheit bei geringerer Rüstung zu erhalten. Er prägt aber auch unsere Haltung bei dem Versuch der Bundesregierung, Verständnis und Ausgleich mit der Sowjetunion, mit den Völkern des europäischen Ostens zu erreichen.

Für diese Politik muß gelten: Wer seine eigene Politik unter den Schutz des Gleichgewichts stellt, darf nicht versuchen, andere aus diesem Gleichgewicht herauszubrechen.

(Beifall bei den Regierungsparteien.)

Das heißt für unsere Entspannungspolitik gegenüber dem Westen wie dem Osten ganz konkret:

1. Es kann im osteuropäischen Bereich nichts Wesentliches ohne die Mitwirkung Moskaus geschehen. So ist die Lage heute.
2. Die Regierungen in Warschau, Ost-Berlin, Prag und in anderen osteuropäischen Hauptstädten haben gleichwohl eigene Interessen, eigenen Willen, eigenes Gewicht.
3. Es wäre jedoch töricht und gefährlich, Keile zwischen die Staaten des Paktes treiben zu wollen, gefährlich nicht nur für uns, sondern für den Frieden überhaupt. Es wäre genauso töricht und für Entspannung und Zusammenarbeit gleichermaßen gefährlich, wenn jemand unseren Willen zum friedlichen Miteinander als ein bloß taktisches Manöver interpretieren wollte, wie das einige — ich erinnere mich genau — vor zehn Jahren gegenüber dem Godesberger Programm der Sozialdemokratischen Partei gemacht haben.

(Beifall bei der SPD.)

Es ist eine sehr gefährliche Sache, wenn man den ernsten Willen eines anderen in eine taktische Wendung umfälscht.

Deutschland und Frieden, meine Damen und Herren, werden heute wieder in einem Atemzug genannt. Die Geschichte erlaubt nicht, diesen Sachverhalt eine Selbstverständlichkeit zu nennen, genausowenig – auch das will ich deutlich sagen – wie es etwa erlaubt wäre, dies als Verdienst allein unserer Bundesregierung zu bezeichnen. Der Frieden nach Westen ohne den Frieden nach Osten bleibt ein unvollständiger Frieden, ein gefährdeter Frieden. Hier liegt die Aufgabe, deren Erfüllung wir allerdings nähergekommen sind als jede Regierung vorher.

Künftige Historiker mögen darüber befinden, warum die CDU/CSU so viel länger braucht, dies zu begreifen, als die Umwelt, in der wir leben. Mit „Umwelt" meine ich nicht die Bürger dieses Landes, nicht nur unsere Nachbarn. Ich hatte im Herbst Gelegenheit, festzustellen, daß einem auch in Japan, Australien, Neuseeland eine ungewöhnlich herzliche Zustimmung zu dieser Versöhnungspolitik entgegengebracht wird.

(Beifall bei den Regierungsparteien.)

Wie aber immer die Urteile anderer lauten mögen, unsere Pflicht ist es, heute unsere Ziele, unsere Motive, unsere Kalkulationen offenzulegen, um jedermann draußen ein fundiertes Urteil zu ermöglichen. Ein solches Urteil wird sich an der tatsächlichen Entwicklung orientieren müssen, die wir einerseits als Mitglied des Atlantischen Bündnisses und der Europäischen Gemeinschaften mit bewirkt haben und die andererseits von diesen politischen Zusammenschlüssen aus auf uns zurückgewirkt hat.

Was also hat sich seit 1969 in Europa geändert? Wir haben uns daran gewöhnt, darauf zu verweisen, daß die Atlantische Allianz in Verteidigung und Entspannung die beiden Grundelemente ihrer politischen Strategie sehe. Mir scheint, der entscheidende Wandel des Atlantischen Bündnisses seit 1969 liegt darin, daß das Bündnis diesen Grundsatz, Verteidigung plus Entspannung, nicht nur verkündet, sondern ihn tatsächlich mit politischem Leben erfüllt und auf seiner Basis vielfältige politische Initiativen in Gang gesetzt hat. So haben sich zum einen die Partner in der „Studie über die Verteidigungsprobleme der Allianz in den 70er Jahren" geeinigt, am militärstrategischen Konzept der flexiblen Reaktion und am Prinzip der Vorne-Verteidigung festzuhalten, also an zwei Grundprinzipien, die gerade für uns wichtig sind. Sie haben es übernommen, Schwächen des Verteidigungssystems zu beseitigen und dabei nicht nur die bisher gültigen Grundsätze fortzuschreiben, sondern auch ein neues Programm für die künftige Arbeit zu entwickeln, aber andererseits hat das Bündnis 1970 und 1971 den Zusammenhang zwischen Verteidigung und Entspannung tatsächlich praktiziert.

(Beifall bei den Regierungsparteien.)

Die sehr konkreten Beschlüsse des NATO-Rats von Rom, Brüssel, Lissabon und nochmals Brüssel sind Beleg und Beweis: Das ganze Bündnis mit all seinen Teilnehmerstaaten hat am Zustandekommen und am erfolgreichen Abschluß der Viermächteverhandlungen über Berlin mitgewirkt.

(Beifall bei den Regierungsparteien.)

Da muß man die Kommuniqués lesen, um das bestätigt zu finden. Das ganze Bündnis hat daran mitgewirkt, daß die Voraussetzung für ein solches Abkommen geschaffen werden konnte, nämlich der Vertrag zwischen der Bundesrepublik Deutschland und der Union der Sozialistischen Sowjetrepubliken.

Wer den Vorwurf erhebt, daß die Entspannungs- und Vertragspolitik der Bundesregierung den Zusammenhalt des Westens gefährde und die Funktionstüchtigkeit des Bündnisses beeinträchtige, der muß wissen, daß er sich selbst zu allen Regierungen in Gegensatz setzt – ich betone: allen – der im westlichen Bündnis verbündeten Staaten.

(Beifall bei den Regierungsparteien.)

Herr Dr. Schröder, Sie sind ein bißchen außer Kontrolle geraten mit der politischen Entwicklung in den uns verbündeten Ländern.

(Beifall bei den Regierungsparteien.)

Wenn Sie Ihre gestrige Rede statt hier in Bonn in der Ministertagung des Atlantischen Bündnisses gehalten hätten, wäre nicht nur augenblicks eine tiefe Konsternation eingetreten, sondern der Prozeß der Isolierung Deutschlands innerhalb dieses Bündnisses hätte am gleichen Abend seinen Anfang genommen.

(Lebhafter Beifall bei den Regierungsparteien. – Abg. Lemmrich: Vielleicht lesen Sie die Debatte des Europarats vom letztenmal nach! – Zurufe von der CDU/CSU: Der Zweck heiligt die Mittel!)

– Vielleicht sind Sie so liebenswürdig, genauso wie wir gestern die – ich wiederhole – bemerkenswerten Darlegungen des Kollegen Schröder angehört haben, meinen Versuch einer Antwort entgegenzunehmen.

Ich möchte Ihnen sagen, Herr Dr. Schröder, Sie durften sich – nach meinem Urteil – auch nicht in die Ausflucht retten, unsere Partner hätten diese Erklärung bloß abgegeben, weil sie – das hat Herr Strauß nachher wiederholt – eine lästige Verantwortung loswerden wollten, weil sie nicht deutscher als die Deutschen selbst sein wollten.

(Zurufe von der CDU/CSU: Was ist daran falsch? – Das ist aber so!)

– Wer zu dieser Argumentation greift, impliziert ungewollt, daß unsere nationalen Interessen im bewußten Widerspruch zu den Interessen der Partner stünden.

Sie haben in dem Zusammenhang gestern eine Drei-Mächte-Erklärung von 1964 zitiert, aber Sie hatten 1965 in der schon zitierten Rede vor dem Parteitag der CDU öffentlich ausgesprochen, daß Sie sich immer Mühe geben müßten, die drei Mächte zu solchen Erklärungen zu bringen. Sie wissen doch selbst auch aus der Erinnerung, Herr Schröder, daß damals diese Erklärung nicht dem innersten Willen und heiligsten Interesse der Beteiligten entsprach.

(Abg. Dr. Schröder: Aber heute doch? — Weiterer Zuruf von der CDU/CSU: Sie widersprechen sich ja!)

– Nein, ich glaube nicht, daß darin ein Widerspruch liegt. Die sind etwas losgeworden, was ihnen lästig war; das ist richtig. Aber, Herr Schröder, Sie haben nie im Grunde glauben können, daß die auf Grund ihrer Erklärung jemals eine deutsche Wiedervereinigungsinitiative ergreifen könnten. Das hat niemand geglaubt, weder in Bonn noch anderswo.

(Beifall bei den Regierungsparteien.)

*Vizepräsident Frau Funcke:* Gestatten Sie eine Zwischenfrage des Herrn Abgeordneten Barzel?

*Schmidt,* Bundesminister der Verteidigung: Herrn Kollegen Barzel will ich gern eine Zwischenfrage gestatten.

*Dr. Barzel* (CDU/CSU): Herr Kollege Schmidt, würden Sie dem Hause sagen, was die Alliierten losgeworden sind, worüber Sie, wie Sie soeben sagten, Freude empfinden?

*Schmidt,* Bundesminister der Verteidigung: Ich bin nicht ganz sicher, ob es meine Sache ist, zu interpretieren, was Herr Schröder gemeint hat. Ich denke, er hat gemeint, sie wären die Last losgeworden, alle zwei Jahre eine große Erklärung über die erstrebte Wiedervereinigung Deutschlands abzugeben. Daß sie vertraglich daran gebunden sind, ist eine ganz andere Sache. Sie waren es leid, dauernd Bekenntnisse abgeben zu müssen zu einer Sache, für die sie aktuell und für die jeweilige Gegenwart überhaupt keine Realisierungschance sahen.

(Beifall bei den Regierungsparteien.)

Das Atlantische Bündnis heute ist politisch als Bündnis, als Gesamtheit sehr tätig. Da sind die Bemühungen um Rüstungsbegrenzung, Rüstungsverminderung und -kontrolle, z. B. die Verhandlungen zwischen den beiden Supermächten über die Begrenzung der strategischen Waffen – SALT –, da sind die Bemühungen des westlichen Bündnisses zu Verhandlungen mit der Sowjetunion und den übrigen Staaten des Warschauer Paktes über beiderseitige und ausgewogene Truppenverminderungen, in den Zeitungen meist mit den vier Buchstaben MBFR bezeichnet.

Natürlich ist SALT primär eine Sache der beiden Supermächte, aber der Verhandlungserfolg müßte ganz fraglich werden, käme es etwa inzwischen zu einer neuen tiefen Berlin-Krise.

Die Bemühungen um MBFR entsprechen dem gleichen Wandel. Durch rüstungsbegrenzende stabilisierende Vereinbarungen in Europa soll eine für alle Partner gleich verläßliche, weniger aufwendige Sicherheitsstruktur in Europa erreicht werden. MBFR wird zu einer Schlüsselfrage zukünftiger Entspannungspolitik werden. Man kann dabei nicht mit schnellen Ergebnissen rechnen – noch viel weniger schnell als bei SALT. Gleichwohl hat das MBFR-Projekt bereits heute einige Zwischenergebnisse gezeitigt. Auch das war nur möglich im Zusammenhang mit der deutschen Vertragspolitik. Die kontiniuierliche Beharrlichkeit nämlich seit dem sogenannten Signal von Reykjavik 1968 hat es schließlich vermocht, ein allmählich entstehendes Interesse der Sowjetunion und anderer interessierter Staaten herbeizuführen.

*Vizepräsident Frau Funcke:* Herr Bundesminister, gestatten Sie eine Zwischenfrage des Herrn Abgeordneten Kliesing?

*Schmidt,* Bundesminister der Verteidigung: Herr Kliesing ist ein alter Freund, also bitte!

*Dr. Kliesing* (Honnef) (CDU/CSU): Herr Schmidt, wenn Sie MBFR für eine Schlüsselfrage der künftigen Entspannung halten, wie werten Sie dann die Entspannungsbereitschaft der Sowjetunion angesichts der Tatsache, daß sie bisher noch nicht reagiert hat auf den Wunsch 14 europäischer und nordamerikanischer Staaten – darunter auch der Bundesrepublik – zu vorbereiteten Gesprächen über MBFR, den früheren Generalsekretär Brosio zu empfangen, sich im Gegenteil bisher hartnäckig geweigert hat, überhaupt in vorbereitende Gespräche darüber einzutreten?

(Beifall bei der CDU/CSU.)

*Schmidt,* Bundesminister der Verteidigung: Es gibt dazu nur Vermutungen. Ich würde zwei Vermutungen für zulässig halten.

Erstens könnte ich mir denken, daß sich die Sowjetunion zu dem Zeitpunkt noch nicht völlige Klarheit über die Details ihrer Interessen bei MBFR verschafft hat. Das würde dann noch kommen. Es wäre also ein vorübergehender Zustand.

Zweitens würde mir die Vermutung zulässig erscheinen, daß die Sowjetunion, z. B. mit Rücksicht auf Frankreich, aber auch mit Rücksicht auf eigene Verbündete, Wert darauf legte, nicht den Eindruck von Verhandlungen zuzulassen, die zwischen Pakt und Pakt geführt würden.

Das sind beides denkbare Erklärungen. Im übrigen kann ich hier nicht Auskünfte für die sowjetische Regierung geben, Herr Kliesing. Im Zusammenhang mit MBFR würde ich ganz gerne die persönliche Bemerkung machen dürfen für diejenigen, die schon 1959 hier in diesem Bundestag saßen, daß ich ganz stolz bin auf die Fortschritte, die wir darin erreicht haben.

In Verbindung damit muß man auf die Frage eingehen, ob Bemühungen um Rüstungsbegrenzung, ob unsere Vertragspolitik mit dem Osten einseitige, voreilige Truppenabzüge des Westens, vor allem der USA, verursacht bzw. ob sie politische Kräfte geweckt hätten, die sich vor allen Dingen im amerikanischen Senat für eine einseitige Verminderung des amerikanischen Engagements hier in Europa stark machen.

Ich denke, wir alle hier und innerhalb des Bündnisses stimmen darin überein, daß unsere Entspannungspolitik unsere Sicherheitspolitik ergänzen, nicht aber unseren Verteidigungsbeitrag ersetzen kann oder soll. Nur für den Herrn Ministerpräsidenten Filbinger, dessen Bundesratsrede ich gestern gelesen habe, weise ich darauf hin, daß es lange, bevor deutsch-sowjetische Verhandlungen in Betracht gezogen wurden, lange vorher jenen

Trend gegeben hat, der seit der Mitte der fünfziger Jahre mit dem Namen des Senators Mansfield verbunden ist. Wir haben es immer wieder mit entsprechenden Resolutionen im amerikanischen Kongreß zu tun gehabt. Tatsache ist, daß keine amerikanische Regierung darauf eingegangen ist. Herr Filbinger soll sich ein bißchen besser in der Außenpolitik umsehen, ehe er darüber spricht. Die jüngste außenpolitische Botschaft Präsident Nixons an den amerikanischen Kongreß hat dies abermals überzeugend bestätigt. Auch in der gemeinsamen deutsch-amerikanischen Erklärung nach der Begegnung zwischen Präsident Nixon und Bundeskanzler Brandt in diesem Winter in Key Biscayne hieß es wörtlich – ich darf zitieren –:

„Der Präsident wiederholte, daß die amerikanischen Verpflichtungen in Europa unverändert weiter gelten und daß insbesondere keine Verminderung der amerikanischen Truppenstärke in Europa erfolgen wird."

Wenn Präsident Nixon heute erneut zusichern kann, daß die amerikanischen Truppen in Europa nicht einseitig abgebaut werden, sondern nur im Rahmen beiderseitiger Verringerung, dann wird deutlich, daß unsere Bereitschaft zum Realismus, daß die Verträge von Warschau und Moskau und die Bemühung um beiderseitige, ausgewogene Truppenverringerung keineswegs einseitige amerikanische Verringerungen verursachen, wie Ministerpräsident Filbinger vor ein paar Tagen im Bundesrat und andeutungsweise auch Herr Kollege Schröder gestern abend hier gemeint haben. Vielmehr hat diese unsere Politik die Entscheidung bewirkt, daß das schon mehr als 25 Jahre – das ist eine sehr lange Zeit – andauernde amerikanische Engagement erst dann verändert werden soll, wenn Gewißheit der Gegenseitigkeit besteht.

(Beifall bei den Regierungsparteien.)

Natürlich wären meine Ausführungen über die Entwicklung und Wandlung im Bündnis unvollständig, wenn ich nicht auch auf sehr bedeutende qualitative Veränderungen hier in Westeuropa hinwiese. Ich kann aber auf den Ausbau und die Erweiterung der Europäischen Gemeinschaften nicht eingehen. Klar ist jedoch, daß die politische Konsolidierung Europas sicherheitspolitisch sehr bedeutsam werden kann. Das gilt um so mehr, als die Herausbildung einer westeuropäischen Verteidigungsidentität in der Eurogroup immer sichtbarer wird, in der sich die europäischen NATO-Mitglieder – freilich mit der Ausnahme Frankreichs – einstweilen ein Forum geschaffen haben, in dem sie ihre Verteidigungspolitik im Rahmen des Bündnisses miteinander abstimmen und koordinieren. So kam es zum Verstärkungsprogramm, und so kam es Ende dieses Jahres zu einem Euro-Weißbuch. Hier bleibt auch noch einiges zu tun, gewiß. Aber man kann nicht übersehen, daß es gelungen ist, im Rahmen von Verteidigung und Entspannung in Westeuropa etwas zu entwickeln, was seit dem Scheitern der EVG-Verträge niemand sonst fertiggebracht hat.

(Beifall bei den Regierungsparteien.)

Ich habe so ausführlich über die Wandlung im Bündnis sprechen mögen, weil ich jetzt gern auf den entscheidenden sicherheitspolitischen Aspekt der beiden Verträge kommen will. Die Verträge haben dem zentralen Problem der europäischen Sicherheit, nämlich der deutschen Frage, eine neue Qualität gegeben. Sie haben es ermöglicht, eine die Abwesenheit von Drohung und Gewalt garantierende Regelung für den gefährlichsten Krisenherd der letzten 25 Jahre zu finden, für Berlin.

(Beifall bei den Regierungsparteien.)

Mein Freund Kurt Mattick hat heute morgen sehr überzeugend dargetan, was das bedeutet. Ich will es hier nur von der sicherheitspolitischen Seite beleuchten. Die Blockade Berlins am Ende der vierziger Jahre, die Berlin-Krise von 1958 bis 1962 mit dem Bau der Mauer, mit der Ratlosigkeit der damaligen Bonner Bundesregierung und ihrem Aufruf, Ruhe sei die richtige Antwort, mit dem Aufmarsch amerikanischer Streitkräfte über den Atlantik herüber nach Deutschland, die zahlreichen Zwischenfälle auf den Zugangswegen zu Lande und in der Luft, die Panzerkonfrontation an der Sektorengrenze im Oktober 1961, alles dies wird nicht wiederkommen

(Beifall bei den Regierungsparteien),

alles dies wird nicht wiederkehren.

Ich will mir nicht die Zeitbestimmung des französischen Botschafters in Bonn zu eigen machen, der gesagt hat: 20 Jahre lang wird davon nichts wiederkehren, vielleicht wird es länger sein. Jedenfalls: in der Zukunft, die wir überblicken können, können wir sicher sein, daß es nicht wiederkehrt, wenn dieses Haus den Vertrag ratifiziert, der der Sache zugrunde liegt.

(Lebhafter Beifall bei den Regierungsparteien.)

Unter dem Aspekt der Sicherheit auf dem ganzen Erdball ist die Befriedung des Krisenherds zwischen den beiden Supermächten, die Befriedung Berlins durch das Viermächteabkommen, das an erster Stelle zu nennende Ergebnis unserer Ostpolitik.

(Erneuter Beifall bei den Regierungsparteien.)

Wenn Sie, Herr Kollege Schröder, gestern gemeint haben, die CDU hätte dieses Verhandlungsergebnis schon länger haben können

(Abg. Wehner: Ja, natürlich!),

so weiß jede Regierung innerhalb des Nordatlantischen Bündnisses, daß dies – um es sehr milde auszudrücken – ein Irrtum ist.

(Abg. Wienand: Das ist aber wirklich sehr milde! – Weitere Zurufe von der SPD: Sehr richtig! – Sehr gut!)

Herr Schröder kann nicht im Ernst leugnen wollen, daß er als Außenminister schon sehr stolz gewesen wäre, wenn er Bruchteile des jetzigen Berlin-Abkommens hätte erreichen können.

(Lebhafter Beifall bei den Regierungsparteien.)

Ich erinnere mich sehr genau, was der Kanzler der Großen Koalition endgültig im Tauschwege dafür hinzugeben bereit war, daß ein einziges Mal Passierscheine sollten ausgegeben werden.

(Abg. Dr. h. c. Kiesinger: Nicht endgültig! Niemals! Das ist ganz falsch!)

– Herr Kiesinger, ich bin gewiß niemand, der wissentlich die Unwahrheit sagt.

(Zuruf von der Mitte: Aber leichtfertig! – Weitere Zurufe von der CDU/CSU: Nicht endgültig, einmal! – Einmal!)

– Wie bitte?

(Abg. Dr. h. c. Kiesinger: Einmal!)

– Nein, nein, verehrter Herr Kollege Kiesinger, Sie haben damals gesagt, die Wahl des Bundespräsidenten könne reihum in sämtlichen deutschen

Landeshauptstädten durchgeführt werden, und dann würde sie nach 50 Jahren wieder nach Berlin kommen. Ich kann mich genau erinnern.

(Zustimmung bei Abgeordneten der Regierungsparteien. – Abg. Dr. h. c. Kiesinger: Falsch! Einfach nicht wahr!)

– Ich kritisiere das ja nicht.

(Abg. Dr. h. c. Kiesinger: Aber es ist auch nicht wahr! — Abg. Wehner: Hört! Hört!)

– Herr Kiesinger, es ist wahr.

(Abg. Dr. h. c. Kiesinger: Nein, es ist nicht wahr!)

– Doch, es ist wahr! Und das im Tausch für einmal Passierscheine! Ich kritisiere das ja nicht, ich hebe es nur hervor, um Ihnen zu zeigen, wie ungerecht Sie sind, wenn Sie das ganze Paket des jetzigen Berlin-Abkommens heute so kleinschreiben.

(Starker Beifall bei den Regierungsparteien. – Abg. Rawe: Das ist einfach die Unwahrheit! – Abg. Dr. h. c. Kiesinger: Na, das wird sich ja zeigen!)

– Herr Kiesinger wird sich sicherlich bemühen, zu zeigen, daß ich die Unwahrheit sprach. Ich bin ganz gewiß, daß das ...

(Abg. Rawe: Das war eindeutig falsch, und das wissen Sie!)

– Ich war ja dabei, lieber Freund, Sie aber nicht.

(Heiterkeit und Beifall bei den Regierungsparteien.)

Wenn ich mich recht erinnere, haben Sie dem Kreßbronner Kränzchen nicht angehört.

(Abg. Dr. Barzel: Aber ich kann nicht bestätigen, was Sie hier behaupten! — Weitere Zurufe von der CDU/CSU.)

... Ich will heute abend nicht polemisieren.

(Erneute Zurufe von der CDU/CSU.)

... Ich will nicht polemisieren!

Ich möchte als zweites Ergebnis feststellen, daß das Bündnis zwischen den Vereinigten Staaten und Westeuropa heute, 1972, fester ist als zuvor und insbesondere sehr viel fester als im Frühjahr und im Sommer und im Herbst 1966, ehe wir anfingen, diese Politik mit zu beeinflussen.

(Beifall bei den Regierungsparteien.)

Drittens. Es haben sich in Europa stabile Elemente der Integration herausgebildet.

Viertens. Die Bundesrepublik Deutschland hat den Handlungsspielraum gewonnen, der für unsere eigenen Interessen notwendig ist und dessen Ausnutzung dem ganzen Bündnis nützt. Die Gewinnung dieses Handlungsspielraums war nur möglich, weil die ganze internationale Politik – oder, wie Herr Kiesinger es nannte, der Prozeß der Entspannung zwischen Ost und West – in Bewegung geraten war und weil wir den uns angemessenen Platz darin eingenommen haben.

Fünftens. Das Engagement der Vereinigten Staaten in Europa bedeutet nicht mehr länger nur die Fortdauer und Erfüllung der durch Kriegseintritt und -ausgang übernommenen Pflichten, sondern dieses Engagement wird heute durch das Ziel der Herstellung einer stabilen europäischen Friedensordnung motiviert.

Sechstens. Das Gleichgewicht der in Europa wirksamen, auf Europa von außen wirkenden Kräfte ist durch die Verträge um das Element des vereinbarten Gewaltverzichts stabiler geworden, wobei für uns gewiß der

Gewaltverzicht der Sowjetunion unendlich gewichtiger ist als der Gewaltverzicht, den wir ausgesprochen haben.

(Beifall bei den Regierungsparteien.)

Siebentens. Die deutsche Frage ist in dem Maße einer Lösung nähergekommen, wie durch die geschlossenen und durch die noch zu schließenden Verträge Unsicherheit in Europa vermindert wird.

Herr Dr. Schröder hat gestern gesagt, eine Nichtratifizierung der Verträge sei keineswegs ein Desaster, sondern lediglich ein Desaster für die Bundesregierung.

(Zuruf von der CDU/CSU: Das ist richtig!)

Ich gehe davon aus, bin überzeugt, daß die Verträge mit der verfassungsrechtlich gebotenen Mehrheit dieses Hauses ratifiziert werden. Trotzdem bedarf Ihre Behauptung, Herr Kollege Schröder, des Gegenbeweises, damit sich niemand über das Risiko der von Ihnen verfolgten Politik des Liegenlassens täuschen kann.

Die Folgen würden sein: Einbuße des gewonnenen Handlungsspielraums der Bundesrepublik und Verlust der Chance für eine Vertragspolitik in Richtung Osten auf sehr lange Zeit, sodann eine Krise im Bündnis und in Westeuropa mit Auswirkung auf die politische Funktionstüchtigkeit des Bündnisses, Auswirkungen auf die Beziehungen besonders zu den Vereinigten Staaten von Amerika, für die unsere Verträge und für die insbesondere auch das Berlin-Abkommen wichtige Elemente ihrer eigenen außenpolitischen Strategie sind. Ich glaube, das hat Herr Dr. Barzel in Washington auch gespürt, denn als er zurückkam, sagte er nur, er hätte Gott sei Dank keine Pression empfunden, die Verträge ratifizieren zu sollen. Im übrigen hat er sehr gut verstanden, daß die Leute im Weißen Haus sehr wohl dafür sind, daß Deutschland die Verträge ratifiziert.

(Beifall bei den Regierungsparteien.)

Man muß in solchem Falle eintretende Belastungen natürlich vor allem auch vor dem Hintergrund der Schutzmachtfunktionen der drei Westmächte für Berlin sehen, man muß die Einbuße sehen, die wir an Glaubwürdigkeit als Bündnispartner erleiden würden, möglicherweise mit Konsequenzen für die beginnende engere politische Zusammenarbeit in der EWG, und man muß sehen, daß es eine Torpedierung des gemeinsamen Grundsatzes der Allianz wäre, Verteidigung und Entspannung zugleich zu betreiben. Die Folge wäre auch eine tiefe Vertrauenskrise im Verhältnis zur Sowjetunion, die doch in diese Verträge sehr viel Prestige und auch sehr deutliche Positionsopfer hineingesteckt hat

(Beifall bei den Regierungsparteien)

und damit die Gefahr der Auslösung einer aktuellen Berlin-Krise. Ganz sicher träte auch die Konsequenz ein, daß die ausgehandelten Verbesserungen für die Menschen in Berlin in keiner Weise verwirklicht würden, ganz gewiß auch eine verminderte Bereitschaft der Westmächte, bei künftigen Arrangements mit der Sowjetunion auch eine Verbindung mit den Interessen der Bundesrepublik einzugehen. Ich will nicht sprechen von der psychologischen Krise, die man in Berlin auslösen würde, aber ich will doch sagen, daß eine Verwerfung dieser Verträge in diesem Haus zu schwerwiegenden Auswirkungen im Verhältnis zu unseren Nachbarn, zu einer Einbuße des von uns mühsam angesammelten Vertrauenskapitals

(Lachen bei der CDU/CSU),

zu einer Stärkung aller Vertragsgegner in der DDR und in der Sowjetunion, zu einem Ende der Verhandlungen mit der DDR und schließlich zu einer Entmutigung aller auf die Verständigung hinarbeitenden Kräfte in Europa führen müßte.

Dr. Schröder hat gesagt, deutsche Außen- und Sicherheitspolitik würde durch die Verträge schwieriger. Das möge seine Meinung bleiben. Ich denke aber, jeder Unbefangene kann einsehen, daß deutsche Außen- und Sicherheitspolitik durch die Ablehnung der Verträge, wie ich eben gezeigt habe, unendlich schwieriger würde.

(Beifall bei den Regierungsparteien.)

Aber die Verträge werden ja nicht abgelehnt.

(Lebhafter Beifall bei den Regierungsparteien.)

Ich bin ganz sicher, daß die Regierungskoalition allein für den deutsch-sowjetischen Vertrag ausreicht. Wir brauchen Ihre Mahnung nicht, daß wir uns unsere Mehrheit selbst suchen müssen.

(Beifall bei den Regierungsparteien.)

Allerdings wäre ich betroffen – wenn ich das hinzufügen darf –, wenn die CDU/CSU verkennen sollte, daß der deutsch-polnische Vertrag, der kaum sicherheitspolitische, nicht nur außenpolitische Aspekte hat, vielmehr einer moralischen Notwendigkeit entspringt.

(Beifall bei den Regierungsparteien.)

Herr Kollege Schröder und die Opposition insgesamt haben die Hoffnung ins Feld geführt: Wenn man länger gewartet hätte, wären bessere Verträge möglich geworden. Niemand hat dargetan, wie das hätte gehen sollen. Dr. Schröder hat das Stichwort China genannt, es ist auch bei Herrn Strauß wieder vorgekommen, aber ein richtiger Kommentar war nicht zu vernehmen. Wenn man das von der Opposition in Ausführlichkeit hätte kommentieren sollen, Herr Dr. Barzel, dann hätte die in den letzten Tagen von der Opposition öffentlich ausgesprochene Hoffnung auf eine bedeutende Zunahme des sowjetisch-chinesischen Konflikts hier ausgesprochen werden müssen. Das haben Sie vorsichtigerweise vermieden. Herr Strauß hat sogar so getan, als ob das ...

(Abg. Kiep: Wo ist denn das ausgesprochen worden?)

... Ja, ja, Sie haben es eben nicht ausgesprochen! Sie haben sehr versteckt und doch sehr deutlich argumentiert.

(Beifall bei den Regierungsparteien. – Abg. Wehner: Sehr wahr!)

Ich möchte dazu drei Sätze sagen. Niemand kann von einem den Frieden bedrohenden Konflikt zwischen den beiden kommunistischen Weltmächten einen Vorteil erwarten. Im Gegenteil!

(Lebhafter, langanhaltender Beifall bei den Regierungsparteien. – Abg. Rawe: Genau das hat Strauß gesagt! – Weitere Zurufe von der CDU/CSU. – Abg. Rösing: Wer hat denn so etwas behauptet? – Abg. Dr. Stark [Nürtingen]: Unterstellungen!)

Im Gegenteil: Dieses Risiko für die ganze Welt wäre unabsehbar!

(Abg. Lemmrich: Das wissen wir doch allein!)

Zweiter Punkt: Wer der Sowjetunion sagt, er werde erst dann mit ihr verhandeln, wenn sie von dritter Seite unter stärkerem Druck stehe, verkennt die Wirkung solchen Verhaltens auf eine Weltmacht.

(Lebhafter Beifall bei den Regierungsparteien.)

Dritter Punkt: Wer meint, man müsse mit der Normalisierung in Richtung

Osten noch ein paar Jahre warten, noch ein bißchen warten, bis die Gelegenheit günstiger sei ...

(Abg. Lemmrich: Was ist denn eine Normalisierung? – Weitere Zurufe von der CDU/CSU: Wo haben Sie das her? – Das sind doch die Pappkameraden!)

... Lassen Sie mich den Satz zu Ende führen! Wer meint, man müsse noch ein paar Jahre warten — so habe ich Sie alle doch verstehen müssen ...

(Zurufe von der CDU/CSU. — Abg. Dr. Apel: Genauso war es! „Liegenlassen", würde Herr Barzel sagen! — Abg. Wehner: Faulen lassen!)

... Der Führer der Opposition hat gesagt, man solle die Verträge liegenlassen. Was bedeutet das denn anderes als Warten?

(Lebhafter Beifall bei den Regierungsparteien.)

Ich will Ihnen dazu drittens nur sagen: Je länger man wartete, desto tiefer würde für manche – für manche sogar um so selbstverständlicher – die Tatsache der Spaltung.

(Beifall bei den Regierungsparteien. – Abg. Wehner: Sehr wahr! – Abg. Dr. Wörner meldet sich zu einer Zwischenfrage.)

... Bitte nicht, Herr Wörner!

Nun muß ich doch noch einmal eine Fußnote machen zu der Bundesratsrede vom Herrn Ministerpräsidenten *Filbinger*. Herr Dr. Schröder hatte gerade rechtzeitig in seinem „Zeit"-Artikel vom 4. Februar den CDU-Ministerpräsidenten für die Bundesratssitzung am 9. Februar die vertretbaren Argumente der Opposition gegeben. Ministerpräsident Kohl ist bei der Wiedergabe ein bißchen weitergegangen als der Kollege Schröder. Aber Herr Ministerpräsident Filbinger hat Sie, Herr Kollege Schröder, offensichtlich nur teilweise verstanden.

(Heiterkeit bei den Regierungsparteien.)

Ich denke dabei gar nicht an Herrn Filbingers erstaunliche Formulierung, die Sowjetunion habe zu Lasten der NATO in letzter Zeit ihr Militärpotential erhöht, sondern ich denke an den in klarem Gegensatz zu Ihren Ausführungen von gestern abend, Herr Kollege Schröder – und im klaren Gegensatz auch, wie ich denke, zu Herrn Barzel – gesprochenen Satz – er steht im Protokoll des Bundesrats –: Die Alternative zur Ostpolitik der Bundesregierung bestehe nicht im Abwarten. Worin sie aber nun wirklich bestehen sollte, das hat naturgemäß der Ministerpräsident von Baden-Württemberg nicht zu sagen gewußt.

(Heiterkeit bei den Regierungsparteien.)

Aber auch die Opposition insgesamt hat in diesen beiden Tagen eine Alternative zur Sache vollständig vermissen lassen.

(Lebhafter Beifall bei den Regierungsparteien.)

Herr Kollege Strauß kann ja wohl seinen einseitigen Vertragsentwurf nicht ernstgemeint haben als Alternative.

(Beifall bei den Regierungsparteien.)

Er müßte uns denn sagen, wann und mit wem er diesen Vertrag aushandeln wollte.

Natürlich, Herr Strauß, sind die Verträge und das Berlin-Abkommen keine idealen Dokumente.

(Zuruf von der CDU/CSU: Das kann man wohl sagen!)

Sie sind ein Kompromiß. Man mag mit Recht an der einen oder anderen Stelle etwas mehr oder etwas anderes wünschen. Aber jedermann kann ganz sicher sein: In umgekehrter Weise empfindet Herr Honecker das mindestens ebenso.

(Beifall bei der SPD. – Abg. Lemmrich: Deswegen begrüßt er das ja auch immer so!)

Wir Deutsche müssen wissen: Wer den Frieden mit seinen Nachbarn will, der muß zum Kompromiß bereit sein.

(Lebhafter Beifall bei den Regierungsparteien.)

Eine letzte Bemerkung zu Ihnen, verehrter Kollege Schröder. Ich denke, es ist dankenswert, daß Sie gestern die Bindung der Bundesregierung an die Verfassungsmäßigkeit der von ihr ausgehandelten Verträge ausdrücklich betont haben, nachdem aus anderer Himmelsrichtung auch schon ganz andere Töne hörbar geworden waren.

Zum Abschluß möchte ich ein paar Worte über die vor uns liegende Zeit sagen. Niemand kann heute sagen, wie sich die Entspannungspolitik in allen ihren Einzelheiten demnächst weiterentwickelt. Entscheidend ist, daß wir Deutsche uns an den Voraussetzungen für eine realistische und mit Gelassenheit verfolgte Entspannungspolitik orientieren. Die erste Voraussetzung ist, daß unsere innere demokratische Ordnung in der Bundesrepublik festgefügt bleibt, damit wir als außenpolitischer Partner Gewicht behalten.

(Beifall bei den Regierungsparteien und Abgeordneten bei der CDU/CSU.)

Die zweite Voraussetzung ist, daß unsere Außenpolitik und unsere Sicherheitspolitik so wie bisher mit Washington, mit Paris, mit London, mit all unseren Verbündeten abgestimmt wird und abgestimmt bleibt.

(Beifall bei den Regierungsparteien.)

Die dritte Voraussetzung ist, daß die Allianz weiterhin gemeinsam die Sicherheit Europas, die Sicherheit der Bundesrepublik, die Sicherheit West-Berlins gewährleistet und daß das Kräftegleichgewicht in Europa aufrechterhalten bleibt. Das gelingt nur, wenn wir auf unserer Seite dazu wie bisher den notwendigen Beitrag leisten. Entspannung macht Verteidigung und Soldaten nicht überflüssig, sondern sie setzt sie voraus.

(Beifall bei den Regierungsparteien.)

In diesem Zusammenhang hat der Oppositionsführer bezweifelt, daß wir diese Notwendigkeit, von der ich eben sprach, überhaupt noch aussprächen. Herr Dr. Barzel, Sie haben unrecht. Ich brauche Sie z. B. nur auf das Weißbuch des Jahres 1971/72 „Zur Sicherheit der Bundesrepublik Deutschland und zur Entwicklung der Bundeswehr" hinzuweisen, in dem Sie – in zigtausendfacher Auflage – die folgenden Sätze finden:

„Es wäre töricht, Entspannung zu wollen und zugleich den militärischen Schutz der eigenen Existenz zu vernachlässigen. Darum ist das Gleichgewichtsprinzip auch künftig oberster Leitsatz der Sicherheitspolitik. Es bestimmt unsere Anstrengungen und die unserer Verbündeten, eine ausreichende eigene Stärke aufrechtzuerhalten, zumal die Sowjetunion und deren Verbündete ihren Militärapparat weiter vergrößern."

Ich will Ihnen das restliche Zitat ersparen. Sie haben wirklich unrecht, wenn Sie den Eindruck verbreiten, diese Bundesregierung wisse nicht, daß ihre Ostpolitik das Fundament der gemeinsamen Sicherheit im Westen braucht.

Was die nähere Zukunft angeht, so erscheint mir wichtig, daß Zusammenarbeit, daß mehr Zusammenarbeit in Europa nur möglich ist, wenn der

Zusammenhang zwischen der erwünschten Zusammenarbeit und der Sicherheit ebenso wie mit dem gegenseitigen Vertrauen klar gesehen wird. Das Projekt einer Konferenz über die Sicherheit und Zusammenarbeit in Europa wird eine wichtige Rolle spielen. Eine Konferenz über die Sicherheit und die Zusammenarbeit ist sinnvoll, wenn auf ihr wirklich über das verhandelt wird, was der Name dieser Konferenz aussagt und anspricht. Das notwendige Vertrauen kann nur dann zustande kommen, wenn zwischen Ost und West eine einvernehmliche Verständigung über die Lage in Europa erreicht und gemeinsame Prinzipien verabredet und vereinbart werden, auf denen die europäische Sicherheit beruhen soll. Deshalb wird sich eine solche Konferenz, die durch das Inkrafttreten der Verträge und durch das Inkrafttreten des Viermächteabkommens möglich wird, auch mit den politischen Grundprinzipien von Truppenverminderungen beschäftigen müssen. Erst eine solche Verständigung wird es möglich machen, allgemeine politische Regeln für die Zusammenarbeit zwischen West- und Osteuropa zu entwickeln.

Meine Damen und Herren, ich fasse zusammen. Im Kern unserer Friedens- und damit unserer Sicherheitspolitik stehen das Streben nach Gleichgewicht und das Streben nach Beseitigung von Konflikt- und Krisenherden.

(Beifall bei den Regierungsparteien.)

Ich sage Ihnen, der deutsch-sowjetische Vertrag und auch der deutsch-polnische Vertrag verändern in keiner Weise die politische, die rechtliche, die militärische oder gar die wirtschaftspolitische Grundlage unserer Sicherheit. Aber diese Verträge beseitigen Unsicherheit und Verdächte, sie verringern die Gefahr von Krisen.

(Lebhafter Beifall bei den Regierungsparteien. — Unruhe bei der CDU/CSU. – Wortmeldung des Abg. Dr. Barzel.)

*Vizepräsident Frau Funcke:* Herr Bundesminister, gestatten Sie eine Zwischenfrage des Herrn Abgeordneten Barzel?

*Schmidt,* Bundesminister der Verteidigung: Nein; danke, nein. – Das Viermächteabkommen über Berlin wird aus dem bisherigen Krisenherd Berlin einen sicheren Ort machen.

(Lebhafter Beifall bei der SPD. – Zurufe von der CDU/CSU.)

Ich bitte Sie, sich in den Vereinigten Staaten von Amerika und in Washington davon zu überzeugen, was für eine Erleichterung das auch für unsere Bündnispartner ist.

(Beifall bei den Regierungsparteien.)

Unsere Vertragspolitik ist organischer Bestandteil der sicherheitspolitischen Konzeption des gesamten westlichen Bündnisses. Die Verträge dienen unserer Sicherheit und der Sicherheit unserer Nachbarn; sie entspringen unserem festen Willen zu guter Nachbarschaft und zum Frieden. Ohne beide Verträge, ohne das Viermächteabkommen über Berlin, das als ihre erste und existentiell wichtige Frucht zur Debatte dazugehört, ohne dieses Vertragswerk werden die Interessen der Deutschen schweren Schaden nehmen. Mit diesen Verträgen – dieser Überzeugung ist mit uns die große Mehrheit unseres Volkes – dienen wir dem Frieden.

(Lebhafter, langanhaltender Beifall bei den Regierungsparteien. – Abg. Dr. Apel: Bravo! Bravo! – Wortmeldung des Abg. Dr. Barzel.)

# Die Atlantische Allianz und die Herausforderung der Zukunft

*Rede vor dem Newberry College in South Carolina (USA) am 11. Januar 1973*

(Rückübersetzung aus dem Englischen)*)

Herr Gouverneur West, Herr Präsident Irvin, meine sehr verehrten Damen und Herren!

Es ist eine große Ehre für mich, heute von Ihnen die Auszeichnung eines Doktors der Rechte ehrenhalber entgegenzunehmen. Newberry College, vor eineinhalb Jahrhunderten von German Lutherans gegründet, ist ein Symbol für die guten Aspekte der deutsch-amerikanischen Beziehungen. Es wäre nun reizvoll, diese Beziehungen historisch zu würdigen. Ich will jedoch darauf zugunsten einer Betrachtung verzichten, die in Gegenwart und Zukunft für unsere beiden Nationen über den bilateralen Rahmen hinaus von großer Bedeutung ist. Das Thema, zu dem ich sprechen möchte, lautet „Die Atlantische Allianz und die Herausforderung der Zukunft".

In einer Zeit, da sich die Wissenschaft immer stärker auf Spezialgebiete konzentriert, mag es einem Politiker anstehen, sein Thema weit zu spannen.

## *I.*

Vor zwei Jahren baten mich junge evangelische Christen meiner Heimatstadt Hamburg, ihnen bei der Gestaltung ihres Gottesdienstes zu helfen. Sie wollten von der traditionellen Form des Gottesdienstes abweichen und Interpretationen verlesen, die in meinem Land verantwortliche Politiker dem Begriff „Frieden" geben. Ich habe diesen jungen Christen dies geschrieben:

„Das vornehmste Ziel aller Politik bleibt, Frieden zu erreichen. Friedenspolitik kann aber nur erfolgreich sein, wenn sie den echten Frieden zwischen den Völkern zu verwirklichen sucht. Das heißt: Gerechtigkeit und Wohlfahrt im Innern sowie Vertrauen und gegenseitiges Mitverantwortungsgefühl zwischen den Völkern. Frieden muß also mehr sein als nur die Abwesenheit von Krieg. Aber diesen, heute bestehenden Frieden – bedingt durch das delikate Gleichgewicht der Mächte – gilt es zunächst zu bewahren. Nur so ist eine Grundlage gegeben für das Streben nach dem Idealzustand ‚wahrer Frieden'."

Den Frieden zu wollen ist eine Sache – den Frieden zu erlangen eine an-

* *Dies ist der volle Wortlaut der Rede. Bei der Veröffentlichung im „Bulletin" des Presse- und Informationsamts der Bundesregierung am 15. Januar 1973 fehlten einige Passagen.*

dere. Wenn wir die bewaffneten Konflikte seit Ende des ersten Weltkrieges numerisch erfassen und dabei innere Unruhen außer acht lassen, also nur jene Auseinandersetzungen zählen, bei denen reguläre Streitkräfte eingesetzt und Waffen zum Töten benutzt wurden, dann kommen wir auf eine Zahl von mehr als 110. Niemals in der Geschichte ist der Frieden als Dauerzustand Realität gewesen, andererseits aber ist die Geschichte niemals ohne den Friedensgedanken als Ordnungsprinzip geblieben. Dabei haben die Sehnsucht nach Frieden und die Gedanken zur Verwirklichung des Friedens stets in einem Spannungsverhältnis gestanden.

Frieden nämlich, der mehr ist als Abwesenheit von Krieg, würde ein allgemein geltendes Recht für die ganze Menschheit voraussetzen – und auch die Möglichkeit von Sanktionen im Falle der Verletzung dieses Rechts; er würde eine einheitliche Gesamtherrschaft in der Form des einen Weltstaates erfordern, der dieses Recht für alle Menschen garantierte. Gedanken und Pläne zur Verwirklichung eines solchen Friedens müssen jedoch von den Gegebenheiten der unvollkommenen Staatenstruktur ausgehen; das heißt, sie setzen eben das voraus, was gerade die ernsthafteste Gefährdung des Friedens bildet.

Auf diese Paradoxie hat der deutsche Philosoph Immanuel Kant in seiner Friedensschrift von 1795 hingewiesen: „Die Idee des Völkerrechts", schrieb er, „setzt die Absonderung vieler voneinander unabhängiger benachbarter Staaten voraus, und, obgleich ein solcher Zustand an sich schon ein Zustand des Krieges ist, ... so ist doch selbst dieser, nach der Vernunftidee, besser als die Zusammenschmelzung derselben durch eine die andere überwachsende, und in eine Universalmonarchie übergehende Macht".

Heute, beinahe zweihundert Jahre später, bleibt es wichtig, sich dieser Spannung bewußt zu sein. Auf den Blick für das Mögliche und die Kraft, es zu tun, kommt es an. Für die Welt des Jahres 1973 heißt das konkret: Frieden zu bewahren, Kriege zu beenden und latente Konflikte zu befrieden. Und um diese Ziele zu erreichen, bleibt ein Grundsatz von überragender Bedeutung: Jedermann sollte sich stets in die Schuhe seiner Partner und auch in die seiner Gegner versetzen. Es ist immer schwierig, die Probleme und Schwierigkeiten des eigenen Landes zu verstehen und für sie Lösungen zu finden. Noch schwieriger ist es, die Probleme der Nachbarn und Gegner zu verstehen, und doch ist es von überragender Bedeutung, gerade dies zu können. Es bleibt uns auch keine andere Wahl, weil wir alle in derselben Welt zu leben haben.

## *II.*

Der Zusammenhang des bisher Gesagten mit der Atlantischen Allianz ist offenkundig. Geboren aus den Lehren des zweiten Weltkrieges und gegründet auf dem festen Willen, neues Unheil wenigstens für den atlantischen Teil der Erde zu verhindern, kann das westliche Bündnis eine stolze Bilanz aufweisen: Das Territorium der Bündnispartner ist von einer kriegerischen Auseinandersetzung verschont geblieben und die übrige Welt von den Folgen, die eine solche Auseinandersetzung für sie gehabt hätte. In der Festsitzung des Nordatlantikrats in Washington am 10. April 1969, anläß-

lich des zwanzigjährigen Bestehens des Nordatlantikpakts, hat Präsident Nixon diese Bilanz sehr zu recht „als einen der großen Erfolge der Nachkriegswelt“ bezeichnet.
Dieser Erfolg war nur möglich, weil die Mitglieder des westlichen Bündnisses politisch und militärisch bereit waren, die Gesetze des friedensbewahrenden Gleichgewichts anzuerkennen und die daraus resultierenden Verpflichtungen zu übernehmen. Der Erfolg kann nur gesichert und erhalten werden, wenn die Partner in der Allianz sich auch künftig so verhalten wie bisher.
Die größte Herausforderung an die Atlantische Allianz ist: die Gefahren der Spannung und des Konflikts zu bannen und gleichwohl die Möglichkeiten zwischen West und Ost zur friedfertigen Zusammenarbeit zu nutzen. Diese Herausforderung können wir nur bestehen, wenn wir gemeinsam die Probleme des Friedens auf der soliden Grundlage der Sicherheit anpacken, heute und morgen.
Von dieser Aufgabe will ich als deutscher Europäer sprechen, der unsere Ostpolitik voll und ganz befürwortet und der ein überzeugter Verfechter des atlantischen Bündnisses zwischen Europa und Amerika ist, und ich will hinzufügen dürfen, daß sich meine Einstellung zu dieser Grundposition nicht gewandelt hat, in welcher Eigenschaft ich auch immer meinem Lande in den vergangenen zwanzig Jahren diente. In all dieser Zeit hat mich besonders gestärkt, daß ich mich stets mit vielen Freunden und politischen Führern in der westlichen Welt, zumal auch in den Vereinigten Staaten, einig wußte und weiß.

## *III.*

Wenn man die heutige Lage analysiert, dann mag es banal sein festzustellen, daß die Weltpolitik in Fluß geraten ist. Tatsächlich zeichnet sich ein Wandel in den internationalen Beziehungen ab, vor allem im Ost-West-Verhältnis. Das wird besonders deutlich durch die deutsche Ostpolitik, die nicht etwa ein isoliertes Abenteuer ist, sondern Teil einer großen Strategie der westlichen Gemeinschaft, nämlich der Strategie, gemeinsam eine Entspannungspolitik gegenüber der Sowjetunion und der Volksrepublik China auf der Grundlage gemeinsam zu bewahrender Sicherheit zu verfolgen. Auch Präsident Nixons Besuche in Peking und Moskau und die amerikanisch-sowjetischen Verhandlungen über die Begrenzung der nuklear-strategischen Waffensysteme (SALT) müssen in diesem Zusammenhang gesehen werden.
Kern dieses Wandels ist nicht ein revolutionärer Umbruch der bisherigen politischen Entwicklung. Vielmehr erleben wir Bemühungen, sich über das zu verständigen, was negoziabel ist. Mit anderen Worten: Wir erleben einen Prozeß, in dem die Beteiligten versuchen, gemeinsam eine Basis für ein friedliches Nebeneinander zu finden. Eine neue europäische Friedensordnung könnte eines Tages das Ergebnis auf dem alten Kontinent sein, vielleicht gar eine neue Friedensordnung für die Welt.
In der sich wandelnden Welt und unter dem Aspekt der nach wie vor gültigen strategischen Regeln der Epoche des nuklearen Gleichgewichts der

beiden Weltmächte müssen sowohl das deutsche Problem als auch das europäische Problem gesehen werden. Aber es geht ja nicht nur um Deutschland und um Europa: Für die ganze Welt künden sich neue Strukturen an. Schon wird die Bipolarität, an die wir uns gewöhnt hatten, von multipolaren Tendenzen überlagert. Neue Kraftzentren entstehen: Japan, die Volksrepublik China und die Europäische Wirtschaftsgemeinschaft.

In zwanzig Jahren mögen vielleicht noch mehr neue Kraftzentren entstanden sein. Sollten sich diese Tendenzen in Richtung auf eine weltweite Multipolarität durchsetzen, so werden wir alle gezwungen sein, unsere eigene Rolle rechtzeitig zu überdenken. Das gilt für die USA wie für Westeuropa, und das gilt auch ganz sicher für unser Verhältnis zueinander.

An dieser Stelle möchte ich gern einen Exkurs über den Krieg in Südostasien machen. Dieser Krieg ist nie eine Angelegenheit der Atlantischen Allianz gewesen, sondern er hatte seinen Ursprung in einem anderen Bündnis der Vereinigten Staaten. Die NATO-Partner der USA sind weder ernsthaft konsultiert worden noch haben sie freiwillig Rat erteilt. Dennoch ist dieser Krieg auch für die europäischen Partner der USA eine politische und moralische Sache geworden. Er stört und beunruhigt nicht nur die amerikanische Nation, sondern viele Völker und auch alle Europäer. Ich möchte nicht den Eindruck erwecken, als ob ich mich in irgendeiner Weise einmischen wollte und will deshalb mein persönliches Urteil auf einen einzigen Satz beschränken: Dieser Krieg *muß* beendet werden, weil sonst die Gefahr der Entfremdung Wirklichkeit werden und nachhaltigen Einfluß auf die europäisch-amerikanischen Beziehungen haben könnte.

## *IV.*

Das Jahr 2000 ist nicht mehr fern, und viele unserer Projektionen und Anstrengungen sind schon auf dieses Datum ausgerichtet. Die Wandlungen in unserer Zeit betreffen sowohl die internationalen Beziehungen als auch weitreichende Strukturprobleme im Innern der Staaten. Für uns alle kommt es darauf an, wirtschaftliche und politische Instabilitäten nach Möglichkeit zu vermeiden. Statt dessen muß es unsere Aufgabe sein, für Mäßigung zu sorgen, für Prosperität, für die Verhinderung von Kriegen, kurz: für friedlichen Wandel. Wir können die Aufgaben der Zukunft nur bewältigen, wenn wir nicht mit ideologischer Verblendung die Realitäten verkennen.

Da hat sich in den letzten 25 Jahren einiges geändert. Konnten wir es uns mehr als zwei Jahrzehnte lang leisten, die Probleme unserer Sicherheit, der Diplomatie, der Finanzen, der Währungen, des Handels und der Politik getrennt voneinander zu betrachten, so wissen wir heute, wie sehr es auf Integration und Interdependenz ankommt. Ich sage dies besonders in bezug auf das Verhältnis Westeuropa – USA. Sicher gibt es vielerlei verschiedene Interessen auf beiden Seiten des Atlantiks, aber sie sollten Gegenstand des Dialogs, Gegenstand von Verhandlungen sein. Nichts wäre gefährlicher angesichts der nicht zu leugnenden gemeinsamen Interessen als eine Belastung des westeuropäisch-amerikanischen Verhältnisses durch emotionale Handlungsweise oder durch einen Mangel an gegenseitiger Information.

Lassen Sie mich hier eine Fußnote hinzufügen: Drei Jahre lang war ich Verteidigungsminister meines Landes, und was ich in dieser Zeit am meisten schätzen gelernt habe, waren die sehr enge Konsultation und Zusammenarbeit und der beinahe tägliche Kontakt mit meinen Kollegen im Bündnis. In allen Angelegenheiten der NATO hatte diese Art von Zusammenarbeit einen enormen Informationsfluß zwischen Westeuropa und den USA zur Folge.

Verglichen mit der gemeinsamen Sicherheitspolitik, ist das Ausmaß an Konsultationen bei der Wirtschafts- und Währungspolitik eher zufällig. Wir werden daher in den kommenden Jahren Institutionen zu entwickeln haben, um den Prozeß der Konsultation und Information zu verbessern.

Wir sollten nichts unterlassen, was die Gemeinsamkeiten fördern könnte. Da hat es manche interessante Entwicklungen gegeben, um nicht nur die Kommunikation zwischen den Regierungen zu verbessern, sondern auch jene zwischen den Parlamentariern und zwischen privaten Gruppen, damit wir auch stets der öffentlichen Unterstützung in unseren Ländern sicher sein können.

So hat Präsident Pompidou im Dezember in einem Interview eine atlantische Gipfelkonferenz angeregt, von der Impulse für die gemeinsamen Ziele und unsere künftigen Beziehungen ausgehen könnten. Konsultationen auf höchster politischer Ebene könnten in der Tat, wenn sie sorgfältig vorbereitet sind, neue Zwistigkeiten aus dem Weg räumen, wo wir vor wirtschaftlichen, währungspolitischen und sicherheitspolitischen Verhandlungen stehen. Vieles spricht dafür, daß gerade in den kommenden Jahren die vertrauensvolle und von der Bürokratie nicht verzerrte Kommunikation zwischen den führenden Staatsmännern des Westens entscheidende Bedeutung haben wird. Von Nutzen könnte auch eine Art amerikanisch-europäische „royal commission" sein, aus bedeutenden, erfahrenen und sachkundigen Bürgern bestehend, die sich von Zeit zu Zeit treffen, um die künftigen Schwerpunkte unserer gemeinsamen Politik zu analysieren.

In drei Jahren wird das amerikanische Volk das 200jährige Bestehen der Vereinigten Staaten feiern. Das wird ein Anlaß sein, sich der „founding fathers" und ihrer politischen Intentionen und Ambitionen zu erinnern. Damals, zu den Zeiten von George Washington und Thomas Jefferson, galten andere Maßstäbe für das Verhältnis Amerikas zu Europa.

Die Devise „no entangling alliances" ist schon längst von der historischen Entwicklung überholt. Für Europäer wie für Amerikaner gibt es keinen Weg zurück zu Washington und Jefferson. Europa und Amerika haben keine Möglichkeit, ihre gegenseitigen Verflechtungen und Verantwortlichkeiten aufzugeben.

Gegenseitige Verantwortung bedeutet auch, daß Schocktherapien, welcher Art auch immer, nicht im beiderseitigen Interesse sein können. Kleinere Handelsstreitigkeiten werden auf der Tagesordnung bleiben, diverse Interessen des Handels und der Währungen wohlverstanden und berechtigt sein; aber es kann nicht angehen, daß wir uns in endlose Streitigkeiten über Sojabohnen, Kartoffeln und Arkansas Chicken verlieren und darüber schließlich die Atlantische Allianz unterminieren.

Europa und Amerika werden gemeinsam nach neuen Wegen suchen müssen, wenn auch in der praktischen Politik die Interdependenz unserer politischen, militärischen, wirtschaftlichen und monetären Bemühungen zum Zuge kommen soll. Nach den französischen Wahlen im kommenden März, und nachdem erst kürzlich der amerikanische Präsident und der deutsche Bundeskanzler wiedergewählt worden sind, ist nun die Zeit reif für eine gründliche gemeinsame Analyse und für gemeinsame Entscheidungen. Das mag für manchen schmerzlich sein, weil es wohl auch darum gehen wird, daß wir uns von mancherlei Vorurteilen frei machen – etwa von dem Vorurteil, die Amerikaner würden hinter dem Rücken ihrer europäischen Verbündeten handeln wollen, wenn sie mit der kommunistischen Weltmacht verhandelten, oder auch von dem Vorurteil, die EWG sei darauf ausgerichtet, die wirtschaftliche Prosperität der USA in Gefahr zu bringen.

## V.

Die Bilanz seit 1949 erlaubt es den Partnern der Atlantischen Allianz nicht, auf den Lorbeeren einer erfolgreichen zwanzigjährigen Friedenssicherung auszuruhen. In der Vergangenheit galt es, den Krieg zu verhindern. Das wird unser bedeutendstes Ziel bleiben. Es hat ein Gleichgewicht der Kräfte zur Voraussetzung, wie es zwischen unserem Bündnis und der kommunistischen Weltmacht besteht. Auf der Grundlage dieses Gleichgewichts sind Schritte in Richtung auf Entspannung unternommen worden: Dazu gehören Präsident Nixons Besuche in Peking und Moskau, die SALT-Verhandlungen, die deutsche Ostpolitik, die vorgesehene Konferenz über Sicherheit und Zusammenarbeit in Europa (KSZE) und schließlich auch die Verhandlungen über beiderseitige und ausgewogene Truppenverminderungen (MBFR). Wir sind jetzt gemeinsam aufgerufen, den Frieden zu gewinnen in einer Welt, die in Bewegung geraten ist – eine Aufgabe, die sicher schwieriger, aber zugleich auch lohnender ist.
Vor welchen Herausforderungen stehen wir dabei?

1. Der wirtschaftlichen Einigung Westeuropas muß – und wird – die politische Einigung folgen. Der Weg wird lang sein, Rückschläge sind nicht auszuschließen.
2. Die Einigung Westeuropas kann und darf niemals gegen Amerika zustande kommen; Europa und die atlantische Partnerschaft müßten daran zerbrechen. Es bleibt ein Problem Washingtons, während des Prozesses der westeuropäischen Einigung Hauptgarant der Sicherheit Westeuropas und deswegen die Führungsmacht des Bündnisses zu sein, zugleich aber die Entwicklung in Westeuropa nicht zu behindern, weil anders eine Einigung Westeuropas nicht zustande kommen kann. Für die USA wird natürlich die Schwierigkeit bleiben, als Führungsmacht handeln zu müssen, es aber nicht zu sehr zu zeigen.
3. Die Europäische Gemeinschaft und die Vereinigten Staaten müssen eine feste organisatorische Verbindung in ihren wirtschaftlichen Beziehungen herstellen. Wir werden zusätzliche Mittel und Wege der Kommunikation *und* der Konsultation *und* der Zusammenarbeit entwickeln müssen, und zwar auf verschiedenen Ebenen unserer Regierungen.

4. Westeuropa muß seine Verantwortung in der Weltpolitik übernehmen. Aber diese weltpolitische Verantwortung kann nur dann sinnvoll für die Zukunft der Atlantischen Allianz und die Ost-West-Beziehungen erfüllt werden, wenn Geist und Ziele der amerikanischen und westeuropäischen Politik eng aufeinander abgestimmt sind. Die gemeinsame Sicherheitspolitik hat gezeigt, wie eng die Partner der Atlantischen Allianz in schwierigen, oft kontroversen Fragen zusammenzuarbeiten vermögen. Das Maß der dabei entwickelten Zusammenarbeit muß nun auf weitere Gebiete übertragen, das dazu notwendige Instrumentarium muß bereitgestellt werden. Währungsordnung, unsere Handelsbeziehungen und die Verantwortung gegenüber der Dritten Welt gehören zu den wichtigsten Themen.
5. Die künftige Herausforderung der Atlantischen Allianz fordert von ihr mehr als bisher den Blick über die Grenzen des NATO-Bereiches hinaus. So müssen zum Beispiel Wege und Mittel gefunden werden, um eine enge Zusammenarbeit und Gemeinsamkeit überall dort zu entwikkeln, wo japanische, westeuropäische und amerikanische Interessen gleichermaßen berührt sind. Zusammenhalt nach innen und gemeinsame Verantwortung nach außen sind Voraussetzung für Erfolge in der Zukunft.

Ich habe versucht, Ihnen ein Bild von der Atlantischen Allianz zu zeichnen und von den Herausforderungen, denen wir uns stellen müssen.

Lassen Sie mich zum Schluß wiederholen: Unser Ziel ist Frieden. Aber Frieden, der mehr ist als nur die Abwesenheit von Krieg. Diesem Ziel ist unsere Arbeit verpflichtet – diesseits und jenseits des Atlantiks.

# Max Brauer zum Gedenken*

Liebe Erna Brauer
meine Damen und Herren und – ich muß euch bitten, mir auch diese Anrede zu erlauben, die für Max Brauer und uns sein ganzes Leben lang gegolten hat – liebe Genossinnen und Genossen!

Vor einem halben Jahr haben Peter Schulz und ich als Gratulanten zu Max Brauers 85. Geburtstag uns in seinem neuen Hause in Othmarschen getroffen. Wir haben damals schon gesehen, daß es mit Max zu Ende gehen würde. Diese Erkenntnis hat uns ans Herz gegriffen; wir haben an den Tag des Abschieds denken müssen, von dem wir wußten, daß er bald kommen würde. Ich bin an diesem Tag des Abschieds dankbar, daß ich heute für Hunderttausende und Millionen Mitglieder und Anhänger der Sozialdemokratie das Wort des Abschieds und des Dankes sagen darf. Aber ich bitte Sie, mir zu erlauben, dies in einer persönlichen Weise zu tun. Denn Max Brauer hat für mich zugleich eine große politische und eine große persönliche Bedeutung gehabt, wenn auch wir — bei dreißig Jahren Altersunterschied — einander nicht persönlich nahe gewesen sind. Von dem Hamburger Dichter Wolfgang Borchert stammt die Zeile aus der allerersten Nachkriegszeit: „Hamburg, das ist unser Wille zu sein.“ Mit dem gleichen Recht hätte man damals sagen können: „Hamburgs Wille zu sein, das ist Max Brauer.“ Und von diesem Abschnitt seines Lebens, von dem, was er in den ersten Jahren nach dem Kriege bewirkt und bedeutet hat, möchte ich sprechen.

Davor lagen zwei andere, weiß Gott sehr bedeutsame Perioden seines Lebens und seiner Wirksamkeit. Aber ich bin zu jung, um Max Brauers politische Leistung bis 1933 in Altona und Preußen anders als aus geschichtlichem Quellenstudium rühmen zu können. Das Scheitern der ersten deutschen Demokratie hat seine demokratischen und sozialistischen Überzeugungen, seinen Willen zur Verwirklichung nicht zerstören können. Er blieb auch im zweiten Abschnitt seines politischen Lebens ein Mann der Zuversicht und der Gesinnungstreue, der anderen Kraft gab und der in der *neuen* Heimat seine ganze Person einsetzte für das Wohl der Menschen in der *alten* Heimat. Herbert Weichmann hat häufig davon erzählt; in diesen Tagen hat er über jenen Lebensabschnitt gesagt: „Max Brauer erreichte mit seinem Willen, die Notwendigkeit eigener Existenzsicherung in der

* *Rede im Hamburger Rathaus am 8. Februar 1973 zum Tode des früheren Hamburger Bürgermeisters Max Brauer.*

neuen Heimat zu verknüpfen mit seinem vital ungeschwächten Sendungsbewußtsein"; d. h.: mit dem Bewußtsein und seiner Verkündung, daß allein die sittlich-politischen Grundüberzeugungen der sozialdemokratischen Arbeiterbewegung die Würde des Menschen in Deutschland wieder herstellen konnten.

Als wir jungen Hamburger Sozialdemokraten 1946 Max Brauer zum erstenmal erlebten, da war es dieses Sendungsbewußtsein, das uns alle mitriß. Wenn ich von meinem eigenen Erlebnis sprechen darf: Meine Generation, die noch als Schuljungen den Zusammenbruch der Weimarer Demokratie erlebt hatte, oder – wie Hitler zu reden pflegte: die Beseitigung „des Systems", die als blutjunge Männer auf die Schlachtfelder des Weltkrieges geführt worden sind, die dort schließlich die Verführung erlitten und dann auch begriffen hatten, diese Generation war nach dem Ende des Krieges nicht gerade begierig auf neue Führer. Aber gerade dies ist Max Brauer damals gewesen – ein Führender von mitreißender Zielstrebigkeit und von ganz ungewöhnlicher persönlicher Ausstrahlung.

Viele hier im Saal werden gleich mir sich an jenen Tag in Planten un Blomen erinnern, einer Kundgebung von vielen zigtausenden Menschen unter freiem Himmel; Erich Ollenhauer sprach und der französische Sozialist Salomon Grumbach *und* Max Brauer. Er gab uns Hoffnung, er weckte in vielen neues Selbstbewußtsein und Selbstvertrauen und gab uns Vertrauen in die Zukunft. Es war sein eigenes Selbstvertrauen, das uns mitriß. Viele haben damals gerufen: „Max Brauer, hierbleiben!"

Ich weiß nicht, wer alles daran mitgewirkt hat, daß Max Brauer dann die amerikanische Staatsbürgerschaft aufgab und tatsächlich in Hamburg blieb. Wenn man an jenes Jahr 1946 zurückdenkt, dann tauchen in der Erinnerung Namen auf wie Paul Bugdahn, Henry Everling, Hein Steinfeldt, Adolph Schönfelder, August Kirch und Gustav Oelsner, Jacki Meitmann und Erich Klabunde – und die Namen vieler anderer, die ebenfalls längst nicht mehr unter uns sind. Wahrscheinlich war aber Max Brauers eigener Entschluß entscheidend.

Angeblich soll August Kirch einmal über Max Brauer erzählt haben, wörtlich:

„Ich sehe den jungen Dachs Brauer noch vor mir, der damals, 1905, im Parteibüro der SPD vorsprach, um seine Mitarbeit für die sozialdemokratische Bewegung anzubieten. Zu unserer maßlosen Verblüffung wollte er gleich in den Vorstand. Zwei Jahre später hatte er es tatsächlich erreicht."

Ich weiß nicht, ob August Kirchs Anekdote stimmt, denn aus anderen Quellen erfährt man, daß Brauer erst 1911 im Vorstand des sozialdemokratischen Ortsverein Ottensen gewesen sei. Gleichviel: August Kirchs Geschichte beleuchtet den gleichen vorwärtsdrängenden Brauer, der vierzig Jahre später diese Stadt Hamburg aus ihrer Agonie herausgerissen hat. Und das hat er ja wirklich getan – kein Wort des Lobes und des Dankes für diese Leistung könnte zuviel sein.

Die geschichtliche Wahrheit ist allerdings noch ein wenig komplizierter. Denn viele Sozialdemokraten haben mit Max Brauer auch ihre Schwierigkeiten oder ihren Kummer gehabt. Denn einerseits war er ein die Sozialdemokraten seiner Generation ganz besonders typisch kennzeichnender Mann! Arbeiter zunächst, sodann Autodidakt und zugleich Funktionär seiner Partei und schließlich gewählter und immer wieder gewählter politischer Führer, dem insbesondere die Arbeiter und die kleinen Leute vertrauten. Von dem großen August Bebel bis hin zu den sozialdemokratischen Köpfen in unserer Stadt, bis hin etwa zu Adolph Schönfelder, ist ja die Sozialdemokratische Partei in Deutschland gerade dieser Männer wegen, deren Typus Max Brauer verkörperte, so geschichtsmäßig geworden. Und wie waren wir jungen Leute damals innerlich stolz, daß wir zu diesem Manne du sagen durften und daß wir ihn einfach mit Max anreden durften.

Aber andererseits war der Erste Bürgermeister der Freien und Hansestadt Hamburg durchaus nicht einfach ein Parteimann. Das Büro des Hamburger Parteivorstandes lag damals in einem gräßlich herabgekommenen Hause in der Großen Theaterstraße zwischen dem Neuen Jungfernstieg und den Colonaden, auf das die Hamburger SPD früher einmal stolz gewesen war und in dem immer noch die Vorstandssitzungen stattfanden. Max Brauer ist dort gewiß nicht häufiger gewesen, als für ihn unbedingt notwendig war. Wenn in unserer Partei damals die Rede vom Vorstand war, dann sprach man von der Theaterstraße, etwa: „Die Theaterstraße hat das und das beschlossen" – wenn aber vom eigentlichen Zentrum der Willensbildung gesprochen wurde, dann sagte man „das Rathaus" oder man sagte einfach „Max Brauer".

Max war tatsächlich ein dominierender Mann. Georg Heise, der frühere Direktor der Hamburger Kunsthalle, hat 1957 aus Anlaß von Max Brauers 75. Geburtstag berichtet, Carl Burckhardt habe ihm einmal gesagt, es sei ihm selten vorgekommen, daß man, wie Max Brauer, den führenden Staatsmann auf den ersten Blick als solchen erkenne. Ich glaube, daß dies für Max Brauer wirklich gegolten hat. Aber ein führender Staatsmann eben in einer durch und durch demokratischen Partei – und aus dieser natürlichen Spannung, die sich im großen und im kleinen so häufig und zwangsläufig wiederholt, aus diesem natürlichen Spannungsverhältnis hat sich für Max Brauer, aber ebenso für seine Genossen, häufig genug auch Ärger und Verstimmung ergeben. Max war nämlich nicht nur stets zielstrebig, er war auch fast immer überzeugt, den richtigen Weg selbst zu wissen. Und er konnte in der Verfolgung seines Weges sehr hartnäckig und sehr kantig sein und sein Weitblick verband sich gelegentlich auch mit Vorurteilen.

Ich habe ihn häufig als jungen Delegierten erlebt und mehrere Jahre lang auch als Leiter eines Amtes, dem ich 1952 und 1953 gemeinsam mit dem damaligen Baudirektor Otto Sill Pläne über den Ausbau der U-Bahn, einen Verbund aller öffentlichen Nahverkehrsmittel und über den Bau von Stadtautobahnen vorzutragen hatte. Das Ergebnis war entmutigend – gewiß weiß heute noch Paul Nevermann ein Lied davon zu singen, der damals Bausenator war. Und wir erinnern uns auch an einen Landesparteitag einige Jahre vorher, wo eine Mehrheit der Hamburger Sozialdemokraten wegen personalpolitischer Meinungsverschiedenheiten mit Max Brauer im heftigen Streit lag. Hier ist mancher im Saal, der auch ernstere Meinungsverschiedenheiten mit Max Brauer gehabt hat. Es wäre ganz unredlich und es würde das Bild dieses Mannes allzu flach werden lassen, wenn wir uns an all dies nicht auch erinnern wollten.

Häufig genug haben wir uns über ihn geärgert – trotzdem haben wir ihm dann jedesmal wieder unsere Stimme gegeben, weil wir ihn insgesamt eben doch hoch über alle anderen schätzten, und weil wir ihn einfach nicht entbehren konnten. Aus dieser Wertschätzung heraus kam es, nach den vier Jahren Unterbrechung durch den sogenannten Block-Senat unter Kurt Sievekings Führung, 1957 zur Wiederwahl zum Ersten Bürgermeister, obgleich Max damals schon das 70. Lebensjahr vollendet hatte.

Mit Max Brauers Eigenwilligkeit hat insbesondere auch Kurt Schumacher sich auseinandersetzen müssen. Max war 1950 *für* den Europarat, er war *für* die Ruhrbehörde gewesen, er war *für* den Schumann-Plan. Als im Mai 1950 die Sozialdemokratische Partei Deutschlands ihren Parteitag im Theatersaal des Hamburger Gewerkschaftshauses hatte, standen in diesen Fragen Paul Löbe, Max Brauer und Willy Brandt auf einem anderen Standpunkt als der Parteivorsitzende. Für die Berliner ergab sich dies allein schon aus der Lage ihrer Stadt; für Max Brauer war es die konsequente Fortsetzung dessen, was er über ein Jahrzehnt in den Vereinigten Staaten von Amerika öffentlich vertreten hatte. Schon im Februar 1942 hatte er dort – unter erheblicher öffentlicher Kritik – nicht nur verlangt, daß Deutschland nach seiner Befreiung nicht verstümmelt werden dürfe, sondern er sah – nach der Wiedergeburt der deutschen Demokratie, von der er in unerschütterlicher Überzeugung ausging – schon damals ein sich einigendes Europa als weltpolitische Notwendigkeit. Max Brauer hatte die Niederlegung der Zollgrenzen schon anderthalb Jahrzehnte vor den Römischen Verträgen gefordert. Er hatte immer an die Notwendigkeit eines vereinten Europas geglaubt und an die Möglichkeit der schrittweisen Erreichung dieses Zieles. Deshalb trat er 1950 für das ein, was ihm als der erste Schritt zu diesem Ziel erschien. Wilhelm Kaisen hat damals nicht gesprochen, Ernst Reuter war nicht anwesend; beide waren im Grunde gewiß mit Max Brauer einig. Kurt Schumacher hat sich damals durchgesetzt – auch er hatte gute Gründe für sich: vornehmlich ging es ihm um die Gleichberechtigung der Deutschen und um die Vermeidung eines negativen Präjudiz für die Lösung der Saarfrage.

Alles dies liegt weit hinter uns – gleichwohl kann auch heute niemand entscheiden, wer damals recht gehabt hat – auch würde ich nicht einfach behaupten wollen, der seitherige Verlauf der Geschichte habe Max Brauer recht geben.

Wenn ich trotzdem an diese Auseinandersetzung erinnere, in der ich selbst ein Parteigänger von Max Brauers Überzeugung gewesen bin, so deshalb, weil hier einer der wenigen Augenblicke in der Nachkriegsgeschichte gegeben ist, in der Max Brauers politische Vorstellungskraft auch *öffentlich* – für alle sichtbar – weit über die Belange seiner Vaterstadt Hamburg-Altona hinausreicht.

Die Wiedergeburt unserer Partei ist uns Sozialdemokraten gewiß ohne Kurt Schumacher nicht vorstellbar – aber ebensowenig hat die deutsche Sozialdemokratie vergessen, was sie in den Jahren nach dem Kriege den drei herausragenden Bürgermeistern Wilhelm Kaisen, Max Brauer und Ernst Reuter verdankt. In ihnen verkörperte sich nicht nur die Liberalität von Weltbürgern, die zugleich doch Deutsche geblieben waren und Sozialdemokraten geblieben waren, sondern ebenso der weltpolitische Überblick und – daraus entspringend – der außenpolitische Weitblick.

Ihre größte Leistung zugunsten der Gesamtpartei war aber, daß sie durch ihre erfolgreiche Arbeit der deutschen Sozialdemokratie insgesamt Selbstvertrauen gaben und ihr dadurch das Vertrauen anderer Bürger erwarben. Dies gilt bis in die 60er Jahre hinein. Es gilt fast für die ganze Zeit, in der die Sozialdemokratie im Bonner Bundestag auf die Rolle der Opposition beschränkt blieb.

Der Regierende Bürgermeister Willy Brandt gehörte seit der zweiten Hälfte der fünfziger Jahre durchaus in diese Reihe und hat seinen Anteil an dieser Wirkung. Max Brauer war in den Nachkriegsjahren für die Sozialdemokratie Gold wert – in allen Besatzungszonen und in der ganzen Bundesrepublik.

Den Hamburger Genossen ist dies damals wohl nicht ganz klar gewesen. So hat Walter Schmedemann noch vor wenigen Tagen zu mir gesagt: „Wenn man alles liest, was heute in den Zeitungen über Max geschrieben wird — und das ist ja alles richtig —, dann muß man sagen, wir haben dem allen ganz soviel Bedeutung nicht beigemessen.“

Und Walter Schmedemann ist nun unter den Lebenden gewiß einer von denen, die in ihrem eigenen Herzen Max Brauer am nächsten gestanden haben, weil es manchem so gegangen sein mag, deshalb ist es heute eine Pflicht, den Hamburgern zu sagen, daß Max Brauers Bedeutung über seine hamburgische Rolle weit hinaus gereicht hat – sie war vielmehr eine tragende Rolle der deutschen Innenpolitik und sogar auch der deutschen Außenpolitik. Max Brauers Rolle war diejenige einer Leitfigur für viele Sozialdemokraten.

Sie erkannten in ihm das Vorbild eines Mannes, der fest auf dem Boden demokratischer und sozialistischer Gesinnung stand, deshalb aber weder doktrinär noch ideologisch eingeengt war, sondern vielmehr ein freier Mann war, der zum Besten seiner Mitbürger praktisch und erfolgreich handelte, ohne das Ziel aus den Augen zu verlieren.

Max Brauer hat vor Jahren einmal gesagt:

„Die Welt, in der wir heute leben, ist nicht die Zeit, in der Karl Marx lebte und auch nicht die Zeit der Jahrhundertwende. Daraus ergeben sich für uns Sozialdemokraten, die wir in einer lebendigen neuen Partei für das Wohl der Menschen eintreten, andere, neue Aufgaben. Und diese wollen wir und werden wir erfüllen.“

Er hat seine Aufgabe erfüllt. Das weiß jedermann in Deutschland – weit über die Sozialdemokratie hinaus, für die ich gesprochen habe.

Deshalb darf ich auch für die Bundesregierung und im Namen des Bundeskanzlers sagen:

Max Brauer hat sich um unser Land verdient gemacht.